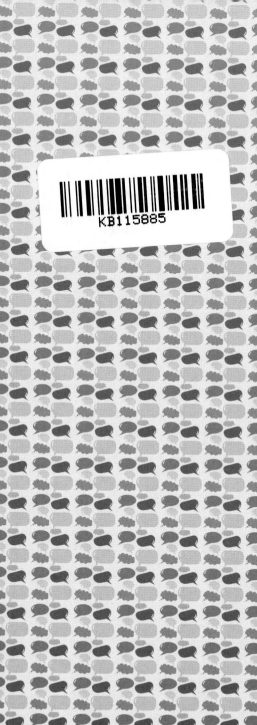

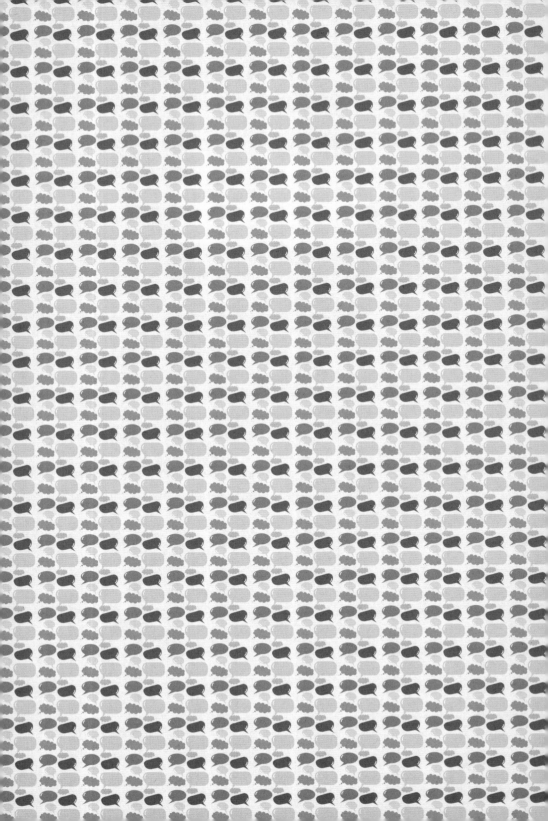

문해력과 사고력을 키우는
교실 속 철학토론

평생 배움의 기초체력을 다지는 철학적 탐구공동체 수업 이야기

문해력과 사고력을 키우는
교실 속 철학토론

발행일	2022년 9월 29일 초판 1쇄 발행
지은이	한국철학적탐구공동체연구회
	박상욱, 정창규, 오우진, 박서진, 조아라
발행인	방득일
편 집	박현주, 허현정, 한해원
디자인	강수경
마케팅	김지훈
발행처	맘에드림
주 소	서울시 도봉구 노해로 379 대성빌딩 902호
전 화	02-2269-0425
팩 스	02-2269-0426
e-mail	momdreampub@naver.com

ISBN 979-11-89404-72-7 93370

문해력과 사고력을 키우는 교실 속 철학토론

한국철학적탐구공동체연구회
박상욱
정창규
오우진
박서진
조아라
지 음

맘에드림

교과의 경계를 넘어 교실 속 철학적 탐구로!

함께 읽고 토론하며 문해력×사고력 등 평생 배움의 기반을 다지다

4차 산업혁명, 코로나19 대유행 등 우리는 모두 예전과 많은 점에서 달라진 세상을 살아가며, 하루하루 새로운 변화를 실감하고 있다. 엄청난 속도의 변화와 함께 예측 불가능한 사건들이 이어지는 가운데, 미래에 대한 불확실성 또한 점점 짙어지고 있다. 이러한 때에 새삼 주목을 받는 것이 바로 인문학이다. 14세기 유럽을 혼돈으로 몰아넣은 페스트가 1000년을 버텨온 중세시대를 마감하고 인문주의를 표방하는 르네상스 시대를 활짝 연 것처럼 날로 짙어지는 불확실성 앞에 우리는 다시 인간다움에 주목하게 된 것이 아닐까?

특히 요즘 들어 철학이 학문의 경계를 넘어 일상의 고민, 비즈니스 전략 등 다양한 사회 분야에서 각광받고 있다. 하나의 정답에 매몰되지 않고 철학적 사고를 통해 한층 유연하고 다양한 해결 방안을 이끌어내는 힘이 강조되는 시대이기 때문일 것이다. 철학적 사고는 철학자들의 전유물이 아니다. 스스로 깊이 생각하고, 자신의 생각을 가다듬으며, 또 이를 다른 사람과 함께 나누어 조율하고 발전시키는 것도 모두 포괄한다. 사실 이 모든 과정은 최근 학교 교육에서도 날로 중요성이 강조되는 '문해력'을 키우는 데도 큰 도움이 된다. 사고력, 문해력 모두 학생들 각자가 평생 배움의 기초체력을 다지는 데 꼭 필요한 역량이기도 하다. 하지만 철학 수업의 여러 장점과 별개로 아직 우리 학교 현장에서 '철학'에 대한 문턱은 여전히 높기만 하다. 또 적용한다고 해도 특정 교과에서만 제한적으로 가능할 것이라는 오해도 여전하다.

교실로 들어온 철학, 아이들의 삶과 배움을 풍요롭게 하다!

이 책은 지난 2021년 5분의 선생님이 초등학생 5·6학년을 대상으로 진행했던 철학적 탐구공동체 수업에 대한 기록이다. 한국에 어린이 철학이 들어온 지 벌써 40여 년이 지나고 있지만, 여전히 학교 현장에서 철학은 교실의 언저리를 맴돌 뿐 수업과 아이들의 배움 속으로 제대로 스며들지 못하고 있는 것이 안타까운 우리 현실이다. 물론 경기도에서 철학 교과서가 만들어지고, 전국 각지에서는 어린이 철학캠프를 비롯하여 철학과 관련한 다양한 행사들이 기획되고 있기는 하다. 하지만 철학적 탐구공동체가 하나의 일반적인 수업 방법론으로써 교실 속으로 깊게 들어오지는 못하고 있다는 점은 아쉽기만 하다. 주변에 자신의 교실과 교과 속에서 철학적 탐구를 하고 있거나, 이를 지향하는 교사를 쉽사리 찾아보기 힘든 것만 보더라도 알 수 있다.

철학이 우리 수업 속으로 쉽게 스며들지 못하는 주요 이유 중 하나는 철학에 대한 오해와 더불어 철학적 탐구가 너무 어렵다는 인식 때문일 것이다. 필자들이 속한 '한국철학적탐구공동체연구회'에서는 2019년부터 매년 겨울, 전국의 교사들을 대상으로 철학적 탐구공동체 직무연수를 운영해왔다.[1] 그리고 2020년에는 중앙교육연수원을 통해 「생각이 자라는 철학적 탐구공동체」라는 이름으로 원격연수를 운영하고 있다. 하지만 연수에 참여한 선생님

---

1. 한국철학적탐구공동체연구회에서 진행했던 철학적 탐구공동체 교사 직무연수 관련 자료는 한국철학적탐구공동체연구회 공식 홈페이지(http://kscopi.or.kr/)에서 찾아볼 수 있다.

들조차 철학적 탐구가 우리 학교와 아이들에게 정말 필요하다는 것은 알겠는데, 막상 수업에서 이를 적용하는 것이 너무 어렵다고 토로하기도 했다.

솔직히 틀린 말은 아니다. 철학적 탐구를 교실 속에서 적용한다는 것은 쉽지 않은 기획이다. 하지만 철학은 '고장 난 삶을 고치는 수리점'이라는 말처럼 아이들의 존재를 살리기 위해서 절실히 요청되는 것이다. 특히 앞서도 이야기한 것처럼 날로 짙어지는 불확실성과 함께 철학적 사고의 중요성은 한층 더 강조되고 있다. 또한 각 교과를 교과답게 가르치기 위해서도, 그리고 아이들의 삶과 배움을 더욱 풍요롭게 만들기 위해서도 철학은 반드시 필요하다.

이 책의 구성은?

이 책은 각 교실 현장에서 토론을 통해 철학적 탐구를 실현하기 위한 일종의 안내서이다. 먼저 1부에서는 철학적 탐구공동체의 이론적 바탕이 되는 어린이 철학과 다차원적 사고, 사고기술에 관한 내용 등을 담았다. 특히 현재 진행 중인 2022 개정교육과정의 지향점 또한 결국 철학적 탐구에 있다는 점을 이야기했다. 나아가 철학적 탐구공동체의 일반적인 수업 절차와 이에 대한 설명, 평가 방안도 함께 정리하였다.

2부에서는 다섯 가지 주제로 다섯 명의 선생님이 실제로 진행한 철학적 탐구공동체 수업사례를 실었다. 기본적인 수업 기획에서부터 수업 진행, 핵심질문 등을 중심으로 구성하였다. 수업 기획을 통해 전체적인 수업 얼개를 소개했고, 수업 진행에서는 구체적인 수업 교재, 생각 열기 활동, 질문 만들기 활동, 토론 진행 과정, 심화 표현 활동까지 빠짐없이 담아내고자 했다. 특히 각 수업의 진행 과정에서 교사들과 학생들이 실제로 나누었던 대화를 넣어 교실 상황을 생생하게 보여주기 위해 노력하였다. 학생들의 발표와 교사의 질문이 서로 어떻게 연결되어 탐구가 확장되고 발전되는지 볼 수 있을 것이다. 심화 표현 활동에서는 학생들이 토론 이후에 실제로 쓴 작품을 넣어 철학적 탐구가 학생들에게 어떤 의미들로 다가가고 있는지 엿볼 수 있도록 하였다.

그 외에도 핵심질문은 해당 주제와 교재로 철학적 탐구를 진행할 때 참고할 수 있는 토론질문으로 구성되어 있다. 이는 수업 전에 교사가 숙지하여, 토론 중간에 적용할 수 있다. 그리고 토론이 끝난 후에 후속 활동으로 진행할 수도 있을 것이다. 철학적 탐구 공동체는 학생들의 질문을 중심으로 탐구가 진행되기 때문에 꼭 다루어야 할 중요한 문제나 철학적 주제가 다루어지지 못하는 경우에 핵심질문은 유용하게 활용할 수 있다.

각 수업사례 뒤에는 주제 관련 철학이론을 정리해두었다. 꼭 철학적 지식이 있어야 철학적 탐구공동체 수업을 진행할 수 있는 것은 아니지만, 해당 주제와 관련된 철학적 배경 이론을 알고 있다면 철학적 탐구를 더 깊이 있게 이끌어가는 데 많은 도움을 받을 수 있기 때문이다. 또한 수업 도중에 아이들이 한 질문과 발언에 숨겨진 철학적 의미를 드러낼 때도 참고가 될 수 있다. 마지막으로 주제 관련 참고자료에서는 철학 소설 외에도 해당 주제와 관련하여 철학적 탐구공동체 교재로 사용될 수 있는 다양한 자료들을 정리해두었다. 교재가 꼭 철학책일 필요는 없다. 아이들에게 접근성 높은 그림책, 영화, 소설, 애니메이션 등도 얼마든지 훌륭한 철학 교재가 될 수 있기 때문이다.

부록에서는 초·중·고 편으로 나누어 교과별로 적용해볼 만한 철학적 탐구주제를 정리하였다. 교과별 탐구주제를 실은 이유는 철학이 윤리나 도덕 등 특정 교과에 국한되지 않고, 수학이나 과학 등 다양한 교과에 걸쳐 얼마든지 광범위하고 자유롭게 철학적 탐구와 토론이 적용될 수 있다는 것을 적극적으로 알리고 싶었기 때문이다. 철학적 탐구는 범교과 주제로 진행하거나 철학이라는 별도의 교과로도 진행할 수 있지만, 다양한 교과 속에서도 충분히 녹아들 수 있어야 한다. 각 교과의 본질은 철학을 통해 가장 잘 드러날 수 있으며, 나아가 각 교과는 철학을 통해 더 깊게 통합될 수 있음을 기억할 필요가 있다. 그리고 주제별로 철학토론 수업에서 바로 적용해볼 수 있는 철학 에피소드도 몇 편 더 부록에 넣어두었다.

아이들을 가르친다는 것은 본래 철학적인 일이다. 아이들의 존재를 존중하고, 생각을 존중하고, 그들의 언어를 존중하는 것에서 철학은 시작된다. 교실에서 철학이 숨 쉬는 수업을 지향하는 교사들은 바로 여기에서 시작하면 된다. 이 책은 그 시작점에서 한 발짝 앞으로 나아가기 위해서 무엇이 필요한지를 보여주고자 했다.

이 책을 쓰는 과정에서 많은 분들의 도움을 받았다. 한국철학적탐구공동체연구회의 고문이신 박진환 명예교수님과 김혜숙 박사님이 바쁜 시간에도 불구하고, 꼼꼼하게 내용적인 측면을 검토해주셨다. 두 분의 조언을 받으며 아직도 공부가 많이 부족하다는 것

을 깨달을 수 있었다. 그리고 한국철학적탐구공동체연구회 회장
이신 김택신 선생님을 비롯하여 권태임 선생님, 김지성 선생님,
송윤정 선생님, 임우미 선생님, 하은주 선생님은 현장 교사의 입
장에서 이 책의 내용을 꼼꼼히 살펴봐 주었다. 이분들이 없었다면
오류투성이의 책이 될 수도 있었다고 생각한다.

　마지막으로 이 책의 기획을 말했을 때, 선뜻 출판을 승낙해주신
맘에 드림의 박현주 편집자님과 방득일 대표님에게 고마운 마음
을 전하고 싶다.

한국철학적탐구공동체연구회

박 상 욱

차 례

프롤로그 • 004

1부

이론적 근거와 원칙

"교실로 들어온 철학적 탐구공동체 수업의 거의 모든 것"

01 어린이 철학   016
철학은 왜 수업의 일상으로 스며들어야 하나?

02 철학의 힘   041
철학적 탐구를 통해 학생들은 무엇을 키워가는가?

03 2022 개정교육과정과 어린이 철학   055
철학은 수업의 내용이자 방법이다

04 철학적 탐구공동체 수업   061
함께 읽고 생각을 나누며, 질문하고 토론하다!

2부

철학적 탐구공동체 수업의 실천

"함께 읽고 생각하며 질문과 토론으로 성장하는 수업 만들기"

01 준비-수업-자료   092
철학적 탐구공동체 수업사례는 어떻게 구성되는가?

02 사고력과 질문   097
토론을 통해 확장되는 다차원적 사고와 질문 유형은?

03 질문 유형에 따른 예시   100
철학적 탐구를 위해 교사는 어떻게 질문할 것인가?

04 토론 진행에 따른 연속 질문 예시   102
문해력과 사고력을 심화 확장하는 교사의 질문 방법

🔍 주제별 수업사례

철학적 탐구주제 01 우정   108
└─ 나는 언제 내 친구를 진정한 친구라고 느끼나?

철학적 탐구주제 02 SNS   148
└─ 우리는 왜 SNS에서 본모습이 아닌 꾸며진 모습을 만들까?

철학적 탐구주제 03 공부   190
└─ 사회생활에서 공부보다 인성이 먼저일까?

철학적 탐구주제 04 외모   230
└─ 진정한 아름다움의 기준은 어디서 찾을 수 있을까?

철학적 탐구주제 05 자아   274
└─ 내가 내 삶을 바꿀 수 있다면 어떻게 바꿀 것인가?

부록 • 교실 속 철학토론을 위한 추가 자료들

      01 교과별로 다뤄볼 만한 철학적 탐구주제 목록 • 320~330
      02 철학 에피소드 • 331~344

참고자료 • 345

이 책은 교과의 경계를 넘어 철학이 교실 속 수업의 주요 방법으로 자리잡아 학생들이 평생 배움의 기초체력을 쌓는 데 도움이 되기를 바라는 마음으로 기획되었다. 독자들의 이해를 돕기 위해 교실에서 어떤 방식으로 철학토론 수업이 이루어졌는지를 사례와 함께 제시하였다. 다만 실제 수업 실천 사례들을 소개하기 전에 왜 필자들이 어린이 철학을 강조하는지, 왜 철학이 교실 수업의 일상으로 자리를 잡아야 하는지, 이것이 2022 개정교육과정에서 주목하는 방향과 얼마나 깊이 관련되어 있는지 등에 대해 들여다볼 필요가 있다고 생각한다. 또한 무엇보다 철학적 탐구가 특정 교과에만 적용 가능한 것이라는 선입견을 깨고, 전 교과에 걸쳐 다양하게 적용할 수 있다는 점을 강조하고 싶었다. 아울러 철학적 탐구공동체가 지향하는 철학 수업을 통해 학생들에게 어떤 긍정적인 영향을 미칠 수 있는지 등에 대해서도 들여다보려고 한다.

이론적
근거와 원칙

"교실로 들어온 철학적 탐구공동체
수업의 거의 모든 것"

어린이 철학

철학은 왜 수업의 일상으로 스며들어야 하나?

'철학'이라고 하면 어쩐지 어른들에게도 어렵고, 심지어 불편하게 다가온다. 몰라도 사는 데 큰 지장이 없고, 괜히 들여다봐야 골치만 아프다고 생각하기 십상이다. 과거 철학자들이 구축해놓은 이론이나 개념들도 선뜻 이해하기 어려울 뿐만 아니라 뭔지 모를 말장난 같다고 생각하기 쉽다. 그래서인지 몰라도 수업 시간에 아이들과 철학을 한다는 것도 일종의 시간 낭비처럼 여겨질 수 있다. 차라리 그 시간에 시험에 잘 나오는 교과 지식을 하나라도 더 알려주는 것이 아이들에게 좀 더 유익하다고 생각할지도 모른다.

하지만 바로 여기에서 철학에 대한 깊은 오해가 시작된다. 왜냐하면 철학은 실체, 본질, 이데아 등 기존 철학자들의 개념을 학습하는 것이 아니라 스스로 생각하고 깨닫는 데서 시작하는, 즉 매우 자기주도적이며 실천적인 성격의 활동이기 때문이다. 따라서 하루아침에 습득할 수 있는 것이 아니며, 습관처럼 몸에 밸 수 있도록 일상에서 자주 경험해야만 비로소 얻게 되는 것들이다.

코로나19 팬데믹 이후 세상의 불확실성은 한층 짙어졌다. 이러한 불확실성 속에서 하나의 명확한 정답은 존재하지도 않을뿐더러, 학생들에게도 표준화된 정답만 강요할 수 없게 되었다. 우리 아이들의 좀 더 나은 삶과 미래를 위해서라도 스스로 생각하고 끊임없이 더 나은 답을 찾으려고 노력하는 철학이야말로 우리 학교의 일상이 되어야 한다. 지금 바로 여러분의 교실에서부터 시작해보는 것은 어떨까?

| 철학이란 무엇인가? |

철학은 대개 학생들의 삶, 일상적 관심과 거리가 먼 추상적인 것으로 오해를 받는다. 우리가 흔히 철학이라고 하면 떠올리게 되는 실체, 본질, 형상, 이데아 등과 같은 단어들은 듣기만 해도 머리가 지끈거린다. 그래서 철학은 전문 학자들이 연구하는 수준 높은 인문학이라고 여기기 쉽다. 또는 생계 걱정 없이 사는 사람들, 시간적 여유가 있는 사람들이 고품격 취미나 교양을 쌓기 위해 하는 공부쯤으로 생각하기도 한다. 여기서 대부분 사람이 동의하는 것은 철학이 당장 우리 삶을 좋게 만드는 데 그리 큰 역할을 하지 못한다는 것이다. 나아가 국가가 국민의 생계를 보장해주지 못하는 우리나라 학교에서 학생들에게 철학을 가르친다는 것은 실로 낭비라고 생각하는 사람도 있다.

그러나 철학은 **소소하고 일상적이며 실천적인 것**이다. 이를 흔히 '동사로서의 철학', '삶으로서의 철학', '함(doing)으로서의 철학'이라고 표현한다. 쉽게 말해 철학은 철학자들이 만든 개념을 익히고 외우는 것이 아니라, "자신의 일상적인 삶을 진지하게 성찰하려는 실천이자 태도"라고 할 수 있겠다. 아이러니하게도 철학계에서도 가장 어렵다고 정평이 나 있는 독일의 철학자 칸트(Kant)는 이런 글을 썼다.

"철학은 가르칠 수 없다. 다만 행할 수 있을 뿐이다."

이게 무슨 말일까? 철학자의 말이나 개념을 외우고 이해하는 것은 학습일 뿐, 철학이 아니다. 철학은 스스로 문제를 발견하고 사유하는 것에서 시작하기 때문이다. 칸트 또한 자신이 직면한 문제를 회피하지 않고 진지하게 사유했던 철학자였을 뿐이다. 우리가 칸트에게서 일차적으로 배워야 하는 것은 그의 철학적 개념이 아니라 철학을 하는 태도이다. 삶을 제대로 살기 위해서는 철학을 할 수밖에 없다. 왜냐하면 삶에 정답은 없기 때문이다. 그래서 삶은 항상 우리에게 질문으로 다가온다.

- 우리는 왜 태어났을까?

- 제대로 산다는 것이 무엇일까?

- 제대로 살고 있다는 것을 어떻게 알 수 있을까?

- 내가 삶을 살아가는 최종적인 목적은 무엇일까?

- 돈과 성공은 내 삶의 목적일 수 있을까?

여러분은 위와 같은 질문에 대해 어떻게 생각하는가? 이러한 질문들에 관해 아무런 탐구와 사유 없이 살아간다는 것은 지도나 나침반도 없이 망망대해를 헤매는 것과 같다. 목적 없는 여행이 허무한 것처럼 의미 없는 삶도 마찬가지다. 이를 가장 명료하게 표현했던 사람은 바로 소크라테스(Socrates)였다. 그는 자기 죽음을 판결하는 마지막 재판장에서 다음과 같이 말했다.

"따져 묻지 않는 삶, 성찰하지 않는 삶은 살 가치가 없다."

때때로 철학은 우리 삶을 피곤하고 힘들게 만들기도 한다. 그래서 사람들은 철학적 질문을 회피하고, 남이 정해놓은 정답에 순응하며 살아가려고 한다.

- 성적만 잘 받으면 괜찮아!

- 대학만 잘 가면 삶은 보장되어 있어!

- 튀지 말고, 법만 잘 지키면 돼!

하지만 우리는 이미 잘 알고 있다. 위와 같은 말들이 결코 정답은 아니라는 것을 말이다. 굳이 멀리 갈 필요도 없이 조금만 주위를 둘러봐도 이를 증명할 만한 사례를 무수히 찾아볼 수 있다. 진실을 보지 않고 자신을 기만하는 삶은 그 뿌리가 약할 수밖에 없다. 언제든 쉽게 흔들리고, 불안해한다. 그 불안과 상처의 근원을 마주하고, 당당하게 부딪치는 것이 곧 철학적 삶이다. 그런 의미에서 이 책에서 우리가 논의하고자 하는 철학의 성격을 다음의 몇 가지로 정리해 보려고 한다.

첫째, 철학은 비판적이고 논쟁적이다. 철학은 당연하고 기계적인 사유와 습관을 거부한다. '단절'이 있어야 새로운 '연결'이 가능한 것처럼 철학은 기존의 것을 비판적인 시선으로 바라보면서 더 깊고 나은 삶을 꿈꾼다. 그 때문에 논쟁적일 수밖에 없다. 왜냐하면 좋은 삶, 좋은 세상이라는 개념은 각자의 삶의 맥락 속에서 항상 열려 있기 때문이다. 그래서 철학은 만남과 토론이 함께해야 한다.

둘째, 철학은 자기수정적이다. 앞서 철학은 논쟁적이고 열려 있다고 말했다. 그래서 철학을 하는 사람은 자기 생각에 갇혀 있을 수 없다. 생각은 공동의 탐구를 통해 계속 변화하고 발전되어간다. 생각의 변화는 존재의 변화를 이끌고, 더 좋은 삶을 실천해나갈 수 있는 동력을 제공한다.

셋째, 철학은 근원적이다. 철학은 현상 이면에 놓여 있는 근본, 본질, 의미를 다룬다. 그런 의미에서 철학은 다른 토론과 구별되는 지점이 있다. 단순히 옳고 그름, 찬성과 반대가 아니라 옳음이 무엇인지, 찬반의 기준이 무엇인지, 그것이 절대적인지 가변적인지에 대한 깊은 논의가 이루어진다는 것이다. 철학은 생각의 표피가 아니라 그 뿌리를 단단하게 하는 활동이다.

넷째, 철학은 지식을 넘어 지혜를 추구한다. 철학은 한층 근원적이고 본질적인 문제를 다룬다. 이는 결코 지식으로 해결될 수 없다. 사랑이 무엇인지, 우정이 무엇인지, 시간이 무엇인지, 공간이 무엇인지에 대해 우리는 어떻게 정의할 수 있을까? 이러한 개념들의 의미는 수많은 맥락 속에서 판단되고 재구성돼야 한다. 이는 지식을 넘어 지혜의 영역이다. 지혜는 사물과 현상에 대한 깊은 이해와 통찰을 바탕으로 균형 있는 판단을 지향한다.

마지막으로 철학은 창조적 경험이다. 철학은 생각을 조직, 구성, 정의, 설명, 탐색하는 것을 넘어 창조하는 경험이다. 기존의 생각, 세상에 도전하며 새로운 개념과 의미를 창조한다. 탈레스가 믿음과 신화의 세계를 파괴하고, 논리와 철학의 세계를 창조했듯이 말이다. 철학을 하는 사람은 자신의 삶과 세상을 창조해나간다.

| 철학은 무엇을 다룰까? |

흔히 철학을 한다고 하면 뭔가 엄청나거나 최소 그럴듯한 주제가 필요하다고 생각한다. 예컨대 인간의 욕망, 인류의 미래 정도는 논해야 한다고 생각할지 모른다. 하지만 이 또한 철학에 대한 깊은 오해에 지나지 않는다. 철학적 탐구의 주제는 이 세상의 모든 것이다. 모든 생각, 사건, 개념, 의미, 현상 등 모두 다 철학의 주제가 될 수 있다. 나아가 우리 삶의 아주 사소한 사건들도 철학의 쟁점이 된다. 예를 들어 다음과 같은 고민도 철학의 주제가 된다.

- 꼭 몸에 좋은 음식만 먹어야 해? 불량식품은 왜 먹으면 안 돼?
- 학교는 일주일에 2번만 가면 안 될까?
- 평생 게임만 하며 살 수는 없을까?
- 하기 싫은 일을 꼭 해야 해?
- 다른 애들은 다 가지고 있는데 우리 엄마는 왜 스마트폰을 사주지 않을까?

이런 고민들 속에는 건강, 공부, 행복과 쾌락, 의무와 욕망 등과 같은 철학적 사유가 생동한다. 이러한 철학적 사유가 제대로 해소되지 않으면, 위의 고민에 대해 우리가 어떻게 판단하고 행동해야 하는지도 알기 어렵다.

철학은 이 세상의 모든 문제를 다루지만, 사유의 시선이 다르다. 철학은 그 문제의 이면에 놓인 본질, 의미, 가치라는 근본적인 영역을 다루기 때문이다. 그래서 교실에서 철학을 하려는 교사들에게는 철학적 민감성이 필요하다. 아이들의 질문 속에 있는 철학적 쟁점을 발견하는 민감성 말이다. 이러한 민감성을 기르기 위해서는 끊임없는 실천과 훈련이 필요하지만, 철학사에서 다뤄온 쟁점들을 정리해보는 것만으로도 큰 도움이 될 수 있다.

변화	
이 세상의 모든 것은 변화한다.	변화하지 않는 본질은 존재한다.

물질과 정신	
물질이 정신을 규정한다.	정신이 물질을 규정한다.

자유와 운명	
우리 삶은 처음부터 정해져 있다.	우리에게는 자유의지가 있다.

정의	
능력에 따라 분배해야 한다.	노력에 따라 분배해야 한다.

결과와 동기	
결과가 좋아야 도덕적이다.	동기가 옳아야 도덕적이다.

의무와 이익	
다수에게 이익이 되는 것이 도덕적이다.	규칙과 의무를 따르는 것이 도덕적이다.

객관과 주관	
아름다움은 주관적이다.	아름다움의 객관적인 기준은 존재한다.

도덕적 권리	
동물에게도 도덕적 권리가 있다.	도덕적 권리는 인간에게만 있다.

| 왜 학교에서 '철학함'이 필요한가? |

앞서 이미 이야기한 바 있지만, 철학을 가르친다는 것은 어떤 철학적 지식을 전달하는 것이 아니다. 철학적 문제에 대해 함께 사유하고 토론해보는 활동, 즉 행위로서의 철학인 '철학함(doing philosophy)'을 의미한다. 그럼 학교에서 철학함이 필요한 이유는 무엇일까?

첫째, 철학은 교육의 본래적인 목적과 가장 맞닿아 있다. 교육이라는 개념은 오늘날 다양한 목적과 의미로 쓰이고 있다. 사회의 구성원으로서 살아가기 위한 기본적인 태도와 습관을 기르는 일에서부터 경제적 자립 또는 문화적인 교양인으로의 성장에 이르기까지 다양한 목적을 가진다. 하지만 교육의 근본적 목적을 생각해보면, 궁극적으로 '인간다움'을 빼놓을 수 없다. 우리는 다른 동물과 다름없는 상태로 태어나지만, 교육을 통해 인간으로 길러진다. 즉 교육은 '인간다움'을 길러내기 위한 것이다. 이를 위해 우리는 인간다움 그 자체뿐만 아니라 인간다운 삶을 위한 역량, 관계, 사회, 가치, 지식 등에 대한 다차원적인 철학적 토론이 필요하다.

둘째, 미래교육의 방향과 밀접한 관련이 있다. 코로나19 이후 점점 더 복잡해지고 예측이 불가능해지고 있는 미래사회에 대비하여 다양한 교육혁신 담론들이 줄지어 나오고 있다. 대표적으로 경제개발협력기구(OECD)에서는 DeSeCo 프로젝트에 이어 Education 2030 학습 나침반을 발표했다. 이에 따르면 미래사회에서 학생들에게 필요한 것은 변혁적 역량(Transformative Competencies)과 학습자

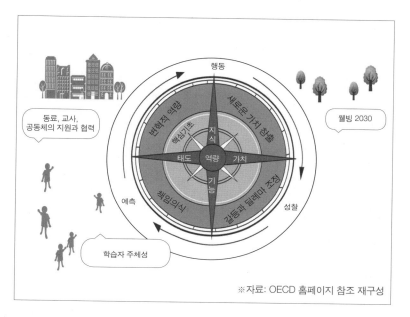

OECD 2030 학습나침반

글로벌 흐름에 따라 교육의 방향도 달라져야 한다. 이에 OECD는 급변하는 세상이 요구하는 미래 인재를 교육하기 위한 새로운 패러다임을 제시하였다.

주체성(Agency)이다. 이때 주체성은 새로운 변화를 가져오기 위해 책임감 있게 행동할 수 있는 역량이며, 이를 토대로 새로운 미래를 만들어가는 데 필요한 변혁적 역량을 발달시킬 수 있다. 변혁적 역량은 예측 불가능한 문제 상황에 직면했을 때, 각 상황에 맞게 전이할 수 있는 역량을 의미하며, 구체적으로는 새로운 가치 창출하기, 갈등과 딜레마 조정하기, 책임의식 갖기가 포함된다.

그리고 국제연합교육과학문화기구(UNESCO)에서는 미래사회에 당면하게 될 문제에 대응하기 위해 17가지의 지속가능발전목표

01	NO POVERTY 빈곤퇴치	10	REDUCED INEQUALITIES 불평등 감소
02	ZERO HUNGER 기아종식	11	SUSTAINABLE CITIES AND COMMUNITIES 지속가능한 도시와 공동체
03	GOOD HEALTH AND WELL-BEING 건강과 웰빙	12	RESPONSIBLE CONSUMPTION AND PRODUCTION 지속가능한 생산과 소비
04	QUAILITY EDUCATION 양질의 교육	13	CLIMATE ACTION 기후변화 대응
05	GENDER EQUALITY 성평등	14	LIFE BELLOW WATER 해양생태계 보존
06	CLEAN WATER AND SANITATION 깨끗한 물과 위생시설	15	LIFE ON LAND 육상 생태계 보호
07	AFFORDABLE AND CLEAN ENERGY 모두를 위한 깨끗한 에너지	16	PEACE, JUSTICE AND STRONG INSTITUTIONS 정의, 평화, 효과적인 제도
08	DECENT WORK AND ECONOMIC GROWTH 양질의 일자리와 경제성장	17	PARTNERSHIP FOR THE GOALS 글로벌 파트너십
09	INDUSTRY INNOVATION AND INFRASTRUCTURE 산업, 혁신, 사회기반시설		

※자료: UN 한국 홈페이지 참조

지속가능발전목표(SDGs)

빈곤, 질병과 같은 인류의 보편적 문제와 환경오염과 기후변화 등과 관련된 지구 환경 문제, 고용, 주거, 사회구조 등 경제사회문제를 아우르는 17가지 주요 목표와 169개 세부 목표로 이루어져 있다.

(SDGs)를 설정했다. 학교에서는 이러한 목표를 하나의 방향성으로 설정하여, 다양한 교육 활동을 구성할 필요가 있다는 것이다.

또한 세계경제포럼(WEF)에서는 4차 산업혁명 시대에 필요한 기술과 역량으로 문해력, 비판적 사고, 문제해결력, 창의성, 의사소통, 협력 등을 강조했다.

이러한 담론들의 흐름을 전체적으로 살펴보면, 어떤 공통점을 발견할 수 있다. 즉 모두 비판적·창의적 사고력, 주체성, 협력과 의사소통 등을 강조하는 것이다. 그런데 이는 철학적 접근의 중요

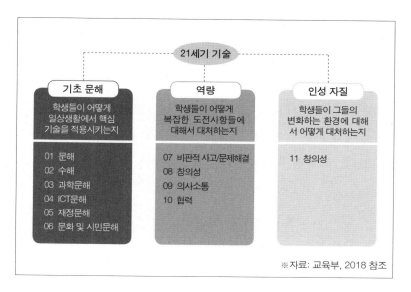

WEF 21세기 기술

세계경제포럼(WEF)에서 급변하는 대전환 시대의 사회가 필요로 하는 인재들이 갖춰야 할 16 가지 핵심기술을 정리한 것이다. 사회와 학교에서 이러한 핵심기술에 대한 교육을 강조한다.

한 특징이기도 하다.

 교육학자 앤 샵(A. Sharp)에 의하면 철학이라는 분야는 전통적으로 사고력 교육의 고향이라 할 수 있다. 왜냐하면 철학은 과정과 내용에 있어 사고 그 자체와 궁극적으로 연결되기 때문이다. 철학은 **"우리가 어떻게 생각해야 하는가?"**라는 질문과 깊은 관련이 있다. 좋은 사고와 가장 직접적인 관련이 있는 분과는 논리학이며, 이는 철학의 한 영역이기도 하다. 철학은 논리학을 기반으로 우리 삶의 맥락 속에서 좋은 사고가 무엇인지에 대해 다루고 있다. 우리는 철학을 통해 구조적이고 협동적인 탐구를 경험하고, 좋은 사고의 기준에 대해 배울 수 있다. 나아가 건전한 사고와 좋은 판단, 이성적인 행동을 이끌어주는 기술과 능력, 성향과 전략을 가르치고 배울 수 있다.

셋째, 철학은 학교에서 경험하는 교육과정의 뿌리이자 토양이다. 학교가 하는 일 중에서 가장 중요한 것은 교육과정을 실행하는 것이다. 교육과정에는 다양한 요소들이 포함될 수 있는데, 그중 가장 큰 비중을 차지하는 것은 교과 교육과정이다. 학교는 다양한 교과를 통해 지식이나 태도, 가치 등을 전달한다. 그런데 알다시피 우리 삶은 교과로 분절되어 있지 않다. 교과에서 배운 경험, 개념, 지식, 가치 등이 삶으로 녹아들기 위해서는 그것을 통합할 수 있는 매개가 필요한데, 그것이 곧 철학이다. 철학은 다른 교과목에 필요한 사고의 기본을 형성하는 개념들, 절차들 그리고 차이를 만드는 어떤 맥락을 아이들에게 제공하기 때문이다. 나아가 철학은 교육과정 이면에 놓여 있는 개념적 이해를 증진시켜준다. 각 교과는 철학을 통해 총체적인 삶 속에서의 생동하는 경험으로 나아갈 수 있으며, 지식의 깊이를 더해갈 수 있다.

넷째, 문해력을 높이는 좋은 방법이다. 미래사회가 요구하는 역량에서 빠지지 않고 등장하는 것이 바로 문해력이다. 이는 앞서 소개한 세계경제포럼(WEF)의 21세기 기술은 물론 2017년 지속가능발전목표(SDGs)의 양질의 교육(SDG4), 세부목표 4-6에서도 "2030년까지 모든 청소년, 상당수 성인남녀의 문해력과 수리력 성취를 보장한다."고 명시할 만큼 중요하게 주목받는 역량이다. 4차 산업혁명과 미디어의 홍수, 전 연령에서의 스마트폰 일반화 등과 함께

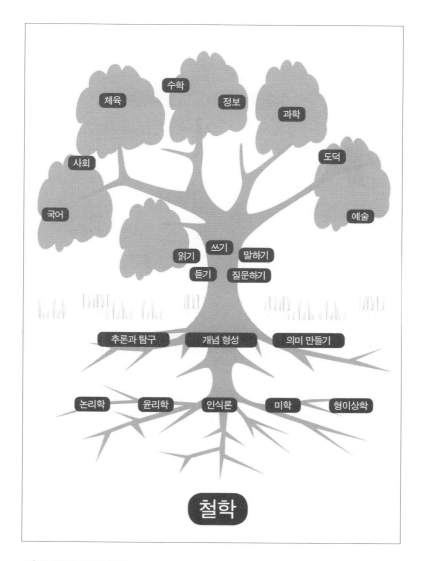

실천적 학문으로서의 철학

철학은 특정 교과에 국한된 것이 아니라 국어, 수학, 정보, 예술 등 모든 교과에 걸쳐 읽기, 쓰기, 말하기, 듣기, 질문하기 등 다양한 방법으로 추론과 탐구, 개념형성, 의미 만들기 등을 통해 이루어지는 실천적 학문이다.

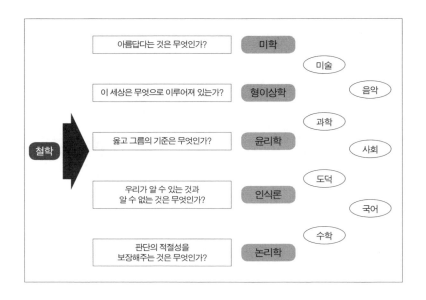

문해력, 수리력 저하 문제가 전 세계에서 공통적으로 나타나고 있다. 문해력을 좁게 해석한다면 문맹에서 탈출하는 것이겠지만, 문해력이 중요한 이유는 따로 있다. 바로 기초 사고능력과 매우 밀접한 관련이 있기 때문이다. 즉 문해력은 단순한 읽기 능력이 아닌 종합적 문제해결, 고차원적 사고의 기반이 된다. 따라서 단지 문자해독력이나 어휘력을 늘리는 식의 단편적인 접근으로는 제대로 키워낼 수 없기 때문에 한층 포괄적인 접근이 이루어져야 한다. 이러한 측면에서 볼 때, 철학적 탐구는 매우 적절한 수단이 된다. 문해력은 읽고, 왜곡 없이 해석하고, 비판적으로 분석하며, 여기에 자신의 생각을 더해 발전시키는 것 등을 모두 포함하기 때문이다. 앞으로 소개할 수업사례에서도 파악할 수 있겠지만, 수업

에서 학생들은 철학 에피소드를 함께 읽고, 같은 이야기 속에서도 각자 나름대로 새로운 질문들을 만들어내고, 이에 관해 서로 생각을 나누며 함께 토론하게 된다. 이러한 과정을 통해 학생들은 자연스럽게 문해력을 키워나가는 것이다.

　마지막으로 한국철학적탐구공동체연구회에서 진행했던 '2021년 세계철학의 날 행사'에서 만난 선생님들이 직접 밝힌 학교에서 철학이 필요한 이유들을 소개하려 한다. 이를 보면서 각자 우리 교육에서 가장 부족한 것이 무엇인지, 교실에서 철학함이 필요한 이유는 무엇인지를 고민해보았으면 한다.

> 학교는 철학의 장이다. 학교는 자신의 생각을 다듬고 다른 사람들과 생각을 공유하며 자기 수정을 거치는 활발한 철학의 장이다. 그러므로 학교는 아이들이 보다 자유롭게 철학함을 수행할 수 있도록 소스, 여건, 자원 등을 충분히 공급해주어야 한다.　-A교사, 중학교

> 학교 교육의 목적이 학생들이 더 나은 삶을 살 수 있도록 하는 것이라면 반드시 필요하다. 더 나은 삶이 무엇인지 그러한 삶은 어떻게 달성할 수 있는지 각자의 삶에서 최선의 대안을 탐색하고 검증하는 과정이 바로 철학이기 때문이다.　-B교사, 초등학교

> 학교교육의 목표는 고정되고, 고여 있는 지식을 전달하고 가르치는 것이 아니라 학생 개개인이 풍요로운 삶을 살 수 있도록 의미를 창조하

는 습관을 기르는 것이라는 생각이 든다.　　　　　-C교사, 초등학교

철학은 필연적으로 질문과 대화의 과정이고, 생각하는 것을 끊임없이 요구받는 활동이다. 아이들의 의견이 존중받는다는 것은 질문과 대화로 가장 잘 드러날 수 있는 것이며, 생각 없이 행해지는 폭력적인 사건을 보더라도 학교에서는 철학교육이 필요하다.　　　-D교사, 고등학교

철학은 단순한 이론체계를 익히는 것에 머무는 것이 아니라 학생들이 깊은 생각을 할 수 있도록 대신 물음을 던지는 역할을 하고, 물음에 대한 답을 배운 학생들이 스스로 물음을 던지기 시작할 수 있을 것이다. 이처럼 학생들이 내면에 자신만의 철학과 신념을 어른이 될 수 있도록 철학을 접할 기회를 주어야 한다고 생각한다.　　　　-E교사, 중학교

학교는 배움의 공동체라는 이유 하나만으로도 철학이 필요한 이유는 충분하다고 생각한다. 참된 지식은 머리지식(지성)이 가슴지식(감성)이 되고, 나아가 손발지식(실행성)이 되어야 하기 때문이다. 철학함은 그 과정을 이어주는 징검다리 역할을 제공할 것이다. 이미 '철학' 그 자체가 '함'의 덕을 내포하고 있기 때문이다.　　　　　-F교사, 초등학교

필요하다. 왜냐하면 학교가 있어야 할 이유는 더 나은 세상을 위한 발판을 마련하는 것인데 그건 생각함, 더 나은 생각을 향한 도전이기 때문이다. 그걸 철학이 도와줄 수 있다.　　　　　　　-G 교사, 중학교

| 어린이 철학을 만나다 |

아직 많은 학교에서 철학을, 그것도 어린이들에게 가르치고자 하는 시도는 굉장히 낯선 것으로 인식된다. 사실 플라톤적인 전통에 의하면 철학은 수많은 경험과 지식을 쌓은 50세 이후의 성인에게나 가능한 것이었다. 그러나 '어린이 철학'에서는 어린이도 철학을 할 수 있으며, 철학을 할 수 있는 권리가 있음을 주장한다. 우리는 한발 더 나아가 반드시 **철학을 해야만 한다**고 주장하려고 한다.

엄밀히 따지면 아이들과 철학을 하자는 주장은 이미 수백 년 전부터 존재했다. 어린이 철학의 가능성에 대한 언급은 고대 그리스의 에피쿠로스(Epicurus)로부터 출발하여 몽테뉴(Montaigne)를 거쳐 오늘날에 이르기까지 면면히 이어져 오고 있기 때문이다. 에피쿠로스는 다음과 같이 말했다.

> 어린 사람도 철학하기를 망설여서는 안 될 것이며, 나이 많은 사람도 철학을 지긋지긋하게 여기지 말아야 할 것이다. 왜냐하면 영혼을 건강하게 하는 데에 나이가 너무 어리다든가 나이가 너무 많다는 말은 있을 수 없기 때문이다. 철학을 해야 할 나이가 아직 차지 않았다거나 이미 지나갔다고 말하는 자는 행복할 수 있는 나이가 아직 차지 않았다거나 지나갔다고 말하는 자와 같다.[2]

---

2. 한스 루드비히 프리제, 《아이들은 철학자다》(이재영 옮김), 솔, 1993, 57쪽

그리고 16세기 철학자 몽테뉴는 그의 책 《수상록》에서 어린이를 대상으로 한 철학교육은 어려운 표현을 지양하고 쉽게 다가서야 하는 것임을 지적한다.

> 철학이 어려운 건 철학에 들어가는 모든 개념을 장악하고 있는 그 까다로운 말투에 원인이 있다고 나는 본다. 철학은 어린아이들에게는 이해될 수 없으며, 심술궂고 음침하고 무서운 것이라고 가르치는 일은 대단히 잘못이다. 누가 철학에 이런 창백하고 징그러운 가면을 덮어씌운 것일까?[3]

또한 실존주의 철학자인 야스퍼스(Jaspers)는 어린이들은 선천적으로 철학적인 본성, 재능을 타고난다고 보았다.

> …[전략]… 아이들은 성인이 되면, 잃어버리게 될지도 모를 천재성을 종종 드러낸다. 우리는 나이를 먹을수록 관습이나 억측, 은폐와 불문의 포로가 되어버려, 어릴 때의 솔직한 태도를 잃어버리게 된다. 아이는 자유로이 자라나는 삶의 상태 속에서 아직 자신을 열어두고 있으며, 그의 시야에서 곧 사라져 버릴 것들을 느끼고 묻는다.[4]

나아가 니체(Nietzsche)는 철학자가 가져야 하는 궁극적인 태도로

---

3. 한스 루드비히 프리제, 《아이들은 철학자다》(이재영 옮김), 솔, 1993, 61쪽
4. 한스 루드비히 프리제, 《아이들은 철학자다》(이재영 옮김), 솔, 1993, 68쪽

어린아이의 정신을 강조하였다. 왜냐하면 어린아이가 가지고 있는 천진난만함, 순수성, 진실성이야말로 철학을 하는 데 가장 필요하다고 보았기 때문이다.

다만 안타깝게도 그동안 이러한 주장들은 그저 미사여구에 그치는 경우가 많았다. 왜냐하면 실제로 아이들에게 어떻게 철학을 가르칠 것인지에 대한 구체적인 말을 아꼈기 때문이다. 그래서인지 몰라도 학교에서 학생들에게 철학을 가르치는 경우에도 대부분 철학사 같은 지식을 전달하는 수준에 머문 것이 사실이다.

구체적인 수업 방법으로써 어린이 철학교육은 20세기 후반인 1960년대 들어서 미국을 중심으로 본격적으로 논의되기 시작했다. 미국의 어린이 철학교육은 교육학자 립맨(Matthew Lipman)과 샵(Ann Margaret Sharp)의 주도로 1969년 7월 몽클레어 주립대학의 부설 연구소로 설립된 IAPC(Institute for the Advancement of Philosophy for Children)를 중심으로 전개되었다. 1968년 당시 컬럼비아대학의 학생 시위를 목격한 립맨은 대학생들이 비난만 할 뿐 문제해결 역량이나 태도가 부족한 이유를 고민하다가, 이러한 태도가 체계적인 사고의 부족에서 기인한다는 사실을 깨달았다. 이 때문에 그는 어릴 때부터 올바른 사고능력과 가치관을 길러주어야 할 필요가 있다고 생각하여, IAPC 프로그램을 개발하게 되었다.

한국에서는 1970년대 서울교육대학철학연구동문회가 IAPC의 어린이 철학교육 관련 서적을 번역하여 소개하기 시작한 이후 어린이 철학교육은 다양한 형식과 방식으로 전개되어왔다. 현재

IAPC 철학교육 프로그램은 미국 내 4,000개 이상의 학교에서 교육되고 있으며, 45개 이상의 언어로 번역되어, 60개국 이상에서 활용되고 있다. 2000년대 들어서 유네스코 역시 철학은 민주적인 삶의 필수적인 동력임을 알리고, 어린이 철학교육이 미래교육의 중요한 방안임을 강조한 바 있다. 그렇다면 아이들이 철학을 해야 하는 이유는 무엇일까? 여러 가지 이유를 들 수 있지만, 여기에서는 다음과 같이 크게 4가지 정도로 정리해보려 한다.

아이들의 근원적인 호기심과 경이를 발달시키기 위해서이다

아이를 키우는 부모라면 다들 공감하듯이, 아이들은 선천적으로 뛰어난 질문가다. 그들에게는 마치 세상 그 자체가 질문거리인 것 같다. 5~6세의 아이를 키우는 부모라면 누구나 아이의 끝없이 쏟아지는 질문 세례에 몸서리가 났던 경험이 있을 것이다. 아이들의 질문은 강요로 나온 것이 아니다. 그저 자신이 몸담고 있는 세상의 모든 것들이 너무 궁금하고 경이롭기 때문에 자연스럽게 질문이 쏟아지는 것이다. 그들에게 하루하루의 삶은 그 자체로 흥미진진한 탐구이다. 하지만 이러한 성향은 학교에 들어가면서 점점 달라진다. 불과 5·6학년만 되면, 어느새 질문은 사라지고 교실에는 침묵만이 감돈다. 이를 단순히 이른 사춘기 때문이라고 단정하며 가볍게 넘겨서는 안 된다. 오히려 우리는 학교 교육이 그들의 경이와 호기심을 유지하고 발달시키는 데 실패했다는 것을 무겁게 인정해야 한다. 철학은 이러한 실패에 대한 중요한 대안이다.

어렸을 때부터 체계적인 사고력 교육이 필요하기 때문이다

이것은 매튜 립맨 교수가 어린이 철학교육 프로그램을 개발하게 된 이유이기도 하다. 우리는 흔히 어린 시절에는 지식이나 습관 중심의 교육을 하고, 나이가 들면 사고력 교육으로 전환해가야 한다고 생각한다. 여기에는 어린이는 생각하는 능력이 덜 성숙했기 때문이라는 생각이 깔려 있다. 그러나 어린아이도 상상과 창조, 논리적 추론이 가능하다는 것을 명심할 필요가 있다. 이에 대해서는 굳이 어려운 교육학자들의 이야기를 소환하지 않아도 된다. 만약 주변에 5~6살 아이가 있다면 대화를 한번 시도해보자. 이들이 얼마나 논리적인지 금세 이해할 수 있을 것이다. 필자의 아이는 올해 6살인데, 지난 크리스마스에 이러한 대화를 했다.

(크리스마스 아침에 일어난 아이가 머리맡에 놓인 선물을 보고 말했다)

　　아이: 아빠, 어제 산타할아버지가 선물 주고 간 거야?

　　아빠: 그런가 봐. 좋겠네. 우리 준이~

　　아이: 근데 아빠, 준이는 착한 일 안 했는데 선물은 왜 준 거야?

　　아빠: !!

크리스마스가 다가오면 어린 자녀를 둔 대부분의 부모나 유아 교육기관 또는 초등학교 교사가 무심코 하는 말이 있다.

　　"산타할아버지는 착한 일을 한 사람에게만 선물을 줄 거야!"

그런데 어른들이 크리스마스 때면 으레 던지는 이 말에 정작 아이는 선물을 받고 깊은 고민에 빠졌다. 왜냐하면 자신이 생각했을 때 특별히 착한 일을 한 기억이 없기 때문이다. 더구나 그 전날 밤에는 양치하기 싫다고 떼를 쓰며 심술을 부렸다. 이 아이의 혼란스러운 생각을 논리적 형식으로 정리해보면 다음과 같다.

> 대전제: 산타할아버지는 착한 일을 한 아이에게만 선물을 준다.
> 소전제: 준이는 착한 일을 하지 않았다.
> 결론: 그런데 준이는 선물을 받았다???

준이는 전제와 결론이 논리적으로 연결이 되지 않기 때문에 결론에 의문을 제기한 것이다. 얼마나 훌륭하게 논리적 오류를 짚어내고 있는가. 이렇듯 아이들은 일상생활에서 끊임없이 추론하고 상상하고 창조한다. 철학은 이러한 능력을 더욱 잘 발달시킬 수 있도록 도와준다.

앎에 즐거움이 스며들게 하기 때문이다

앎은 본래 즐거운 것이고 벅찬 일이다. 새로운 앎은 경험의 확장이며, 자아의 성장이기 때문이다. 본래 아이들은 놀이와 앎을 구분하지 않는다. 새로운 것을 안다는 것은 그들에게 놀이이자 즐거움이다. 어린아이일수록 그저 들판에만 내놓아도 얼마든지 즐겁게 놀 수 있다. 그들에게는 들판의 모든 것들이 앎의 대상이기 때문이다. 그런 의미에서 철학은 아이들에게 하나의 지적인 놀이이자 놀이터가 된다. 철학의 어원이 본래 '앎에 대한 사랑'이듯 철학은 아이들의 앎을 더욱 촉발시키고 증진시킨다. 그리고 더 잘 안다는 것이 무엇인지, 더 잘 알기 위해서는 어떻게 해야 하는지를 알려준다. 어릴 때부터 철학을 접한 아이들은 이후에 이어질 공부도 의무가 아닌 즐거움으로 다가온다.

삶을 대하는 진지하고 지적인 태도를 길러주기 때문이다

실제로 아이들은 매 순간 질문을 하고 탐구를 하지만, 주변의 어른들은 이를 진지하게 받아주지 않는 경우가 많다. 그저 아이들의 쓸데없는 질문이라고 치부하는 것이다.

> 아이: 아빠, 하늘은 왜 파란색이야?
>
> 아빠: 응~ 그냥 원래 파란색이야.

위의 대화를 보라. 이 아이에게 하늘이 파란색인 것은 너무나 신비롭다. 그래서 호기심이 폭발한 것이다. 어떻게 저렇게 드넓은 하늘이 온통 파란색으로 색칠이 되어 있는지, 너무 신기하고 궁금하기만 하다. 그러나 어른들의 답변은 그러한 신비로움을 한낱 당연한 것으로 치부해버린다. 그 순간부터 아이에게도 하늘이 파랗다는 사실은 더 이상 신비롭지도 경이롭지도 않은 일이 되고 마는 것이다.

"아이의 모든 질문에는 하나의 세계가 담겨 있다."는 말이 있다. 그만큼 깊고 풍부한 지적 가치가 들어 있다는 것이다. 하지만 우리 어른들은 '학습'과 직접 관련이 없다고 생각하는 아이들의 질문을 엉뚱한 것이라 규정짓고, 짐짓 귀찮아하며 심지어 차단하기도 한다. 질문을 차단당할수록 창의적인 질문 또한 점점 줄어들고, 모든 것들을 '그런가 보다…' 하며 그저 당연하게 받아들이는 태도가 자신도 모르는 사이에 몸에 깊이 배게 되는 것이다.

철학은 모든 아이의 질문에 대해 진지하게 사유하기를 원한다. 아이들이 사소하게 내뱉은 질문에 대해서도 함께 탐구하고 토론하는 것이다. 이러한 경험을 쌓는 과정에서 아이들은 자신의 질문을 넘어 삶 그 자체로 진지하게 존중받는 경험을 하게 된다. 이를 통해 아이는 모든 사람의 삶과 질문, 앎을 진지하게 대하는 태도를 키워갈 수 있다. 이처럼 철학은 아이들의 삶에서 놀이나 일, 유희와 진지함을 넘나드는 역동적인 경험을 할 수 있게 북돋아줄 것이다.

철학의 힘

철학적 탐구를 통해 학생들은 무엇을 키워가는가?

앞에서 철학은 단순한 지식 전달이 아닌 일상의 다양한 질문에 대해 탐구하고 함께 토론하는 일이라고 설명했다. 당연히 주제도 거창할 필요가 없다. 생활 속에서 보고, 듣고, 느끼는 모든 것이 철학의 주제가 될 수 있다. 그렇다면 이러한 탐구를 통해 얻을 수 있는 것은 무엇일까? 여기에서는 비판적 사고, 창의적 사고, 배려적 사고를 포함하는 **다차원적 사고**의 중요성과 이처럼 다양한 사고력을 기르는 데 도움을 주는 사고기술에 관해 이야기하려고 한다. 이와 함께 철학과 **문해력**의 관계에 관해서도 살펴볼 것이다. 학생들의 문해력을 키우려는 이유 또한 단지 읽고 쓰는 능력을 키우는 수준을 넘어 종합적 사고능력을 키우려는 것과도 밀접한 관련이 있기 때문이다.

| 좋은 사고의 기반이 되는 다차원적 사고 |

이 책에서 말하는 철학적 탐구의 목적은 아이들을 철학자로 키우는 것이 아니다. 그보다 사려 깊고 합당한 인간으로 키우려는 교육적 기획임을 명확히 하고 싶다. 앞서 아이들이 철학을 해야 하는 이유를 다양하게 제시했지만, 그 중심에는 **좋은 사고**가 있다. 잘 생각하는 아이를 키워내는 것, 그것은 어린이 철학의 가장 중요한 목표 중 하나이다.

사고, 즉 '생각한다는 것'은 무엇일까? 우리는 매 순간 생각을 하고 있지만, 그것이 무엇인지 대답하기는 너무 어렵다. 생각이란 일반적으로 머릿속에 어떠한 심상, 개념, 사건 등을 떠올리는 것을 의미하기도 하고, 우리가 경험하는 모든 의식 작용을 지칭하기도 한다. 확실한 것은 생각 그 자체는 볼 수 없다는 것이다. 그렇다면 우리는 생각을 어떻게 확인할 수 있을까? 그것은 판단이라는 구체적인 행위로 드러난다. 따라서 좋은 생각은 좋은 판단으로 이

생각의 특징

첫째, 모든 사람은 매 순간 생각을 한다.
둘째, 직접 관찰하거나 만질 수 없다.
셋째, 연속적인 흐름으로만 존재한다.
넷째, 판단이라는 행위를 통해 드러난다.

해될 수 있다. 그래서 우리는 어떠한 상황에서 그 사람이 내리는 판단을 통해 그가 사려 깊은 사람인지 아닌지를 알 수 있다.

좋은 사고가 좋은 판단으로 이어진다면, 좋은 판단은 또 무엇인가? 이에 대해 일반적인 하나의 기준만 제시하는 것은 불가능하다. 우리는 매일매일 문제 상황에 부딪히며 판단을 내린다. 그중에는 습관적으로 내리는 판단도 있으며, 심사숙고가 필요한 판단도 있다. 각각의 상황이 가지는 고유성에 따라 좋은 판단의 기준 또한 시시각각 달라진다.

예를 들어 도로에서 자동차를 운전하고 있다고 상상해보자. 평소라면 규정 속도를 지키며 자동차를 운전하는 것이 합리적인 결정이다. 법을 어기는 것은 결과적으로 자신에게 손해일 뿐만 아니라, 심지어 공동체에도 피해를 줄 수 있기 때문이다. 하지만 만약 내 차에 목숨이 경각에 달린 위급한 환자가 타고 있다면 어떨까? 법을 지키는 것도 중요하지만, 그보다는 일단 환자의 생명을 살리는 것이 더 중요하고 가치 있는 일일 수 있다. 아주 단순한 사례이지만, 상황이나 맥락에 따라 판단 기준은 달라질 수 있다는 것을 보여준다.

하지만 실제 우리가 삶에서 부딪히는 문제 상황들은 위의 자동차 운전 사례보다 훨씬 더 이해관계가 복잡하고 또 어느 쪽이 더 가치 있는지 판단하기 미묘한 경우가 더 많다. 다시 말해 하나의 기준만으로 섣불리 판단하거나 해결할 수 없다는 뜻이다. 그렇다면 이러한 상황에서 좋은 판단은 무엇인가? 그것은 그 상황과 관련된 다양한 요소들의 적절한 균형점을 찾는 것과 관련이 깊다.

- 법에 어긋나지는 않는가?

- 환자는 얼마나 위급한가?

- 빨리 운전하다가 사고 날 위험은 없는가?

- 나의 운전 실력은 어느 정도인가?

- 환자는 나에게 얼마나 소중한 사람인가?

- 환자를 살릴 수 있는 더 나은 대안은 없는가? 등등

위와 같은 다양한 질문들을 고려해서 적절한 균형점을 찾아내는 것이 바로 좋은 판단이다. 중요한 것은 **적절한 균형**이며, 이를 찾아가는 데 필요한 것이 좋은 사고이다. 좋은 사고는 이러한 균형점을 찾아가는 동력이자 지도가 되어야 한다.

그러면 우리는 어떻게 적절한 균형을 찾아갈 수 있을까? 우선 다음과 같은 상황에서 적절한 판단을 내릴 때 어떤 점들을 고려해야 하는지 구체적으로 살펴보자.

> 우리 학교에서는 강제적인 두발 규제를 하고 있다. 나는 학생이라고 해서 두발을 규제하는 것은 용납할 수 없다. 하지만 선생님들은 염색하거나 두발이 긴 학생에 대해 벌점을 주고, 교내봉사를 시키기도 한다. 이에 대해 나는 어떻게 해야 할까?

우선은 강제적인 두발 규제가 과연 옳지 못한 것인지, 그에 대한 근거는 올바르다고 할 수 있을지에 대한 고민이 필요하다. 이와

관련된 질문으로는 다음과 같은 것들이 있다.

- 강제적인 두발 규제가 옳지 못한 이유는 무엇인가?
- 그 근거는 논리적인가?
- 정확한 사실에 바탕을 두고 있는가?
- 내가 가지고 있는 근거는 두발 규제를 반대하는 데 충분한가?
- 두발 규제를 찬성하는 근거는 무엇인가?

흔히 앞으로 아이들에게 꼭 필요한 역량 중 하나로 비판적 사고능력을 꼽는데, 이렇게 이유와 기준에 대해 생각하고, 논리와 맥락을 고려하는 사고를 **비판적 사고**라고 한다. 비판적 사고는 특히 좋은 이유에 관해 관심을 가진다. 좋은 이유는 정확성, 일관성, 적절성, 수용 가능성, 충분성을 고려해야 한다.[5] 이는 교사가 비판적 사고와 관련된 질문을 할 때 고려해야 할 요소이기도 하다.

다음으로는 두발 규제를 반대하기 위해 구체적으로 어떠한 대안이 있는지를 고민해야 한다. 구체적인 실천의 결과를 예상하고 최선의 대안을 찾는 것이다. 이와 관련된 질문으로는 다음과 같은 것들이 있다.

- 두발 규제를 반대하기 위해 내가 할 수 있는 일은 무엇인가?

---

5. 매튜 립맨, 《고차적 사고력 교육》(박진환 · 김혜숙 옮김), 인간사랑, 2005, 300-301쪽

- **최선의 대안은 무엇인가?**
- **그 일을 했을 때 결과는 어떻게 될까?**

다양하고 독창적인 가설이나 대안을 생각하고, 결과를 상상하며, 새로운 아이디어들을 생각해내는 것을 **창의적 사고**라고 한다. 창의적 사고는 기존의 관습이나 규칙을 넘어 도전적으로 생각하는 것이며, 부분보다는 전체를 보고 통찰한다. 나아가 기존의 개념이나 의미를 확장하여 다양한 의미를 구성해내기도 한다.

마지막으로는 두발 규제를 반대하기 위한 행동을 실천할 의지가 있는지, 나의 행동에 대해 다른 사람은 어떠한 감정을 느낄지, 그리고 최종적으로 내가 추구하는 가치가 무엇인지 등에 대한 고려도 필요하다. 예컨대 다음과 같이 질문할 수 있다.

- **내가 중요하게 생각하는 가치는 무엇인가?**
- **나에게 피해가 오더라도 실천을 할 것인가?**
- **나의 행동을 통해 피해를 볼 사람은 없을까?**
- **친구들이나 선생님들은 어떠한 감정을 느낄까?**

이렇게 감정과 가치에 대해 고민하는 사고를 **배려적 사고**라고 한다. 우리도 잘 알듯이 인간은 논리만으로 움직이는 존재가 아니다. 문제 상황에서 느끼는 온갖 감정은 우리의 판단에 많은 영향을 미친다. 인간은 감정이입을 통해 다른 사람의 문제를 진지하게 받아들일 수 있다. 예컨대 기아나 빈곤 같은 심각한 문제 상황에 관해 생각한다고 할 때, 이를 단지 지구 반대편 어딘가의 나와 상관없는 남의 일로만 여긴다면 진정성 있는 생각이 나오기 어렵다. 다른 사람의 문제를 중요하게 받아들인다는 것은 그 문제에 가치를 부여하는 것이며, 이는 타인에게 관심을 기울이는 것이다. 배려하는 것은 타인에게 관심을 쏟는 것이다. 또 자기 생각에만 갇혀있지 않고 다른 사람의 감정에 깊이 개입하는 것이다. 더구나 이성적, 논리적 판단이 실천으로 나아가려면 가치와 정서는 필수적이다.

지금까지 비판적 사고, 창의적 사고, 배려적 사고에 대해 살펴보았다. 이는 우리가 이미 일상에서 늘 하는 사고의 세 가지 측면을 보여주는 것일 뿐, 새로운 것이 아니다. 다만 현실에서는 이 세 가지 사고가 명확하게 구분되기보다는 동시다발적으로 작동되는 경우가 대부분이다. 앞서 살펴본 좋은 판단을 이끌어내기 위해서는 어떤 상황과 맥락에 맞게 이 세 가지 사고가 균형 있게 작동되는 **다차원적 사고**가 필요하다. 이는 하루아침에 얻어지는 것이 아니라 평소 많은 생각과 토론을 통해 쌓아가야만 한다.

| 사고력을 자극하는 사고기술 |

일상에서 아이들에게 생각할 기회를 주고, 생각하는 힘을 기르도록 하는 것이 중요하다는 건 사실 새로운 의견은 아니며, 이미 많은 교사들이 공감하는 바일 것이다. 하지만 사실 아이들의 사고력을 길러준다는 것은 다소 막연하고 쉽지 않은 기획이다. 능숙한 사고가라면 자연스럽게 다차원적으로 생각하겠지만, 학생들은 그렇지 않다. 특히 말조차 점점 더 짧은 줄임말을 선호하고, 온라인에서는 아예 모음마저 생략해버린 채 자음만 사용하는 요즘 아이들은 뭐든 길고 복잡한 것을 질색하는 경향이 있다. 아쉬운 점은 말만 그런 것이 아니라 생각도 그만큼 단순해지고 있으며, 복잡한 생각은 자연히 기피하게 되었다. 그래서 교사는 탐구와 토론과정에서 끊임없이 다양한 사고를 자극할 수 있도록 도와줄 필요가 있다. 이를 위해 도움이 될 수 있는 것이 바로 **사고기술**이다.

사고기술은 쉽게 말해 생각이라는 거대한 흐름을 하나하나의 요소로써 분석해놓은 것이다. '야구'라는 스포츠를 예로 들어보자. 경기에 나간 수비수는 타자가 친 공이 날아가는 방향으로 재빠르게 달려가 날아오는 공을 바로 받아내거나 굴러온 공을 잡아서 정해진 위치의 또 다른 수비수에게 정확하게 던져야 하며, 또 받는 사람도 놓치지 말고 받아내야 한다. 이 모든 과정은 마치 하나의 동작처럼 물 흐르듯 이루어지지만 각각의 동작, 즉 쉽게 말해 야구라는 스포츠를 이루는 공 던지기, 공 받기, 뛰기, 점프하기 등의 구체적인 기초기술들을 무수히 반복해 연마해온 결과이다. 이런 기초기술이 제대로 연마되지 않은 상태라면 물 흐르듯 자연스러운 경기력이 발휘될 수 없는 것처럼 생각도 마찬가지이다. 다차원적인 사고가 물 흐르듯 이루어지기 위해서는 평소 다차원적

사고기술 목록

사고기술	내 용	효 과
질문 만들기	궁금한 것을 질문으로 만들어요.	생각의 문이 열려요.
관찰하기	오감을 열고 차근차근 자세히 보고 들어요.	마음과 생각을 두드리고 자극해요.
공통점과 차이점 찾기	비슷한 점, 같은 점, 다른 점을 찾아요.	모든 인식의 바탕이에요.
상상하기	없는 것을 머릿속으로 그려요.	생각이 자유로워져요.
감정 고려하기	감정에 대해 관심을 갖고 생각해요.	감정을 알아차리고 이해하고 다스릴 수 있어요.
분류하기	같은 종류끼리 묶어요.	체계를 세우고 정리를 할 수 있어요.
비교하기	정도의 차이를 견주어요.	순서를 정할 수 있어요. 더 나은 것을 선택할 수 있어요
관계 찾기	서로 어떻게 연결되어 있는지 찾아봐요.	세상을 더 깊고 넓게 이해해요.
비유하기	다른 것에 빗대어 표현해요.	느낌이 생생해져요. 새로운 것도 쉽게 이해돼요.
이유 찾기	이유나 원인 혹은 근거를 찾아요.	깊이 있게 이해할 수 있어요. 의견도 튼튼해져요.
추리하기	알고 있는 정보를 이용해서 새로운 사실을 알아내요.	하나를 가지고 열을 찾아내요.
예와 반례 들기	구체적인 예나 반대되는 예를 들어요.	쉽게 이해할 수 있어요. 쉽게 반박할 수 있어요.
대안 찾기	문제를 해결할 수 있는 방법을 찾아요.	쉽게 좌절하지 않아요. 자주적인 사람이 돼요.
결과 예측하기	결과를 미리 추측해요.	말과 행동을 신중히 하게 돼요.
개념 정의하기	세상 모든 것의 의미를 정확하게 때로는 자기 나름의 언어로 이해해요.	생각이 정확해져요. 생각에 중심을 가져요.
다르게 표현하기	다른 방식으로 표현해요.	여러 방식으로 생각을 표현할 수 있어요.
가치 고려하기	가치(중요한 것, 옳은 것, 좋은 것)를 기준으로 생각해요.	가치 있는 것을 지키게 돼요
장단점 찾기	장점과 단점을 찾아요.	선택을 잘 할 수 있어요.
남의 입장에 서보기	다른 사람의 입장에 서서 생각해요.	다른 사람을 이해하게 돼요.
가설 세우기	모르는 것에 대한 설명에 도전해요.	새로운 사실을 발견하게 돼요.
숨은 전제 찾기	기본 바탕이 되는 생각(대전제)을 찾아봐요.	편견이나 선입견을 피해요.
다양한 관점에서 보기	여러 측면에서 생각해 봐요.	치우침 없이 전체를 볼 수 있어요.
오류 피하기	잘못된 생각의 과정을 찾아 피해요.	생각을 바르게 할 수 있어요.

사고기술을 충분히 연습할 필요가 있다. 물론 생각의 차원은 야구의 기술보다 훨씬 더 복잡하다. 인간의 생각이 가진 차원을 몇 가지 기술로 구분하는 것은 불가능하기 때문이다. 하지만 교실 안에서 학생들과 토론과 탐구를 진행해야 하는 교사에게는 몇 가지 주요 사고기술을 이해하고 익혀놓는 것만으로도 토론과 탐구의 질적 수준을 높이는 데 큰 도움이 될 수 있다. 49쪽의 표는 김혜숙[6]이 립맨을 비롯한 다양한 학자들의 사고기술 목록을 우리의 실정에 맞게 정리한 것이다.[7]

앞의 표에서 정리한 사고기술을 다차원적 사고의 범주에 따라 분류해보면 오른쪽 그림과(51쪽 참조) 같다. 물론 사고기술을 위 그림과 같은 범주로 정확하게 재단하기에는 한계가 있다. 왜냐하면 사고기술을 사용하는 맥락에 따라 2가지 이상의 사고가 복합적으로 작동하는 경우가 흔하기 때문이다.

예를 들어 '관찰하기' 사고기술의 경우, 관찰을 위해서는 일정한 기준이 필요하다는 점에서 비판적 사고이지만, 관찰 대상에 관해 관심을 가져야 한다는 점에서는 배려적 사고의 측면도 있다. '비교하기' 사고기술도 마찬가지이다. 두 대상을 비교할 때 일정한 기준을 고려한다는 점에서는 비판적 사고이지만, 비교를 위해 가치를 고려해야 한다면 그것은 배려적 사고의 성격도 동시에 띠고

---

6. https://cafe.daum.net/p4ci (어린이 철학교육) 참고.

7. 한국철학적탐구공동체연구회에서는 교실 속에서 쉽게 사고기술을 활용할 수 있도록 사고기술 카드를 제작하였다. 학토재에서 '생각톱니카드'라는 이름으로 판매하고 있다.

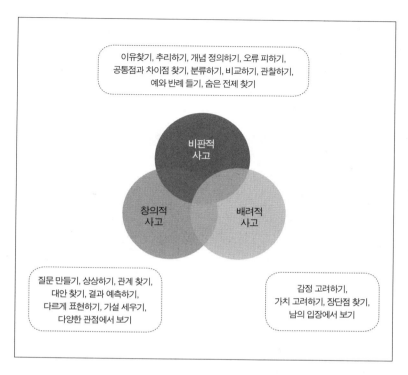

다차원적 사고의 범주에 따른 사고기술 분류

편의상 분류하기는 했지만, 실제 생각하는 과정에서 사고기술은 위와 같은 그림처럼 영역이 명확하게 구분되기보다는 다양한 사고의 성격을 복합적으로 띠게 된다.

있다. 따라서 위의 사고기술을 분류한 그림은 교사가 토론 진행을 구상할 때 다양한 사고의 범주를 고려하여 운영할 수 있도록 도움을 주고자 편의상 정리한 것임을 밝힌다. 즉 각 사고기술이 갖는 성격에 따라 거칠게 분류한 것이라고 할 수 있다. 실제 교사가 적용할 때는 각각의 사고기술이 다양한 사고의 성격을 복합적으로 가질 수 있다는 점을 반드시 염두에 두었으면 한다.

| 떼려야 뗄 수 없는 문해력과 사고력의 관계 |

사고력과 문해력은 서로 다른 개념이지만, 매우 밀접한 관련이 있다. 예컨대 어떤 문제를 읽고 그에 대한 답을 찾아가는 과정을 생각해보자. 주어진 문제가 무엇을 해결해야 하는 것인지 이해하지 못했다면 문해력의 문제라고 할 것이고, 문제는 이해했지만, 답을 어떻게 찾아야 할지 생각해내지 못했다면 사고력의 영역으로 볼 수 있을 것이다. 하지만 실제 문제해결 과정에서는 이 두 가지가 엄격하게 나뉘어 있기보다는 상호 보완하는 경우가 많다.

철학은 삶의 문제를 해결하는 과정이다. 이를 위해서는 무엇보다 먼저 문제가 무엇인지 파악해야 한다. 문제가 어떤 상황 속에서 발생했는지, 어떤 의미를 담고 있는지를 이해하는 것이 중요하다는 뜻이다. 문제의 의미를 정확하게 파악하는 것은 문제해결의 첫걸음이다. 낮은 문해력으로 문제를 겉핥기식으로만 이해한다면 제대로 된 해결을 기대하기 어렵다. 즉 문해력은 문제해결과 깊이 있는 생각을 하는 데 큰 영향을 미친다.

비판적 사고를 통한 독해는 문해력을 키우는 가장 좋은 방법 중 하나이다. 그만큼 이야기 속에 담긴 내용을 '비판적'으로 받아들이는 훈련이 필요하다는 뜻이다. 앞서 다차원적 사고에 관한 내용에서 비판적 사고에 관해 설명한 바 있다. 다만 여기서 말하는 '비판'은 단순한 트집잡기나 흠집내기를 의미하지 않는다. 비판적 사고는 기준에 따른 사고를 의미한다. 즉 객관적인 평가와 검토 과정을 통해 정확성, 적절성, 타당성과 정당성, 논리성 여부 등을 밝히는 것이다. 그리고 판단을 내릴 수 있는 믿을 만한 기준을 제시하고 좋은 판단을 내리는 것을 말한다. 비판적 사고는 또한 맥락에 대한 민감성을 보여주는 사고이다. 어떤 상황에서 판단이 내려졌는지, 판단과 관련된 전체적인 상황을 고려하였는지를 염두에 두고 내용을 받아들이는 것이다. 비판적 사고를 통해 이야기 속에서 끌어낼 수 있는 의미의 양과 질이 향상되는 것이다.

디지털 미디어에 익숙한 어린이와 청소년들은 장문에 취약한 경향이 있고, 메시지를 오독하는 경우도 흔히 볼 수 있다. 특히 난무하는 엄청난 정보 속에서 메시지의 맥락을 정확하게 짚어내는 비판적 독해 능력은 점점 더 중요해지고 있다. 그래야 가짜뉴스와 같은 불량 정보들도 걸러낼 수 있을 것이기 때문이다.

창의적 사고 또한 문해력을 키우는 데 도움이 된다. 문해력이란 단순하게 문제를 이해하고 분석하는 것에만 그치지 않는다. 문제에 대한 분석, 평가, 소통을 통해 제시되는 문제를 해결하는 것까지를 포함한다. 이야기 속에 담겨 있는 의미를 제대로 파악하고 문제를 발견하는 것, 발견한 문제를 해결하기 위한 대안적 가설을 세우고 가능한 결과를 상상하는 것, 이를 통해 최종적으로 문제를 해결할 수 있는 가장 적합한 대안을 선택하는 데는 창의적 사고가 중요한 역할을 한다.

철학은 비판적 독해력을 키우는 데 탁월하다. 앞으로 살펴볼 수업사례들을 보면 어떤 주제에 대해 학생들 스스로 생각하고 질문

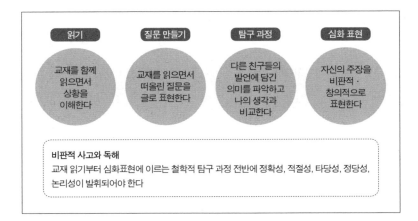

| 읽기 | 질문 만들기 | 탐구 과정 | 심화 표현 |

교재를 함께 읽으면서 상황을 이해한다

교재를 읽으면서 떠올린 질문을 글로 표현한다

다른 친구들의 발언에 담긴 의미를 파악하고 나의 생각과 비교한다

자신의 주장을 비판적·창의적으로 표현한다

비판적 사고와 독해
교재 읽기부터 심화표현에 이르는 철학적 탐구 과정 전반에 정확성, 적절성, 타당성, 정당성, 논리성이 발휘되어야 한다

문해력과 철학적 탐구공동체 수업
문해력의 중요성은 점점 더 강조되고 있다. 철학적 탐구공동체 수업에서 학생들은 함께 읽고, 질문을 만들며 탐구하는 과정 속에서 자연스럽게 문해력을 키워가게 된다.

하고, 질문을 분석한 뒤, 이에 관해 친구와 토론하며 생각을 나누는 일련의 과정이 펼쳐진다. 이를 통해 학생들의 생각은 정리되고 한층 정교해지며, 타인의 생각은 물론 자신의 생각에 대해서도 한층 객관적으로 바라볼 수 있게 된다.

이러한 다차원적 사고는 논리를 기반으로 하는 문제해결에 있어 빼놓을 수 없는 고도의 인지능력이라고 할 수 있다. 이와 관련하여 이후 2부에서 소개하는 실제 수업사례들을 통해 어떻게 이러한 사고를 자극하고 기를 수 있는지를 살펴볼 수 있을 것이다.

철학은
수업의 내용이자
방법이다

코로나19 대유행의 장기화 속에서 세계는 대변환을 맞이했다. 그리고 교육도 마찬가지다. 게다가 앞으로 또 어떤 급작스러운 변화가 불쑥 찾아올지 모른다는 불확실성마저 짙어졌다. 이런 대변환과 불확실성은 우리의 2022 개정교육과정에도 고스란히 반영되었다. 즉 불확실성과 예측 불가능이 난무할수록 하나의 확실한 정답은 없다. 그저 무수한 가능성안에서 변화하는 상황에 맞는 최선의 답이 무엇인지 끊임없이 고민하고 또 찾아내야 한다. 이러한 시대에 필요한 역량은 무엇이고, 또 이를 키우기 위해서 수업은 어떻게 달라져야 하는지 등에 관해 학교 교육도 진지하게 고민하게 되었고, 이것이 2022 개정교육과정에도 반영되었다는 뜻이다.

철학적 접근을 강조한
2022 개정교육과정 총론

2021년 12월, 2022 개정교육과정 총론의 주요 개정사항이 발표되었다. 이번 교육과정 개정 배경에서 가장 눈에 띄는 것은 **불확실성**이라는 단어이다. 이는 코로나19가 우리에게 던져준 화두이기도 하다. 바이러스의 존재를 통해 우리는 자연이 가지고 있는 근원적인 불확실성, 예측 불가능성을 체감하게 된 것이다. 나아가 이 사회가 거대한 복잡계라는 것도 본격적으로 논의되기 시작했다.

그러나 이에 즉각적이고 제대로 대처하기 위한 우리의 준비는 그동안 너무 미흡했다. 너무 오랫동안 우리 학교에서는 오직 하나의 정답만 찾아내는 공부를 강조했고, 그 정답을 찾아냈는지 여부를 통해서만 한 개인의 역량을 평가해왔다. 이렇게 키워진 역량은 불확실성 앞에서 너무나 무력하고 나약했다. 마치 처음 보는 데이터에 대해 오류로 반응하는 컴퓨터처럼 정답에 익숙한 아이들은 '정답 없음'에 대해 어떻게 반응하고 대처해야 할지 모른 채 우왕좌왕할 수밖에 없다.

이번 2022 교육과정 개정은 이러한 교육에 대한 총체적인 반성이 자리 잡고 있다고 볼 수 있다. 즉 더 늦기 전에 변동성, 불확실성, 복잡성에 대응할 수 있는 역량을 키워주는 교육 체제로의 전환을 이야기하는 것이다. 더불어 지식 정보의 폭발적 증가에 따라 단편적 지식의 습득보다 학습한 내용을 삶의 맥락에서 적용하고 복잡한 문제를 해결하는 역량이 중요하다는 점도 지적한다.

이런 점에서 보면 2022 개정교육과정에서 철학적 접근은 매우 중요하게 고려될 필요가 있다는 것을 알 수 있다. 왜냐하면 철학 이야말로 학생들에게 우리 삶에 내재한 근원적인 불확실성을 받아들이는 방법을 가르쳐주기 때문이다. 불확실성 시대의 백신 같은 존재가 바로 철학인 셈이다. 철학적 질문에 대한 답은 정해진, 즉 단 하나의 답을 찾아내는 것이 아니다.

- 행복이란 무엇인가? 우리는 어떻게 행복에 도달할 수 있는가?
- 수는 이 세상을 설명해줄 수 있는가?
- 이 세상을 움직이는 하나의 법칙은 존재하는가?
- 우리는 자유로운가?
- 법은 정의를 보장해줄 수 있는가?

이와 같은 질문에 대해 우리는 "모르겠다", "아마도", "여러 가지 견해가 있다" 등의 답변을 말할 준비가 되어 있어야 한다. 아이들은 이러한 질문들을 통해 세계와 삶에 내재한 근원적인 불확실성을 받아들이는 한편, 맥락에 따라 판단 기준을 세우는 법을 배운다. 이처럼 불확실성을 받아들임으로써 아이들은 지적인 겸허를 배우고, 타인과 토론하고 협력해야 할 필요성을 체득하게 된다.

하나의 정답만 존재하는 질문이라면 답을 알고 있는 소수 학생을 제외한 나머지 학생들은 답을 이야기하기를 주저하거나 꺼린다. 자신이 말한 답이 오답일 경우 공개적으로 망신만 당할 뿐이라고 생각하기 때문이다. 학창 시절 선생님의 질문에 정답을 말하지 못한 학생이 얼굴을 붉혀야 했던 상황을 떠올리면 이해가 쉬울 것이다. 하지만 여러 가지 답이 나올 수 있다면 상황은 전혀 달라진다. 불확실성이 허용되는 형이상학적 질문에 대해 깊이 생각할 때, 아이들은 정답에 얽매이지 않고 자유롭게 이유를 대고, 반례를 제기하고, 선입견과 편견이 가진 가정과 결과를 탐구하고, 자신의 세계관과 타인의 세계관 사이의 틈새를 좁히는 법을 배운다. 역설적이게도 불확실성 속에서 아이들은 주체가 되는 법을 배울 수 있고, 또 배워야 할 수밖에 없는 것이다.

2022 개정교육과정이 추구하는 인간상은 무엇인가?

철학이 가지는 이러한 성격은 2022 개정교육과정에서 교육받은 인간상을 설정하는 기준에서도 고려되고 있음을 알 수 있다.

오른쪽 글상자에 제시된 인간상 설정 시 고려사항을 살펴보면 주체성과 협력, 배려 등이 강조되고 있음을 볼 수 있다. 아울러 이 3가지는 서로 별개가 아니라는 것을 알아야 한다. 불확실성의 세계에서 필요한 것은 무엇보다 문제해결력이며, 이를 위해서는 주체적인 사고와 협력적인 태도가 필수적이기 때문이다. 이는 앞에

인간상 설정 시 고려사항

· 자기 주도성(주체성, 책임감, 적극적 태도)
· 창의와 혁신(문제해결, 융합적 사고, 도전)
· 포용성과 시민성(배려, 소통, 협력, 공감, 공동체 의식)

....

※자료: 2022 개정교육과정 총론 시안

서 철학이 가지는 본래적 특성과 깊이 연관되어 있다.

나아가 **융합적 사고**를 강조하는 것 역시 철학의 중요한 특성이라는 점을 강조하고 싶다. 인도 녹색 건물의 아버지로 불리는 프렘 자인(Prem Jain) 교수는 고대의 위대한 철학자들은 학제 간 사고를 실천했음을 강조한다. 서로의 생각을 주고받으며 열띤 토론을 이어가는 동안 더 깊은 사고의 발전으로 이어진 것이다. 그러나 지식의 양이 폭발적으로 증가하면서 학문 분야가 점점 더 전문화, 세분화되기 시작했다. 이는 지식의 양적인 폭발을 가져왔지만, 한편으론 통합적, 전체론적 접근의 상실을 초래하고 말았다. 쉽게 말해 고도의 전문성이 강조될수록 이 세상을 총체적으로 바라보고 해석할 수 있는 능력은 상대적으로 세상에서 조금씩 사라지기 시작한 것이다. 한편 철학은 세상에 대한 총체적인 시각을 제공한다. 우리 삶의 문제들은 다양한 교과적 지식이 얽혀서 복잡하게 작동되고 있다는 것을 알려주며, 이를 총체적, 시스템적으로 해석하고 구성해낼 수 있는 관점을 보여준다.

정리해보자면, 2022 개정교육과정이 지향하는 교육의 혁신, 수업의 변화에서 철학적 사유는 빼놓을 수 없는 주제라는 것이다. 철학은 불확실성에 대처하는 훌륭한 교육적 방안이며, 주체성과 협력을 긴밀하게 연결시킨다. 나아가 철학은 다양한 교과적 지식을 삶과 유기적으로 연결해, 이 세상을 총체적으로 바라보고 해석하는 관점도 길러줄 것이다.

함께 읽고 생각을 나누며, 질문하고 토론하다!

철학이 수업의 일상으로 자리잡기 위해서는 철학에 접근하는 방식 자체의 변화가 불가피하다. 즉 여기서 말하는 철학은 뭔가 거창한 개념이나 지식을 전달해야 할 학문의 일부로서 따로 시간을 할애하여 접근하는 것이 아니다. 그저 일상적인 학교 수업 전반에서 학생들의 생각하는 힘을 기르기 위한 전제로서, 교과의 구분 없이 학문을 대하는 광범위한 태도이자 수업 방법론이다. 즉 철학사나 철학 개념 등에 얽매이지 말고, 학생들이 배움에 임하는 근본적인 자세나 기초체력을 키우는 수단으로써 철학을 염두에 두어야 한다는 뜻이다. 지금부터 이에 대한 구체적인 실천 방법으로써 철학적 탐구공동체에 대해 살펴보고자 한다.

| 철학적 탐구공동체 수업의 의미 |

철학적 탐구공동체는 교육적 지향점이자 구체적인 수업모형이라는 두 가지 성격을 동시에 지닌 개념이다. 우선 **교육적 지향점**으로서 철학적 탐구공동체를 살펴보면, '철학', '탐구', '공동체'라는 3가지 개념이 긴밀하게 얽혀 있다는 것을 알 수 있다. 여기서 가장 중심적인 개념은 '탐구'이다. **탐구**는 어떤 문제 상황을 풀어나갈 수 있는 여러 대안을 찾아가는 과정이다. 이를 듀이(John Dewey)는 불확정적인 상황을 안정된 상황으로 바꾸어나가는 과정이라고 표현한 바 있다. 쉽게 말해 문제해결의 과정인 것이다.[8]

"철학적 질문을 통하여 공동체가 함께 문제를 해결하는 과정"

그런데 문제가 해결된다는 것은 어떤 의미일까? 그리고 우리는 문제가 해결되었다는 것을 어떻게 알 수 있을까? 분명한 것은 오직 나 혼자만의 생각으로는 최선의 답을 보장할 수 없다는 것이다. 분명한 정답이 있다고 생각하는 수학에서조차 어떠한 증명이나 답을 확인하기 위해서는 수십여 명의 수학자들이 수년 동안 함께 고민해야 한다고 한다. 이에 대해 필립 귄(Philip Guin)은 과학 철학자 포퍼(Karl Popper)의 말을 인용하면서 다음과 같이 썼다.

---

8. J. Dewey, Logic: The Theory of Inquiry, in J. Boyston(ed), John Dewey, *The Later Works*, 1925-1953, V. 12: 1938, 1986.

포퍼는 우리에게 과학 실험실과 풍부한 실험 도구들로 가득한 섬에 살고 있는 로빈슨 크루소를 상상해보라고 한다. 그의 발견이나 그 연구의 성실함과 주도면밀함에 관계없이 그는 우리에게 확신을 주지 못한다. 거기에는 과학적 방법의 구성요소가 결여되어 있다. 왜냐하면 그를 제외하고는 그 결과를 검토해줄 사람이 아무도 없기 때문이다. 즉 그의 독특한 정신적 행적에서 비롯되는 피할 수 없는 편견을 수정해줄 사람이 아무도 없는 것이다. 우리가 '과학적 객관성'이라고 부르는 것은 과학자 개인의 불편부당성이 아니라 사회적이고 공적인 과학적 방법의 산물이다.[9]

권의 이 글에서 알 수 있듯이, 문제해결은 공적인 과정이다. 다시 말해 문제가 해결되었음을 알기 위해서는 공동체의 검토와 수정, 합의가 필수적이라는 뜻이다. 특히 공적이고 사회적인 문제의 경우 더더욱 그렇다. 해결방안 속에는 그 문제로 인해 영향을 받을 수 있는 여러 사람의 의견과 검토, 논의가 담겨 있어야 하기 때문이다.

이제 우리는 탐구라는 말이 **공동체**와 긴밀하게 얽혀 있다는 것을 알았다. 탐구는 공동체 속에서 토론, 검토, 비판, 자기수정 등을 통해 진행된다. 그럼 마지막으로 '철학적'이라는 것은 무슨 뜻일까? 그것은 탐구의 성격 및 대상과 관련된다. 철학은 거의 모든 삶과 학문의 문제를 다루지만, 단순한 정답이 아니라 의미와 가치의 영역에 해당한다. 전통적으로 철학이 다루는 탐구의 영역을 살

---

9. L. Splitter and A. M. Sharp, *Teaching for better thinking*, ACER(Australian Council for Educational Research), 1995, p.23.

형이상학에 대한 탐구	가치에 대한 탐구
- 신은 존재할까? - 사람은 어디에서 왔을까? - 이 세상은 무엇으로 이루어져 있을까?	- 선이란 무엇인가? - 옳고 그름의 기준은 무엇인가? - 예술은 아름다울까?
의미에 대한 탐구	인식에 대한 탐구
- 나와 자연은 어떤 관계가 있을까? - 공부는 내 삶에 어떤 의미가 있을까? - 내 삶에 친구가 꼭 필요할까?	- 내가 보는 것은 모두 존재할까? - 나는 어떻게 지식이 참이라는 것을 알 수 있을까? - 생각에 대해 생각할 수도 있을까?

펴보면 위의 표와 같다.

앞에서도 수차례 이야기한 것처럼 철학적 사고는 상황에 따라 판단 기준도 다양하고 또 경계도 명확하지 않기 때문에 모든 철학적 질문들이 이 네 가지 유형으로 딱 나누어지는 것은 아니다. 다만 전통적인 철학은 이러한 4가지 영역의 질문들을 주로 다루어 왔다는 것이다. 우리가 살아가면서 갖게 되는 삶의 본질적인 질문들은 대부분 철학적이다. 그리고 각 교과 지식체계의 뿌리에도 철학적 질문이 존재한다. 예를 들어, 사회 교과에서 법의 의미와 종류를 배운다. 이때 우리 삶에서 법의 의미를 묻거나, 법은 무조건 지켜야만 하는 것인가? 라고 질문하는 순간, 그것은 곧 철학적 토론이 된다. 또한 수학 시간에 우리는 분수 문제를 푸는 방법을 배운다. 하지만 어느 순간 분수가 우리 삶에 어떤 의미가 있는지를 묻게 된다면, 그것 역시 철학적 토론이다. 이런 측면에서 보면, 철학적 탐구는 각 교과의 지식에 의미를 더해주고, 지식의 뿌리 또한 튼튼하게 만들어줄 수 있다.

이러한 교육적 지향을 추구하는 철학적 탐구공동체를 하나의 수업방법론으로 제안하고 체계화시킨 것이 앞서도 언급했던 교육학자 매튜 립맨과 앤 마가렛 샵이 함께 창립한 IAPC이다. IAPC에서는 1970년대 이후로 유아에서부터 고등학생에 이르기까지 교실에서 일상적으로 철학적 탐구를 진행할 수 있는 구체적인 프로그램을 개발했다. 여기서 사용된 수업모형이 철학적 탐구공동체이며, 이에 따른 연령별 교재와 교사용 지도서도 함께 출판했다.

립맨이 철학적 탐구공동체를 제안하게 된 배경에는 그 당시의 사회적, 교육적 분위기와 개인적 경험이 함께 작용했다. 그 당시 미국 교육계에는 지나친 암기 위주, 지식 위주의 교육에 대한 비판적, 성

교재	학년	교사 지도서	주제
엘피	유-1	같이 생각해보기	의견의 공유
기오와 구스	2-3	세계 탐색해 보기	자연 탐구
픽스	3-4	의미 찾기	언어의 의미 탐구
누스	4-6	어떻게 행동할 것인지를 결정하기	윤리 탐구
해리의 발견	5-6	철학적으로 탐구하기	논리 탐구
토니	6	과학적으로 탐구하기	과학 탐구
리자	7-8	윤리적 문제 탐구하기	윤리탐구
수키	8-10	왜, 어떻게 쓰는가?	작문
마크	11-12	사회 탐구	사회 탐구

찰적 분위기가 널리 퍼져 있었다. 35쪽에서도 잠깐 언급했지만, 립맨은 컬럼비아대학교에 교수로 재직할 당시 베트남 반전 시위에 참여 중인 학생들을 보며 당황했다. 그들에게서 어떤 지적인 토론이나 합의를 기대할 수 없었기 때문이다.

> 대학 폭동이 만연해 있었으며, 절망이 사회에 침투해 있었고, 무도한 수단들이 도처에서 주장되고 호소되고 있었는데, 이 시기의 사람들은 무엇이 잘못되었고, 어떻게 하면 그것을 바로 잡을 수 있을지에 대해 의구심을 가지고 있었다. …[중략]… 학교 교육에 결함이 있다면 자녀 교육을 향상시킬 수 있는 방법이 무엇인지 고민이 필요하다. …[중략]…. 나는 임시방편의 미봉책이 아닌 미래의 대학생에게 영향을 줄 수 있는 극적이고 전면적인 교육적 변화가 필요하다고 생각했다. 아이들을 보다 이성적으로 만들고, 보다 좋은 판단을 내릴 수 있는 능력을 가질 수 있도록 하는 교육이 필요했다.[10]

립맨은 그 당시 학생들이 보여준 모습들에서 사려 깊은 사고의 부족을 느꼈다. 즉 비판적으로 생각하고, 협력적으로 대안을 고민해가는 모습은 찾아볼 수 없었던 것이다. 그래서 어릴 때부터 학교에서 체계적인 사고력 교육이 필요하다고 생각했고, 이에 대한 가장 적절한 방법으로 철학적 탐구공동체를 제안하였다.

---

10. Lipman, M. 2008, 《A Life Teaching Thinking》. Montclair: THE INSTITUTE FOR THE ADVANCEMENT FOR CHILDREN, Montclair State University. pp.106-107.

| 수업에 어떻게 적용할 것인가? |

철학적 탐구공동체가 강조하는 것은 철학이 일상 수업의 주요 방법으로 자리를 잡는 것이다. 그렇다면 교과를 막론한 학교 교육의 일상이 되는 철학적 탐구는 과연 어떻게 실천해야 할까? 이제부터 철학적 탐구에 기반한 수업 방법을 위해 필요한 것들에 관해 살펴보려 한다.

자리 배치는 어떻게 할까?

철학적 탐구공동체를 이끌어가는 것은 **대화**이다. 따라서 교실 구조는 아이들이 서로 얼굴을 바라볼 수 있는 원형 자리 배치가 기본이다. 인격적인 대화는 당연히 얼굴을 마주 보며 해야 하기 때문이다. 대화는 오직 '말'로만 주고받는 것이 아니다. 대화할 때 우리는 상대방의 얼굴에서 드러나는 다양한 비언어적(non-verbal) 요소들을 통해 언어로 전달하는 것 이상의 많은 의미와 감정을 전달받을 수 있다. 나아가 원형 자리 배치는 동등하고 민주적인 교실 환경을 의미하기도 한다. 하나의 중심점이 없이 누구나 다 동등한 위치에서 함께 토론할 수 있는 구조이기 때문이다.

그러나 실제 네모난 공간에 네모난 책상으로 채워진 우리나라 학교 교실에서는 구조적으로 원형 자리 배치가 힘든 경우가 많다. 좁은 공간과 많은 학생으로 인해 책상 옮기기도 힘들기 때문이다. 그래서 원형 배치의 대안으로 실제 수업 시간에는 ㄷ자 자리 배치를 활용하는 경우가 많다. 다만 ㄷ자 자리 배치의 경우 자칫 교사가 중심적 위치를 독점할 수 있기 때문에 주의가 필요하다. 이를 위해서는 평소 학생들이 토론과정에서 교사가 아닌 발언하는 친구를 바라볼 수 있도록 지도하는 것이 중요하다.

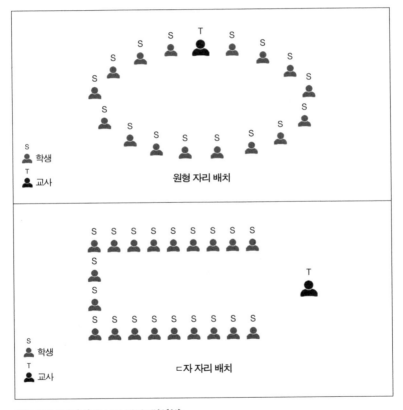

원형 자리 배치(상)와 ㄷ자 자리 배치(하)
대화는 오직 '말'로만 주고받는 것이 아니라, 상대방의 얼굴에서 드러나는 다양한 비언어적(non-verbal) 요소들을 통해 언어로 전달하는 것 이상의 많은 의미와 감정을 전달받을 수 있다. 나아가 자리 배치는 동등하고 민주적인 교실 환경을 만드는 것과도 관련된다.

수업 규칙은 어떻게 정할까?

철학적 탐구공동체는 토론이 중심이 되기 때문에, 원활한 진행을 위해서는 일정한 규칙이 필요하다. 이것은 정해진 시간 동안에 생산적인 토론이 이루어지기 위한 최소한의 규칙이다. 아무런 규칙 없이 진행하면 토론이 제대로 이루어지지 않을 뿐만 아니라 자칫 친구들에게 상처를 주기도 한다. 그래서 특히 우리나라처럼 다인수 학급에서는 필수적인 요소이다. 다만 교사가 일방적으로 토론 규칙을 전달하기보다는 아이들이 자발적으로 규칙을 만들고 직접 제안하는 것이 좋다. 일반적으로 토론규칙을 정하는 것은 다음과 같은 방식으로 진행할 수 있다.

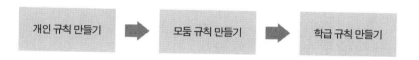

일반적으로 철학적 탐구공동체 수업 진행 시에 지켜야 할 규칙으로는 다음과 같은 것들을 고려해볼 수 있다. 물론 이는 포괄적 예시일 뿐이며, 무조건 똑같이 적용할 것이 아니라 각 학교와 교실 상황에 따라 적절하게 조정할 필요가 있다.

- 발언할 때는 반드시 손을 들고 발언권을 얻어서 발언한다.
- 발언할 때는 되도록 선생님이 아니라 친구들의 얼굴을 바라본다.
- 다른 친구가 발언할 때는 그 친구의 얼굴을 보면서 경청한다.

토론규칙 정하기 활동 장면
토론규칙은 무조건 동일한 내용으로 정하는 것이 아니라 각 학교와 교실 상황에 맞게 조정할 필요가 있다. 또한 교사가 일방적으로 정하기보다는 학생들 스스로 정하도록 하는 것이 좋다.

- 한 수업에서 발언은 3회를 발표했으면 다른 친구에게 기회를 준다.
- 토론과정은 노트에 요약한다.
- 가능하면 발언을 많이 하지 않은 친구에게 발언을 양보한다. 등등

수업 진행은 몇 차시로 이루어지나요?

철학적 탐구공동체 수업은 정확하게 시수가 정해진 것이 아니다. 수업 주제 및 진행방식에 따라 얼마든지 달라질 수 있다. 오랜 시간 집중할 수 있는 고등학생이나 성인들을 대상으로 한다면 온종일 진행되기도 한다. 하지만 일반적으로 초등학생이나 중학생을 대상으로 하는 경우에는 집중력을 제대로 유지할 수 있는 최대 시간인 40~45분 정도를 기준으로 2차시로 진행되는 경우가 일반적이다. 이후 2부에서 제시하는 철학적 탐구공동체 수업사례도 2차시를 기준으로 진행되었다는 점을 밝힌다. 1차시, 2차시, 3차시 수업으로 진행할 때의 수업 구성 예시는 오른쪽과 같다.

〈1차시로 진행할 경우〉

교재 읽기
↓
개인 질문 만들기
↓
토론질문 선정하기
↓
토론하기
↓
정리하기

〈2차시로 진행할 경우〉

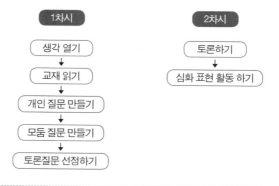

1차시	2차시
생각 열기 ↓ 교재 읽기 ↓ 개인 질문 만들기 ↓ 모둠 질문 만들기 ↓ 토론질문 선정하기	토론하기 ↓ 심화 표현 활동 하기

〈3차시로 진행할 경우〉

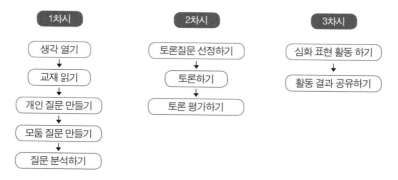

1차시	2차시	3차시
생각 열기 ↓ 교재 읽기 ↓ 개인 질문 만들기 ↓ 모둠 질문 만들기 ↓ 질문 분석하기	토론질문 선정하기 ↓ 토론하기 ↓ 토론 평가하기	심화 표현 활동 하기 ↓ 활동 결과 공유하기

구체적인 수업 절차는 어떻게 되나요?

철학적 탐구공동체 수업의 절차는 교실 속 상황에 따라 달라질 수 있다. 하지만 어느 정도 정형화된 절차는 자연스럽게 철학적 탐구가 진행될 수 있도록 도와준다. 아이들은 철학적 탐구를 경험할수록 점점 더 절차에 익숙해진다. 그와 함께 내용도 점진적으로 심화되는 것이다. 이러한 철학적 탐구를 가능하게 해주는 주요 절차인 생각 열기, 교재 읽기, 질문 만들기, 질문 분석하기, 토론하기, 연습문제 활용, 심화 표현 활동, 평가하기 등을 소개하려 한다. 각각의 절차의 의미를 살펴본다면 각 교실에서 이를 어떻게 활용할 것인지 생각하는 데 도움이 될 것이다.

다만 이러한 각각의 절차는 어디까지나 '철학'이 낯설기만 한 우리나라 학교 교실에서 자유로운 생각의 교류와 치열한 토론 그리고 이를 통한 최선의 문제해결 방안을 도출하기 위해 쌓는 일종의 연습임을 밝힌다. 앞서 예로든 야구 경기처럼 선수들이 던지기, 치기, 받기 등의 기초기술을 쌓은 후에 경기력을 자유롭게 구사할 수 있는 것처럼 말이다. 각 절차의 의미는 다음과 같다.

■ 생각 열기

아이들의 경험과 관련지어 수업 주제를 소개하거나 서로 배려하고 협력하는 공동체를 만들어가는 단계이다. 이를 위해 아이들이 친근하게 수업 주제에 대해 생각할 수 있도록 하며, 더불어 자신의 삶속으로 수업 주제를 가져오게 한다. 또는 사고기술을 활용하여 다양한 공동체 놀이를 진행할 수도 있다. 공동체 놀이는 아이들이 서로에게 관심을 가지게 되고, 자연스럽게 대화를 나눌 수 있는 분위기를 형성하는 목적도 있지만, 더불어 다양한 사고기술을 연습하는 데도 도움이 될 수 있다. 중요한 것은 아이들이 편하게 자신의 경험, 감정, 생각을 나눌 수 있어야 한다는 것이며, 교실을 지적으로 안전한 공간으로 느끼게 만들어야 한다는 것이다.

▪ 교재 읽기

아이들이 돌아가면서 교재를 읽는 단계이다. 이때 교재는 소리 내어 함께 읽는 것이 좋다. 이를 통해 반 아이들은 상황을 공유하는 공통 경험을 할 수 있기 때문이다. 이때 무엇보다 중요한 것이 바로 좋은 교재를 선택하는 것이다. 좋은 교재의 기준은 하나의 정답을 보여주기보다는 다양한 질문이나 문제를 불러일으킬 수 있는 것이 좋다. 그런 의미에서 립맨은 철학 소설을 주로 사용했다. 철학 소설은 상황과 맥락을 제공해주고, 아이들의 지적이고 생생한 대화가 있으며, 다양한 철학적 쟁점을 제공한다. 이 책에 소개되고 있는 수업사례 역시 교사가 직접 쓴 철학 소설을 활용했다. 물론 철학 소설 외에도 수업의 맥락에 따라 다양한 교재를 선택할 수 있다. 소설은 물론 그림책이나 이미지도 가능하고, 영상매체인 영화나 애니메이션, 그림 등도 철학적 탐구의 소재로 많이 활용되고 있다. 또한 학교 현장에서는 교과서 역시 효과적인 철학적 탐구의 교재로 활용되기도 한다. 그래서 이후 2부에서는 수업에 사

용된 철학 소설 외에 철학적 탐구에 유용한 다양한 교재를 주제별
로 따로 정리하여 소개해두었으니 참고하기 바란다.

■ 질문 만들기

교재를 읽고 난 후에 아이들은 각각 질문을 만든다. 교재가 보여
주는 하나의 상황에 대해 자유롭게 문제를 제기하는 것이다. 문제
는 당혹감에서 나온다. 질문은 자신의 경험과 세계관으로 해석되
지 않는 외부 상황에 대응하는 방식이다. 여기서 중요한 교사의
역할은 아이들이 형식적으로 질문을 만드는 것이 아니라 진심으
로 자신의 질문을 만들도록 격려해야 한다는 것이다. 하지만 이러
한 격려에도 불구하고 만약 질문이 전혀 떠오르지 않는다고 한다
면 억지로 질문을 강요하지 않는다.

　질문을 잘 만들게 하기 위해서는 우선 교실을 지적으로 안전하
고 민주적인 공간으로 바꿔야 한다. 어떤 생각이나 질문도 소중하

학생의 철학노트 일부 - 개인질문 만들기
질문을 만들 때는 그저 형식적으로 질문을 만드는 것이 아니라 진심으로 자신의 질문을 만들
도록 격려해야 한다. 이는 교사의 중요한 역할이다.

고 가치 있게 다뤄질 수 있을 것이라는 믿음을 주는 것이 중요하다는 뜻이다. 그리고 개인 질문을 만들 때는 반드시 그 질문을 하게 된 이유도 함께 적는다. 이를 통해 질문에 맥락이 부여되고, 질문을 만든 학생의 문제의식이 명료하게 드러날 수 있기 때문이다. 그리고 학생들 스스로 장난스러운 태도를 버리고 진지하게 생각에 임하는 분위기가 만들어진다.

▪ 모둠 질문 선정하기

개인 질문이 만들어지면, 그 다음에는 모둠 활동으로 이어진다. 모둠 활동에서는 개인 질문들을 공유한 후에 모둠별 질문을 선정한다. 이때에는 다음과 같은 조건을 고려해볼 수 있도록 한다.

모둠 질문을 선정하고 발표하는 장면
모둠 질문의 선정은 질문을 낸 개인을 존중하고 인정하되, 그것이 모둠원들이 함께 토론하여 이끌어낸 질문임을 각인시키는 것도 중요하다. 모두가 모둠 질문 선정에 기여도가 있다는 뜻이다.

- 함께 토론해볼 수 있는 질문인가?

- 다양한 생각들이 오고 갈 수 있는 질문인가?

- 우리에게 의미 있는 질문인가?

무엇보다 중요한 것은 모둠 친구들이 그 질문에 호기심과 흥미를 갖고 있느냐이다. 질문을 선정했다면 칠판에 모둠 질문을 적도록 한다. 이때 질문 옆에는 질문자의 이름을 반드시 함께 적는다. 모둠 이름이 아닌 질문자의 이름을 적는 이유는 개인의 개별성, 고유성을 존중해준다는 의미이며, 탐구공동체 형성에 기여했음을 인정한다는 뜻이므로 매우 중요하다.

　그렇다고 해서 모둠 토론에서 선정한 질문이 오롯이 질문을 낸 개인만의 것이라고는 할 수 없다. 왜냐하면 모둠 질문은 모둠원들이 '토론'을 거쳐 '함께' 고른 질문이기 때문이다. 따라서 칠판에 모둠 질문을 적을 때에는 모둠원들의 이름을 함께 적어주기도 한다.

■ 전체 질문 선정하기

칠판에 모둠 질문을 모두 적고 나면, 질문자는 그 질문을 하게 된 이유를 발표한다. 그리고 모두 함께 전체 토론질문을 정한다. 토론 시간이 충분해서 모둠 질문을 모두 다루면 좋겠지만, 수업 시간은 대체로 한정적이다. 따라서 전체 토론질문을 정해야 한다. 전체 토론질문을 선정하기 전에 모둠 질문들에 대한 분석과정을 거친다. 이때 교사는 다음과 같은 질문들을 해볼 수 있다.

전체 토론질문을 선정하는 장면

모둠 질문들에 대한 분석과정을 거쳐 전체 질문을 선정한다. 이때 무조건 다수결로 결정하기
보다 질문에 대한 논의를 거치는 것이 중요하다.

- 질문 중에 이해가 되지 않는 질문이 있나요?

- 질문 중에 혹시 토론이 불가능한 질문이 있나요?

- 질문 중에 중복되는 질문은 없나요?

- 질문 중에 혹시 수정 보완했으면 하는 질문이 있나요?

질문에 대한 논의를 통해 질문들이 명료해졌다면, 다수결을 통해
전체 토론질문을 선정한다. 이때 아이들은 원하는 질문에 모두 손
을 들 수도 있고, 1~2가지 질문에만 손을 들게 할 수도 있다.

■ 토론하기

전체 질문에 대한 토론은 아이들의 흥미와 호기심에 따라 논의의 방
향이 정해지지만, 전체적인 과정은 교사가 조율한다. 그만큼 철학

철학토론에서 교사의 다양한 역할들

토론은 아이들의 흥미와 호기심에 따라 논의 방향이 정해지지만, 전체적인 과정은 교사가 조율해야 한다.

적 토론에서 교사의 역할은 매우 중요하다. 아이들의 논의 방향을 방해하지 않으면서도 탐구가 진전될 수 있도록 해야 한다. 어떻게 토론이 진행되고 그 과정에서 교사가 어떠한 역할을 해야 하는지는 뒤에 이어질 수업의 실제 사례를 참고하기 바란다. 위의 그림은 토론과정에서 맡아야 할 교사의 역할을 간단히 정리한 것이다.

▪ 연습문제 활용하기

철학적 토론은 아이들의 질문으로 시작한다. 그리고 논의의 방향 역시 아이들의 호기심과 흥미에 따라 결정된다. 그 과정에서 자연스럽게 다양한 철학적인 쟁점이나 개념을 탐구하게 되는 것이다. 하지만 아이들이 제기한 질문과 그에 대한 토론만으로는 인류의 지적 유산이나 대안적 사고를 경험하기에는 한계가 있다. 따라서

〈국가에 대한 토론 이후 만든 포토스탠딩 작품〉　〈이상사회에 대한 토론 이후 만든 12컷 만화〉

학생들의 심화 표현 활동예시

단지 함께 토론한 것으로 끝나는 것이 아니다. 학생들 스스로 토론질문에 대한 적절한 해답을 찾아가는 것이 중요하다. 다만 이때 하나의 정답을 추구하는 것이 아니라 토론을 통해 서로의 다양한 생각을 경청하고, 유연한 해답을 이끌어내는 것이 중요하다. 이상은 토론 이후 학생들이 만든 작품들의 예시이다.

교사는 토론이 끝나면, 해당 주제와 관련된 철학적 쟁점이나 사고 기술에 대한 연습문제를 활용할 수 있다. 이를 통해 아이들은 자신의 탐구에서 부족했던 지점을 파악할 수 있을 것이다. 나아가 자신들의 탐구가 인류의 지적 전통과도 깊이 관련되어 있음을 더불어 깨닫게 된다. 이 때문에 2부에서는 주제와 관련된 토론 연습문제도 함께 제시해놓았다.

■ 심화 표현 활동하기

철학적 토론은 명확한 탐구의 방향이 있다. 바로 토론질문에 대한 적절한 해답을 찾아가는 과정이다. 하지만 하나의 정답만을 이끌어내는 것을 목표로 하지는 않는다. 얼마든지 다양한 답이 존재할 수 있으며, 토론을 통해 더 나은 해답으로 나아갈 수 있다고 생각한다.

따라서 교실 토론에서는 하나의 정답이나 명확한 결론으로 끝맺지 않는 경우가 많다. 하지만 아이들 각자에게는 더 나은 생각과 그에 대한 감각이 남아 있을 것이다. 그래서 교사는 굳이 토론의 결과를 하나로 정리하려 하기보다는 아이들 각자 자신의 생각을 표현할 수 있는 기회를 주는 것이 좋다.

아이들은 토론의 과정에서 느꼈던 감정, 느낌, 생각을 다양한 방식으로 표현할 수 있다. 대표적으로 글쓰기, 그림, 시, 소설, 음악, 역할극 등으로 표현한다. 이러한 표현행위를 통해 철학적 토론의 경험은 아이들의 사유와 삶 속에 스며들어 하나의 의미로 자리를 잡을 수 있다.[11]

수업에 대한 평가는 어떻게 하나요?

철학적 탐구공동체 수업은 내용적인 목표를 분명하게 설정하지 않는다. 알다시피 아이들의 탐구 방향에 따라 논의가 전개되기 때문이다. 중요한 것은 그 속에서 아이들의 사유가 어떻게 나아가는지, 그리고 어떠한 정서를 느끼고 경험하는지이다.

철학적 탐구공동체에서의 평가는 학생들의 자체평가와 교사평가로 나눠질 수 있는데 교사에 의한 평가보다는 아이들의 자체평

---

11. 필자의 경우에는 심화 표현 활동으로 글쓰기를 가장 많이 하고 있다. 학생들의 철학적 글쓰기 사례는 윤리적 탐구공동체와 도덕수업 https://cafe.daum.net/moral11 을 참고하기 바란다.

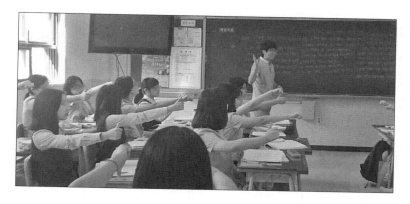

수신호로 평가하는 아이들의 모습을 담은 토론 평가 장면

토론에 대한 평가는 교사의 평가가 아닌 아이들의 자체 평가가 더욱 중요하다. 이를 통해 토론 과정을 성찰하는 동안 내적 성장을 이끌어낼 수 있다.

가, 동료평가를 중요시한다. 이 과정을 통해 아이들은 토론과정을 다시 한번 되새기게 되고 자기성찰과 성장으로 나아가기 때문이다. 아이들의 자체평가 사례로는 다음의 평가지를(82~84쪽 참조) 참고해볼 수 있다. 이를 초·중·고에서 상황과 수준에 맞게 적절하게 변형하여 활용하면 된다.

수업이 끝나고 평가지에 있는 물음에 대해 학생들 각자의 생각을 물으면 된다. 이를 간단하게 수신호로 표현하게 할 수도 있다. 예컨대 가장 간단한 수신호의 예로는 엄지손가락을 위로 올리면 '잘했다'는 의미며 옆으로 돌리면 '보통이다'는 의미이다. 그리고 아래로 내리면 '미흡하다'는 의미이다(위 사진 참조). 이후 발표를 통해 구체적인 의견이나 이유를 물어볼 수도 있다. 또 글로 적어 제출하게 하기도 한다.

〈철학적 탐구공동체 자기 평가지 예시〉

평가 질문	점 수				
A. 탐구 상의 인지적 능력					
1. 나는 추론을 잘 하였는가?	1	2	3	4	5
2. 나는 창의적으로 생각하였는가?	1	2	3	4	5
3. 나는 의견 모두에 대해 공정하게 지적인 관심을 기울였는가?	1	2	3	4	5
4. 나는 스스로 수정 능력을 발휘하였는가?	1	2	3	4	5
B. 탐구 상의 사회적 능력					
5. 다른 사람에 대해 세밀히 주의를 기울였는가?	1	2	3	4	5
6. 대화의 양을 적절하게 하였는가?	1	2	3	4	5
7. 주도적으로 사고하면서 탐구공동체를 이끌어갔는가?	1	2	3	4	5
8. 다른 사람들을 존중하고 배려하였는가?	1	2	3	4	5
C. 탐구 결과					
9. 탐구에 진전과 의미가 있었는가?	1	2	3	4	5
10. 탐구공동체에 풍부하고 다양한 이해와 도움을 주었는가?	1	2	3	4	5
11. 메타 수준의 탐구를 하는데 뚜렷한 진전이 있었는가?	1	2	3	4	5
계					
(수업 소감)					

철학적 탐구공동체 이렇게 참여했어요.

열심히 참여했나요.				
내용	적용	상	중	하
잘 듣기				
잡담하지 않기				
다른 친구의 말에 대해 생각해 보기				
다른 친구의 의견을 지원해 주기				
활동에 열심히 참여하기				

추론을 잘 했나요.				
내용	적용	상	중	하
질문하기				
이유대기				
전제를 탐색하기				
근거(증거)대기				
다른 관점 탐색하기				
관계 찾기				
기준을 활용하기				
구별하기				

탐구가 진전되었나요?				
내용	적용	상	중	하
개념 명료화				
깊이 있는 탐색				
의미 있는 대화				

서로 존중했나요?				
내용	적용	상	중	하
다른 사람의 의견을 진지하게 생각하기				
공격하지 않기				
무조건 방어하지 않기				
다른 친구의 감정을 고려하기				
나와 다른 의견(비판) 고려하기				

창의적으로 생각했나요?				
내용	적용	상	중	하
비유(유추)활용하기				
대안 상상하기				
가설적으로 생각하기				
결과를 고려하기				
맥락고려하기				
내 의견 잘 표현하기				
감정이입하기				

자기수정이 있었나요?				
내용	적용	상	중	하
나의 의견 수정				
나의 관점 재구성하기				
탐구 습관 조절하기				

물론 학교에서 철학적 탐구공동체 수업을 진행하면서 교사평가가
필요한 경우도 있다. 수업과 평가는 유기적으로 이어질 필요가 있
기 때문이다. 다음은 필자가 도덕과 수업에서 실제로 활용했던 철
학적 탐구공동체 평가 안내서이다(85~89쪽 참조).

담당교사: 박상욱

1. 수업 목표

① 토론과 발표, 독서를 통한 고차적 사고력 신장
② 행복한 삶을 위한 주체적 사고와 합당한 판단력 신장
③ 비판적이면서 창의적인 논술 능력 향상
④ 협력을 통한 문제해결력 신장

2. 기본 수업 모형: 철학적 탐구공동체 수업

- 미국의 교육학자 매튜립맨이 어린이 철학의 수업방법론으로 창안했으며 현재 전세계 60여개국에서 도입 적용하고 있음.

가. 수업준비

① 종이 치기 전에 자리 배치를 ㄷ자로 바꾼다.
② 철학노트와 교과서를 미리 준비한다.
③ 그날 공부할 단원을 미리 읽어보면서 질문을 준비한다.

나. 수업과정

① 공동체 놀이 - 교과서 읽기 - 질문 만들기(개인-모둠-전체) - 질문 발표 및 분석 - 전체 질문 선정 - 전체 토론하기 - 심화토론 - 철학 글쓰기
② 주제 발표 - 질의 응답 - 교과서 읽기 - 질문 만들기(개인-모둠-전체) - 질문 발표 및 분석 - 전체 질문 선정 - 전체 토론하기 - 심화토론 - 철학 글쓰기
③ 독서토론

　　도서 읽고 인상 깊은 부분 말하기 - 감상문 발표 - 질문 발표 - 토론 주제 만들기 - 토론하기 - 철학 글쓰기

3. 평가 안내

고사별	평가 유형 및 점수 배분						계
	수행평가(100%)						
	토론 활동	철학노트	논증적 글쓰기	비경쟁 독서토론	철학 소설 창작	그림책 토론	
1학기	20%	20%	20%	20%	10%	10%	100%

가. 토론 활동 평가

1) 발표나 토론 주제에 대하여 발표하고 답변하는 횟수를 기준으로 점수에 반영

2) 총점: 100점

① 기본점수: 40점

   - 질문/대답 횟수에 따른 점수: 1회에 4점, 4점 * 15회 = 60점(만점)

   - 질문 의견 용지를 통해 5회까지 인정

나. 철학노트 평가

1) 총점: 100점

2) 평가 기준: 철학노트 글쓰기 형식에 맞아야 함.

  ① 단원명이 적혀있어야 함.

  ② 질문 만들기: 소단원별 1개의 질문과 배경 설명

    - 배경설명은 최소 50자 이상 되어야 함.

    예) 질문: 학교 폭력 방관자로 법적 처벌을 해야 하는가?

    배경: 학교 폭력 방관자는 말 그대로 폭력 상황에 개입하지 않고 있었던 아이들이다. 가해자라고 할 수는 없는데 법적 처벌을 해야 하는지 이해가 되지 않았다. 그래서 이에 대해 아이들과 토론해 보고 싶었다.

  ③ 모둠 활동: 모둠 선정 주제와 모둠 토론과정이 노트에 기록되어야 함.

  ④ 전체토론과정이 기록되어 있어야 함.

  ⑤ 철학글쓰기: 토론과정이 끝나면 이에 대한 자신의 생각을 15줄 내외로 철학 글쓰기를 쓴다.

3) 평가

기본점수: 25점

A: 25점: 형식이 모두 만족되었을 경우

B: 20점: 형식이 1~2개 미흡할 경우

C: 15점: 형식이 3개 이상 미흡할 경우

미제출: 0점

다. 비경쟁 독서토론 - 주도형 원탁토론

1) 팀 선정(2명) - 총 4팀이 한 가지 도서를 가지고 주도형 원탁토론 실시

2) 토론 절차 - 토론 절차는 추후 공지

3) 토론 도서

1	레미제라블
2	자전거 도둑
3	
4	

- 발표자료 탑재: 윤리적 탐구공동체와 도덕수업(www.cafe.daum.net/moral11)

4) 평가 기준표

평가 영역	평가 내용	평가(100점)	팀1	팀2	팀3	팀4
준비성	지도교사 면담	10				
	입론문	20				
토론과정	토론절차 숙지	10				
	논리적 사고	10				
	창의적 사고	10				
토론태도	경청과 배려	20				
	말투 및 태도	20				
총점		100				

라. 논증적 글쓰기 평가

1) 수업 중에 수시 실시

2) 총점: 100점 기본점수: 50점

3) 평가 기준: **A: 만점 B(2가지 기준 미흡): -5점 C(3가지 기준 이상 미흡): -10점**

평가 영역	평가 내용	비고
비판적 사고	논제를 정확히 파악하였는가?	
	주장에 대한 근거가 논리적으로 적절한가?	
창의적 사고	창의적인 대안을 제시하였는가?	
	자신만의 관점이 돋보이는가?	
문장 표현 및 형식	서론, 본론, 결론의 형식이 맞추어져 있는가?	
	단어나 문장 사용이 적절한가? 맞춤법은 맞는가?	
	분량은 적절한가?	

마. 그림책 토론 평가

1) 그림책을 가지고 모둠별 토론 및 결과물 제출 - 물고기뼈 토론 활용

2) 평가 기준

평가 영역	평가 내용	비고
토론과정 평가	모둠원들이 협력적으로 토론에 참여하는가?	
	토론에 수준이 적절한가?	
	토론에 적절한 태도를 가지고 있는가?	
토론 결과물 평가	토론 결과 발표를 자신있게 했는가?	
	토론 결과물을 성실히 작성하였는가?	
	논리적이고 창의적인 관점이 돋보이는가?	

바. 철학소설 수업 평가

1) 철학소설이란?

　　일상적인 우리의 삶 속에서 일어날 수 있는 사건이나 문제들을 드러내고, 다양한
　　철학적 쟁점이 들어가 있는 이야기

2) 평가

평가 내용	비고
1. 전체적인 분량이 적절한가?	
2. 개요서 작성을 성실하게 했는가?	
3. 맥락과 형식을 적절하게 고려했는가?	
4. 재미와 흥미가 있는가?	
5. 철학적인 질문과 논쟁이 들어가 있는가?	
6. 상상력과 창의성이 돋보이는가?	

2부에서는 5명의 교사가 각각 진행한 철학적 탐구공동체 수업사례를 담았다. 각 수업의 주제는 '우정', 'SNS', '공부', '아름다움', '자아'이다. 주제를 선정한 가장 큰 이유는 중학생은 물론 초등학교 5·6학년 정도의 어린 학생들도 충분히 관심을 가질 만하다고 생각했기 때문이다. 또한 이 주제들은 학교의 교과 또는 창체 시간에서도 다룰 수 있을 뿐만 아니라 다양한 철학적 쟁점과도 쉽게 연결시킬 수 있다. 사례에서는 교사가 직접 집필한 철학 에피소드로 수업을 진행했다. 물론 교과서, 그림책, 영화, 소설, 에세이 등도 훌륭한 교재이다. 그럼에도 불구하고 철학 에피소드를 택한 이유는 철학적 탐구공동체 수업의 기본을 보여주고 싶었기 때문이다. 이 수업을 처음 제안한 매튜 립맨은 이야기 형식의 철학 소설을 가장 이상적인 어린이 철학 교재로 생각했다. 그 속에는 상황과 맥락, 아이들의 대화와 철학적 쟁점, 사고의 흐름 등이 들어 있기 때문이다. 그래서 그는 어린이 철학수업 프로그램을 개발할 때, 모든 교재를 철학소설로 집필했다. 특히 교사가 철학 에피소드를 직접 쓰면, 우리나라의 문화와 상황을 적절히 반영해 아이들의 삶과 흥미 등에 맞게 이야기를 구성할 수 있다는 장점도 있다. 또한 실제 교사들이 만든 철학 에피소드들을 제시함으로써 의외로 쉽게 만들 수 있다는 자신감과 함께 접근성을 낮춰주고 싶었다. 또 수업사례마다 주제와 관련된 참고자료를 제시하여 이를 교재로 활용할 수도 있다. 모쪼록 다양한 교재를 통해 교실에서 철학적 탐구를 진행하기를 바란다.

철학적 탐구공동체 수업의 실천

"함께 읽고 생각하며 질문과 토론으로
성장하는 수업 만들기"

철학적 탐구공동체 수업사례는 어떻게 구성되는가?

2부에서는 철학적 탐구공동체 수업을 어떻게 실천할 것인지를 실제 사례 중심으로 소개할 것이다. 특히 수업에서 좀 더 효과적으로 응용 및 활용해볼 수 있도록 단계별로 구성하였다. 먼저 수업 준비에서는 개요 파악을 위한 기획안과 철학적 탐구를 위한 수업 자료 등을 구성하였다. 수업진행에서는 철학적 탐구활동이 어떻게 전개되는지를 중심으로 구성하였다. 즉 도입활동으로 생각을 열고, 함께 읽고, 질문을 만들고, 토론하고, 평가하며, 표현하는 일련의 모습들을 담았다. 마지막으로 수업에 도움이 되는 자료들을 덧붙였다. 특히 독자들이 수업을 한층 더 풍성하게 만들어가는 데 도움이 되도록 철학적 탐구 연습문제 활동지와 주제 관련 철학이론 및 참고자료 등을 실었다.

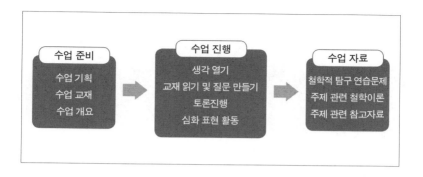

| 원활한 수업을 위한 준비 |

수업 기획안

전체적인 수업 기획과 교사의 의도를 보여주는 부분이다. 구체적으로 해당 주제와 관련된 교과 및 핵심개념, 수업 진행 차시, 수업 교재 등을 제시한다. 그리고 교사가 해당 주제로 수업을 기획할 때 생각했던 철학적 질문도 제시한다. 교재를 집필하거나, 토론 계획을 정리할 때, 어떠한 철학적 사유와 질문들이 밑바탕에 있는지 파악할 수 있을 것이다.

수업 자료(철학 에피소드)

수업에 사용된 교재의 전문이다. 사례에서 사용한 교재는 모두 교사가 직접 집필한 철학 에피소드이다. 철학 에피소드는 수업 주제와 관련된 철학적 질문, 아이디어를 아이들의 일상적인 이야기와 대화로 녹여낸 것이다. 제시된 에피소드의 중간에는 교사가 스토리를 구성하면서 생각했던 철학적 질문이나 아이디어를 제시했다. 물론 실제 수업에서는 아이들에게 스토리만 보여준다.

수업 진행 개요

실제 수업 진행 상황을 살펴볼 수 있다. 생각 열기-철학 에피소드 읽기-질문 만들기-토론-토론 평가하기-심화 표현 활동에 이르는 수업의 전 과정을 하나의 표로 정리했다. 구체적인 수업 활동을 읽기 전에 전체적인 수업 흐름을 파악할 수 있을 것이다.

| 철학적 탐구공동체 수업 진행 |

생각 열기

수업 도입 활동이다. 주제와 관련하여 아이들 개개인의 경험을 연결시키고 생각을 자극할 수 있는 활동으로 구성되어 있다. 각 교사들이 구체적으로 해당 주제와 관련하여 어떠한 활동을 했는지 살펴볼 수 있다. 더불어 해당 수업 활동에 대한 해설도 들어 있다.

교재 읽기 및 질문 만들기

교재를 돌아가면서 읽고, 질문을 만드는 과정이다. 구체적으로 교사가 어떻게 발문을 했는지를 볼 수 있다. 또한 학생들이 교재를 읽고 만든 질문도 살펴볼 수 있다. 더불어 아이들의 질문들 중에서 전체 질문을 선정하는 과정도 들어 있다.

토론 진행

철학적 탐구공동체 수업에서 가장 중요한 부분이라고 할 수 있다. 교사와 아이들이 토론을 어떻게 진행했는지를 생생한 언어로 살펴볼 수 있는 부분이다. 구체적으로 교사가 어떠한 질문을 통해 토론의 깊이를 더해 가는지를 살펴볼 수 있다. 더불어 토론 분석을 통해 사고기술, 철학적 아이디어와의 연결, 수업 진행 태도 등도 함께 살펴볼 수 있을 것이다.

심화 표현 활동

토론 이후 학생들의 표현 활동을 제시한 부분이다. 지면상 학생들의 작품을 다 제시할 수는 없었다. 몇몇 사례를 중심으로 제시되며, 이에 대한 교사의 해설도 함께 들어있다.

| 배움의 질을 높이는 참고자료들 |

철학적 탐구 연습문제

이 부분은 교사가 교재를 집필하고 수업을 기획하면서 생각했던 철학적 질문과 아이디어를 가지고 토론 문제로 재구성한 것이다.

철학적 탐구공동체는 학생들의 다양한 질문으로 진행하기 때문에 교사의 의도대로 토론이 진행되지 않을 수도 있다. 이때 교사는 연습문제를 통해 부족하다고 생각했던 철학적 질문이나 쟁점을 다시금 수업에서 다뤄볼 수 있다. 그리고 관련 질문이 토론 중에 나오면, 이 연습문제를 활용하여 자연스럽게 토론을 진행할 수도 있을 것이다.

주제 관련 철학이론 탐색

반드시 철학 이론을 알아야 철학적 토론을 진행할 수 있는 것은 아니다. 하지만 철학적인 배경 이론을 알고 있다면, 교사는 좀 더 수월하게 깊이 있는 토론을 이끌 수 있는 노하우를 얻을 수 있다. 그래서 해당 주제로 철학적 토론을 이끌 때 참고할 수 있는 철학 이론들을 간단하게 제시했다.

주제 관련 참고자료들

이 책의 수업사례들은 교사들이 각자 집필한 철학 에피소드로 진행한 것이다. 하지만 철학적 탐구공동체는 철학 에피소드뿐만 아니라 다양한 교재로 수업 진행이 가능하다. 그래서 해당 주제와 관련하여 철학적 토론을 진행하는 데 도움이 될 수 있는 다양한 수업자료들을 제시하였다.

토론을 통해 확장되는 다차원적 사고와 질문 유형은?

　　　　　　　　　　　앞서 설명한 것처럼 철학적 탐구 공동체 수업은 함께 읽고 생각을 나누며 토론하는 동안 자연스럽게 사고력과 문해력을 키우는 등 학생들 스스로 평생 배움의 기초체력을 차근차근 다져갈 수 있게 돕는다. 1부에서도 정리했지만, 다차원적 사고는 크게 배려적 사고와 비판적 사고, 창의적 사고로 나눈다. 배려적 사고에는 가치부여적 질문, 정서적 질문, 실천적 질문이, 비판적 사고에는 경험적 질문, 논리적 질문, 자기수정적 질문이 포함될 수 있다. 또한 창의적 사고에는 상상적 질문, 가설적 질문, 확장적 질문이 포함된다. 다만 실제 상황에서는 이것이 영역별로 명확하게 구분되기보다는 상호 관련성이 있는 경우가 대부분이다. 질문 영역에 관련된 도식과 설명은 다음과 같다.

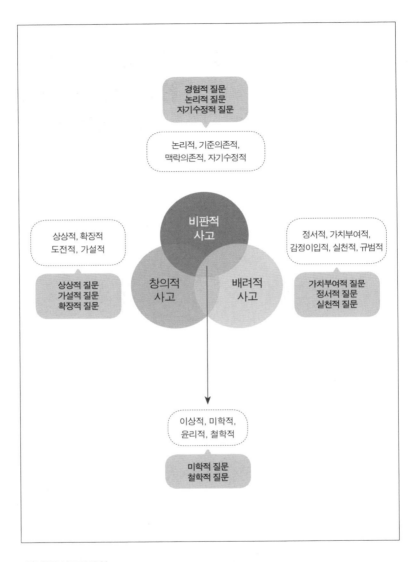

다차원적 사고의 구성

1부에서도 설명했지만, 다차원적 사고는 크게 배려적 사고와 비판적 사고, 창의적 사고로 나눌 수 있다. 다만 각각의 사고에 포함된 질문은 실제 사고과정에서는 서로 구분되기보다는 상호 관련성을 띠는 경우가 대부분이다.

비판적 사고	
경험적 질문	각자의 삶의 맥락과 구체적 상황을 고려하는 질문
논리적 질문	이유나 근거 및 기준 등을 고려하는 질문
자기수정적 질문	생각이나 의견, 감정 등의 수정, 변화 등을 고려하는 질문

창의적 사고	
상상적 질문	경험하지 않은 다양한 가능성을 고려하는 질문
가설적 질문	문제상황에 대해 검증되지 않은 다양한 대안을 고려하는 질문
확장적 질문	주어진 사례에 대한 유비, 은유, 일반화 등을 고려하는 질문

배려적 사고	
가치부여적 질문	좋음, 나쁨과 같은 가치를 고려하는 질문
정서적 질문	개인 및 타인의 정서, 욕구 등을 고려하는 질문
실천적 질문	상황 속에서 구체적인 실천방안을 고려하는 질문

다차원적 사고	
미학적 질문	논리적, 배려적, 비판적 측면의 균형, 조화를 고려하는 질문
철학적 질문	현상 너머 본질적, 철학적, 종교적 의미를 고려하는 질문

03

철학적 탐구를 위해 교사는 어떻게 질문할 것인가?

철학적 탐구공동체 수업에서 학생들은 다양하게 생각하고, 자신의 생각을 친구들과 나누며 토론하는 등의 주도적 역할을 하게 된다. 하지만 그렇다고 교사가 방관자에 머문다는 뜻은 아니다. 교사는 철학적 탐구의 적극적인 조력자로서 학생들의 토론을 한층 의미 있는 것으로 만들어줄 필요가 있다. 앞서도 설명했지만, 교사는 철학적 탐구와 토론과정에서 학생들로 하여금 다양한 사고가 일어나도록 자극하고 도와야 한다. 이와 관련한 다양한 사고기술도 함께 소개한 바 있다. 101쪽에는 비판적 사고, 창의적 사고, 다차원적 사고 등을 자극할 수 있는 구체적인 질문 예시들을 몇 가지씩 정리해두었다. 예시를 참고해 상황이나 주제에 맞게 변형 및 응용해볼 수 있다.

비판적 사고	경험적 질문	• ~ 생각을 해본 적이 있니? • ~을 해본 적이 있니? • ~한 감정을 느껴본 적이 있니?
	논리적 질문	• 그렇게 생각한 근거가 뭐야? • 네가 말한 이유가 충분하다고 생각하니? • 어떤 근거를 좀 더 보완해야 할까?
	자기수정적 질문	• 생각이 달라진 사람은 없니? • 어떤 점에서 생각이 달라졌니? • 자기 생각에서 부족한 점을 보완하려면, 의견을 어떻게 　수정해야 할까요?

창의적 사고	상상적 질문	• ~ 하면 어떻게 될까? • 만약 X가 Y라면 어떻게 될까? • 모든 사람이 ~ 하면 어떻게 될까?
	가설적 질문	• ~ 문제에 대한 대안에는 무엇이 있을까? • ~ 이 문제의 원인은 무엇일까? • 이 딜레마를 해결하기 위한 최선은 무엇일까?
	확장적 질문	• X를 다르게 표현해본다면? • ~을 사물에 빗대어 표현할 수 있을까? • 네 생각을 시 또는 그림으로 표현할 수 있겠니?

배려적 사고	가치부여적 질문	• ~에 대해서 좋다고 생각하니? • 이렇게 하는 것이 옳은 것일까? • 어떤 것이 가치 있는 것일까?
	정서적 질문	• ~ 때 X의 감정은 어떨까? • 너는 어떤 감정이 드니? • 이 문제에서는 누구의 감정을 고려해야 할까?
	실천적 질문	• 이 대안을 적용하기 위한 실천 방안은 무엇일까? • 실천 계획을 세워볼 수 있겠니? • 현실적으로 적용 가능한 대안일까?

다차원적 사고	미학적 질문	• 우리는 어떻게 공부하며 살아가야 할까? • 우리는 우정을 어떻게 바라봐야 할까? • ~이 네 삶을 성장시켜줄까? • 너는 어떠한 세상을 꿈꾸니?
	철학적 질문	• 아름다움의 본질은 무엇일까? • 삶에 궁극적인 목적이 있을까? • 변화되지 않는 X라는 것은 무엇일까?

04 토론 진행에 따른 연속 질문 예시

문해력과 사고력을 심화 확장하는 교사의 질문 방법

철학적 탐구공동체 수업에서 교사의 질문은 토론 진행의 중요한 요소이자 학생들의 사고를 심화시킨다. 물론 교사의 연속 질문은 학생들의 수준과 토론 진행 상황에 따라 다양하게 이루어진다. 그래서 교실 속 철학토론에 참고할 만한 기본적인 질문 구조와 예시를 살펴보고자 한다.

| 기본 질문 구조 |

철학적 토론은 구체적인 쟁점이나 경험에서 시작하여 추상적이고 철학적인 주제로 나아가는 것이 일반적이다. 그리고 추상적이고 철

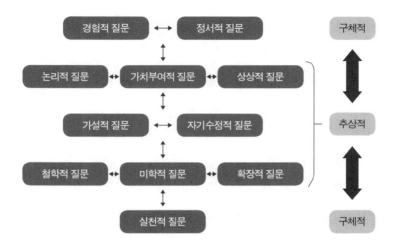

철학적 질문의 구조화

질문 구조는 참고용일 뿐 실제 토론에서는 더욱 다양한 질문이 나올 수 있다.

학적인 차원의 대화는 또다시 구체적인 경험적 문제로 돌아가게 된다. 위의 그림은 이를 구조화한 것이다.

철학적 탐구공동체에서 토론은 대개 **경험적 질문, 정서적 질문**으로 시작된다. 탐구문제가 학생들의 삶과 밀접하게 관련이 있음을 살펴보는 것이다. 그리고 탐구문제를 명료화하기 위해 **논리적 질문, 가치부여적 질문, 상상적 질문**을 한다. 이를 통해 탐구문제의 의미를 살펴보고 문제에 대한 자신의 입장을 나눌 수 있다. 옳고 그름, 좋고 나쁨 등에 대한 기준과 이유를 제시하는 것이다.

다음으로 **가설적 질문, 자기수정적 질문**을 통해 탐구문제에 대한 대안을 찾아갈 수 있다. 대안을 찾아가면서 교사는 중요한 개념, 원리, 이상에 대한 **철학적 질문, 미학적 질문**을 할 수 있다. 올바른 대안을 제시하기 위해서는 근원적인 개념, 기준, 근거에 대한 탐구가 필요하기 때문이다. 나아가 **확장적 질문**을 통해 중요한 개념이나 대안을 다양한 방식으로 확장하여 제시할 수도 있다.

그리고 마지막으로는 다시 구체적인 경험 세계에서 철학적, 논리적, 윤리적, 미학적 대안을 실현하기 위한 구체적인 실천방안을 살펴볼 수 있다. 그리고 그 실천방안이 지금까지 함께 탐구해왔던 내용과 모순되지는 않는지 성찰해봐야 한다.

거듭 강조하지만, 이러한 질문의 구조는 교사가 탐구공동체를 이끌어가면서 참고할 수 있는 하나의 모형일 뿐이다. 곧 살펴볼 실제 수업사례들을 보면 꼭 이런 구조대로 토론이 진행되지 않는다는 것을 알 수 있다. 실제 수업에서는 여러 제약조건(한정된 시간, 학생들의 수준, 많은 학생 수, 다양한 탐구주제 등)으로 인해 앞서 제시한 다양한 수준의 질문을 적용하는 것에 무리가 따른다. 하지만 교사가 이러한 질문의 구조를 숙지하고 있다면, 다양한 토론 상황에서 탐구를 진전시켜 나가는 데 큰 도움이 될 것이다.

| 탐구주제에 따른 질문 진행 예시 |

이제부터 탐구주제에 따라 개념탐구, 가치탐구, 문제해결탐구 등으로 질문을 구조화한 사례를 제시한다. 다만 앞서도 언급한 것처럼 이러한 구조는 하나의 모형이라는 점을 감안하여 살펴보기 바란다.

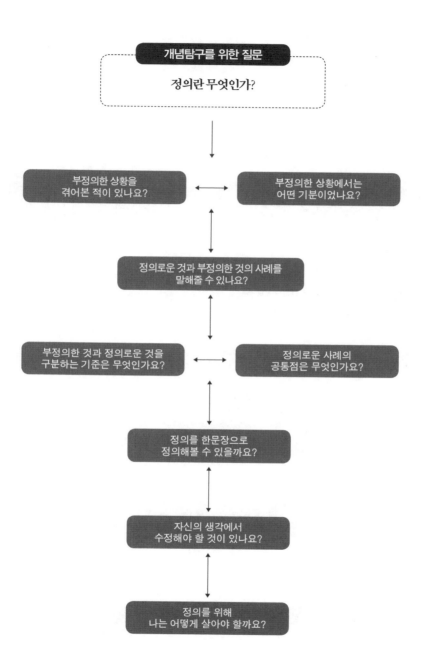

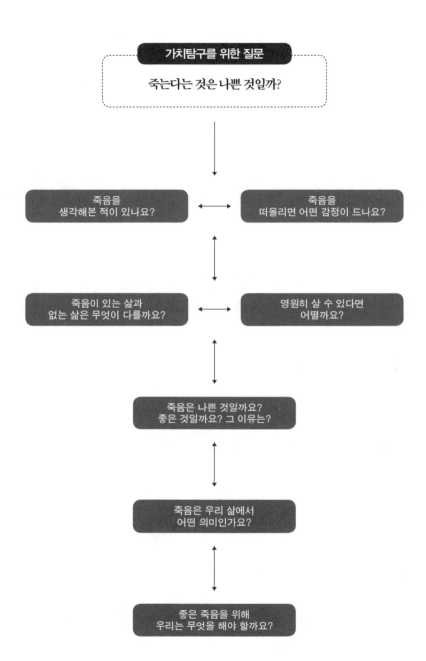

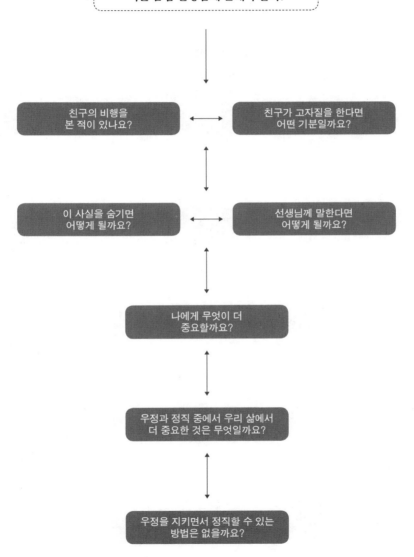

핵심질문

"나는 언제 내 친구를
진정한 친구라고 느끼나?"

철학적 탐구주제 01

우정

철학적 탐구주제 01

우정

핵심질문

"나는 언제 내 친구를
진정한 친구라고 느끼나?"

문해력×사고력 쑥쑥! 철학토론 맛보기

교사 좋네요. 그렇다면 여러분들이 이야기해준 공통점을 바탕으로 여러분들이 생각하는 진정한 친구가 무엇인지 이야기해볼까요?

슬플 때나 기쁠 때나 함께하고 불행이 찾아와도 해결해주는 친구가 진정한 친구인것 같아요. **준수**

공감하고 내 편을 들어주는 친구인 것 같아요. **영철**

내가 좋아하고 그 친구도 나를 좋아할 때 진정한 친구라고 할 수 있을 것 같아요. **민지**

내가 어떤 모습이든 내 편을 들어주는 친구가 진정한 친구인 것 같아요. 예를 들면 내가 돈이 많은지와 상관없이 내 편을 들어줘야 하는 것 같아요. **수민**

내 편을 들어주는 것은 좋지만 내가 나쁜 일을 할 때는 잘못이라고 말해줘야 한다고 생각해요. 왜냐하면 어떤 친구와 사귀면서 내가 더 나빠지면 안 될 것 같아요. **민수**

저도 공감해주는 것은 좋지만, 언제나 내 편을 들어주는 것은 문제라고 생각해요. **연수**

수업 기획안

관련 교과	도덕, 실과	핵심개념	우정, 사랑, 관계, 믿음, 자아
차시	2차시	수업 자료	철학 에피소드(교사 작성)

• 핵심질문(교사의 의도)

① 우정이란 무엇인가?
② 오래될수록 진정한 친구인가?
③ 친구가 없으면 비정상적인가?(or 불행한가?)
④ 우정은 감정인가, 가치인가, 덕목인가?
⑤ 사랑과 우정은 어떤 차이가 있을까?
⑥ 내가 만들고 싶은 친구 관계는 무엇인가?

중심 사고기술	공통점과 차이점 찾기, 개념 정의하기

• 수업 의도 (수업 전 기획 의도)

이 수업의 핵심주제는 '우정'이다. 대부분 사람은 많은 시간을 친구들과 교류하며 지낸다. 어린 아이들도 다른 아이들과 자연스럽게 함께 어울리고 친구가 된다. 아이들은 친구와 함께 늘 생활하고 있지만, 정작 우정이 무엇인지에 대해서는 깊이 있는 탐구를 해본 경험이 적다.

아이들과 수업할 교재를 쓰면서 의도했던 점은 자연스럽게 생각했던 우정을 낯설게 보는 것이었다. '나는 왜 친구와 친하게 지내는 것인지', '사람들과 함께 지내는 것의 의미는 무엇인지', '우정이 자신의 삶에 어떤 영향을 줄 수 있는지'와 같이 자신의 친구관계를 돌이켜보고 생각을 하게 만들고 싶었다. 그리고 앞의 질문을 통해 친구를 어떻게 대해야 하는지, 친구 관계를 어떻게 바라보아야 하는지 등으로 생각이 확장될 수 있게끔 하고 싶었다.

키케로는 우정과 사랑은 모두 라틴어로 사랑하다(amare)라는 말에서 유래되었다고 하였다. 상대에 대한 감정이 중심을 이루고 있는 것이 사랑이라면 우정은 이성과 감정이 균형을 이루어야 한다고 보았다. 그래서 친구 사이에는 '사랑하고 나서 판단하지 말고, 판단하고 나서 사랑하라'고 가르친다. 우리는 우정을 통해 이성과 감정의 균형을 이루는 바람직한 인간관계에 대하여 생각해볼 수 있게 된다. 이 수업을 통해 아이들이 우정이라는 개념에 대한 자신만의 정의를 내릴 수 있기를 바랐다. 나아가 '다른 사람을 어떻게 대해야 하는지', '바람직한 인간관계는 무엇인지'와 같은 질문들을 갖게 되기를 기대했다. 삶에 대한 이러한 성찰과 고민을 통해 아이들은 자신의 삶을 조금씩 성장시켜나갈 수 있을 거라고 생각했기 때문이다.

지훈이의 친구들

선생님께서는 지훈이가 공놀이를 하다가 유리창을 깬 사실을 아
시고는 지훈이 보고 방과 후에 남으라고 하셨다. 다음 날 아침 교
실에 들어오면서도 지훈이는 못내 억울한 표정이었다.

> 지훈: 도대체 누가 선생님께 말한 거지? 어떻게 그럴 수 있냐! 사람
> 이 잘못을 할 수도 있지. 그걸 고자질하다니! 아, 짜증나네.
>
> 인호: 너무 그러지 마. 사실 네가 잘못한 건 맞잖아. 우리 아빠가
> 그러시는데 항상 옳고 그른 것은 분명해야 한다고 하셨어.
>
> 지훈: 야! 너는 내가 혼나는 게 좋냐? 이 인간 변했네! 배신하는 사
> 람은 친구도 아니야. 의리 없네.
>
> 인호: 니 편 안 들어 줬다고 배신이라고? 내가 책에서 봤는데 친구가
> 잘못된 일을 하고 있다면 잘못이라고 말해줘야 한다고 했어.

옆에서 이야기를 듣고 있던 수진이도 끼어들어 한 마디 거들었다.

> 수진: 지훈이 말이 맞아. 일부러 한 것도 아니잖아. 우리 담임 선생
> 님은 말이 잘 안 통하는 것 같아. 나도 어제 화장 좀 했다고

학교 규칙 이야기하면서 혼내시는데… 답답하다 답답해.

지훈: 내 말이! 10년 된 인호보다 네가 더 친구 같다! 친구가 서로

편들어주고 그래야지.

핵심질문 ....

• 친구는 오래될수록 좋은가?
• 친구는 항상 내 편을 들어주어야 하는가?

....

그때 갑자기 종현이가 지훈이의 물통을 가져가더니 입을 대고 물을 마시기 시작했다.

지훈: 야, 왜 남의 물을 마셔!

종현: 유치원 때부터 같은 반 친구끼리 물 좀 마실 수 있지.

지훈: 네 물통 가져와야지. 그리고 입대고 마시는 건 무슨 똥 매너야.

인호: 무엇이든 주인이 돌려달라고 하면 돌려주는 게 옳은 것 아니야?

종현: 아! 진짜 친구끼리 치사하게. 자!

종현이는 물통을 내던지듯이 돌려주고는 다른 친구의 쿠션을 빼앗아 교실 밖으로 달아났다. 쿠션을 뺏긴 친구는 일어나서 종현이를 쫓아가기 시작했다. 두 사람을 지켜보던 영미가 말했다.

영미: 지훈아, 너 종현이 하고 친구였어?

지훈: 뭔 소리야. 왜 내가 종현이하고 친군데. 6년 동안 같은 반이
면 다 친구냐.

영미: 아니. 아까 종현이가 그러길래. 그리고 그런 말도 있잖아. 진
짜 친한 친구는 내가 힘들어도 놀리는 사람이라고.

지훈: 내가 힘든데 웃으면서 놀린다고? 그게 무슨 말이야?

영미: 인터넷에서 보니까 진정한 친구는 하수구에 빠졌을 때 웃으
면서 뚜껑을 덮어줄 수 있는 사람이라던데?

지훈: 아니 그게 무슨 친구야. 내가 좋은 일 생기면 질투하지 않고
함께 좋아하고 힘든 일 있으면 같이 버텨주는 게 친구 아니
야? 게다가 내가 종현이를 친구라고 생각하지 않는데 무슨
친구야. 혼자서만 친구라고 하면 친구냐?

수진: 종현이 하는 거 봐. 저러니 우리 반에서 아무도 같이 안 지내
려고 하지. 불쌍하다.

종현이를 못마땅하게 보던 수진이가 한마디 하자 옆에 있던 인호
가 수진이에게 물었다.

인호: 친구가 없으면 불쌍한 거야?

그 말에 수진이가 어이없다는 듯이 인호를 바라보며 다시 물었다.

수진: 넌 친구가 없어도 된다는 말이야? 친구 없는 게 정상 같아?

인호: 나는 그것도 문제라고 생각하는데. 다들 꼭 친구가 있어야 한다고 생각하잖아. 선생님도 부모님도 친구가 없으면 좀 이상하게 보고, 어떻게든 친구를 만들어주려고 하시는데 꼭 그래야 할까? 스스로 친구들이 크게 중요하지 않다고 느끼면 그것으로 괜찮은 것 같은데…

수진이가 째려보자 인호가 대답하면서 목소리가 작아지고 있었다. 그러자 옆에 있던 반장 서윤이가 말했다.

서윤: 얘들아, 싸우지 마! 살다보면 인호도 친구가 필요한 순간이 오겠지. 그리고 종현이 말이야. 우리 지난 도덕 시간에 '내가 바라는 것'에 대해서 글쓰기 했잖아. 그때 선생님이 시켜서 아이들 과제를 걷다가 우연히 종현이 것을 봤거든. 그런데 종현이는 친구가 있었으면 좋겠다고 썼던데?

서윤이의 말을 들은 수진이가 놀랐다는 듯 큰소리로 말했다.

수진: 말도 안 돼. 그러면 왜 저렇게 행동하는 건데. 예의도 없고 맨날 다른 사람들 괴롭히기만 하는데, 누가 친구가 되려고 하겠어. 친구라도 지켜야 할 선이 있지.

· 친구 관계는 상호 동의하에 형성되는가?
· 친구 사이에 지켜야 하는 예절에는 어떤 것들이 있는가?
· 모든 사람에게 꼭 친구가 필요할까?

··

학교를 마치고 지훈이와 상훈이는 혼자 교문을 나서고 있는 종현이를 보았다. 그 모습을 보고 지훈이가 말했다.

지훈: 종현이는 집에 갈 때도 혼자네.

상훈: 같이 노는 애들이 없잖아.

지훈: 같이 논다고 다 친구인가 뭐. 그래도 페이스북 같은 데서는 친구가 있지 않을까?

상훈: 에이~ 그게 친구야? 난 페북 친구 3,000명이 넘는데. 우리 학교 선생님도 내 페북 친구인데? 그럼 나는 핵인싸인가?

지훈: 음… 그건 아니다. 그건 그렇고. 상훈아, 오늘 너희 집에 놀러 가면 안 될까?

상훈: 또? 너 어제도 왔었잖아.

지훈: 솔직히 말하면 요즘 우리 엄마가 집에서 게임 못하게 하거든. 그래서…

상훈: 나도 요즘에 엄마한테 게임하는 시간이 많아졌다고 잔소리 듣고 있는데.

지훈: 그래도 우리 집 정도는 아니잖아. 어제는 엄마한테 엄청 혼났
거든. 게다가 내가 엄마한테 대드는 바람에 분위기가 안 좋
아. 아빠까지 출동할 뻔했다니까. 친구 좋다는 게 뭐냐! 우리
유치원 때부터 친구였잖아.

상훈: 그러면 차라리 게임을 좀 줄이는 게 어때?

지훈: 아! 쪼잔하게 그럴래? 어쩔 수 없네. 혜영이랑 놀아야겠네.

상훈: 다 너 잘되라고 하는 말이야. 그런 말해주는 게 친구지. 맨날
같이 놀아주는 게 무슨 친구야. 그리고 혜영이가 친구냐? 걔
는 여자잖아.

지훈: 같이 놀 때 즐거우면 친구지. 남자 여자가 무슨 상관이야.

상훈: 뭐야. 너네 썸 타는 거야? 사라져!

핵심질문 ···

· 사이버 친구도 진짜 친구가 될 수 있을까?
· 남자와 여자는 친구가 될 수 있을까?

···

수업 진행 개요

생각 열기	친구와 관련된 **밸런스 게임** 하기

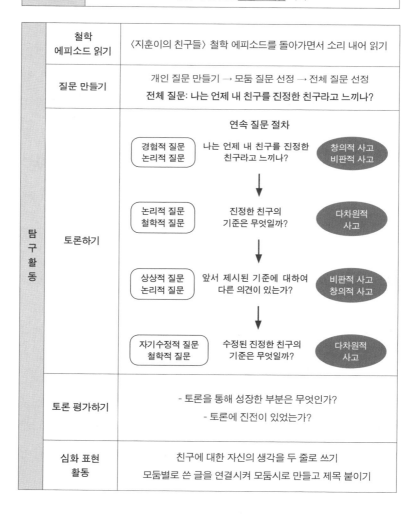

	철학 에피소드 읽기	〈지훈이의 친구들〉 철학 에피소드를 돌아가면서 소리 내어 읽기
	질문 만들기	개인 질문 만들기 → 모둠 질문 선정 → 전체 질문 선정 전체 질문: 나는 언제 내 친구를 진정한 친구라고 느끼나?

연속 질문 절차

| 경험적 질문
논리적 질문 | 나는 언제 내 친구를 진정한
친구라고 느끼나? | 창의적 사고
비판적 사고 |

↓

| 논리적 질문
철학적 질문 | 진정한 친구의
기준은 무엇일까? | 다차원적
사고 |

↓

| 상상적 질문
논리적 질문 | 앞서 제시된 기준에 대하여
다른 의견이 있는가? | 비판적 사고
창의적 사고 |

↓

| 자기수정적 질문
철학적 질문 | 수정된 진정한 친구의
기준은 무엇일까? | 다차원적
사고 |

탐구 활동	토론하기	(연속 질문 절차)
	토론 평가하기	- 토론을 통해 성장한 부분은 무엇인가? - 토론에 진전이 있었는가?
	심화 표현 활동	친구에 대한 자신의 생각을 두 줄로 쓰기 모둠별로 쓴 글을 연결시켜 모둠시로 만들고 제목 붙이기

교사 여러분들도 잘 아는 밸런스 게임으로 수업을 시작해보려
고 합니다. 첫 번째 것에 해당되면 손가락 '1' 이렇게 해주
세요. 두 번째 것에 해당되면 손가락 '2' 이렇게 하시면 됩
니다. 생각할 시간은 3초 드립니다. 자, 그럼 첫 번째 질문
입니다. 1번은 '내가 정말 좋아하는 이상형과 연애하고 평
생 친구는 없다'입니다. 그리고 2번은 '연애는 평생 못하는
데 평생 친구가 있다'입니다. 자, 하나. 둘. 셋. 지영이는 왜
2번이에요?

지영 음. 친구 없는 것은 속상하니까?

교사 아. 사랑보다는 우정이다. 그럴 수 있겠네요. 영철이도 2
번 했죠? 왜 2번 했어요?

영철 왜냐하면 친구가 있으면 그래도 대화가 맞는 사람이 있는
것인데 좋아하는 이상형과 연애를 한다고 해서 그 사람이
나와 잘 맞는지는 모르는 거잖아요.

교사 맞아요. 그렇게 생각할 수도 있어요. 좋은 답변이에요. 다음 질문입니다. 1번. 내가 말하면 중간중간에 말 끊고 대답하는 친구. 2번. 모든 질문에 3분 이상 늦게 대답하는 친구. 한 명만 친구가 되는 거예요. 하나. 둘. 셋. 수민이는 왜 1번이죠?

수민 그래도 걔가 뭔가 급한 말을 할 수도 있고. 중요한 말을 할 수 있으니까 1번을 했습니다.

교사 그렇네요. 민수는 2번이었죠? 왜 2번 친구에요?

민수 저는 아무래도 첫 번째 친구처럼 말 끊고 대답하는 친구랑 오랫동안 친구하기는 힘들 것 같아요.

교사 혹시 왜 그런지 말해줄 수 있어요?

민수 저는 약간 자기주장도 세고 말도 길게 하는 편인데, 중간중간 끊으면서 대답하면 계속 말하기가 힘들 것 같아요.

교사 그래요. 그런 친구와 함께 지내기는 어려울 수도 있을 것 같군요. 다음 질문입니다. 첫 번째, 게임에 미친 친구, 두 번째 공부에 미친 친구. 자. 하나. 둘. 셋. 혹시 왜 내가 이

것을 선택했는지 말해줄 수 있는 친구 있어요? 수진이부터 이야기해볼래요?

수진 저는 왜 2번을 선택했냐면요. 똑똑한 친구는 옆에 있으면 뭔가 배울 수 있거나 터득할 수 있어서 좋은 것 같아요.

교사 맞아요. 그럴 수도 있을 것 같아요. 지석이가 엄청 즐거워하는데 지석이는 왜 2번을 선택했어요?

지석 저는 게임을 잘 안하는데 1번 친구랑 친구 하면 저는 별로 공감해줄 것도 없고, 제가 흥미 있는 주제가 아니니까 별로 재미가 없을 것 같은데 2번 친구는 그래도 같이 문제도 풀고 하면 괜찮을 것 같아서요.

교사 공감하는 것은 친구관계에서 중요한 것 같아요. 혹시 1번 했던 학생은 없어요? 유진이는 왜 1번 친구가 좋아요?

유진 저는 굳이 하나를 택해보자면 저와 관심사가 비슷한 친구를 만나고 싶어요. 저는 둘 다 좋아하는 편이라 하나를 고르기 힘들긴 했는데 게임처럼 같이 즐길 수 있는 것을 함께 할 수 있는 친구가 좋은 것 같아요.

교사 맞아요. 같이 재밌게 즐길 수 있는 것도 중요한 것 같아요. 이제 마지막 질문입니다. 첫 번째 친구는 페북에 매일 댓글을 남기지만 한 번도 못 만난 친구입니다. 두 번째 친구는 2년 동안 같은 반이었는데 얼굴만 아는 친구입니다. 이 중에서 딱 한 명 하고만 놀아야 한다면 누구를 선택할까요? 선택하세요. 하나. 둘. 셋. 혹시 나는 몇 번 했는지 이야기를 하면 좋겠다는 사람 있어요? 네. 연수는 왜 2번 했어요?

연수 그래도 2년 동안 같은 반이었는데 그 친구를 조금이라도 더 알 것 아니에요. 그 모습이라든가 얼굴이라든가. 그러니까 더 잘 놀 수 있을 것 같아요.

교사 맞아요. 얼굴을 같이 보면 좋겠죠. 성욱이는 왜 2번 했어요?

성욱 친구는 거의 놀다 보면 친해지게 되어 있다고 생각해요. 저도 2년 동안 같은 반이었는데 1년 동안 말을 안 하고 지낸 아이가 있었는데, 그 다음 1년에는 엄청 친하게 지냈어요. 지금도 친하게 지내고 있어요.

교사 실제로 그런 경험이 있네요. 준석이는 왜 1번 했는지 말해 줄 수 있어요?

준석 한 마디도 안 한 친구가 있거든요. 그런데 온라인상에서는 그 사람에 대해서 조금 더 잘 알 수 있다고 생각해요.

생각 열기 활동에 대한 해설 및 성찰

밸런스 게임으로 한 친구 고르기 활동의 목적은 두 가지였다. 첫째는 학생들의 흥미를 유발하고 서로 관계를 맺도록 하는 것이다. 철학적 탐구공동체 수업에서 중요한 것은 우선 공동체를 형성하는 일이다. 이를 위해서는 아이들이 서로 관심을 가지고 편하게 이야기를 나눌 수 있는 분위기가 형성되어야 한다. 그래서 우선 분위기를 조금 부드럽게 하고 공동체 활동에 자연스럽게 참여시키는 것을 목표로 삼았다. 게임이 진행될수록 학생들이 공동체 속으로 들어오는 것이 눈에 보였다. 그래서 처음에는 밸런스 게임에서 둘 중 하나를 선택한 이유를 교사가 묻고 학생이 대답하는 구조였지만 나중에는 학생 중에서 말하고 싶은 사람이 스스로 말하도록 하였다.

두 번째 목적은 우정과 관련된 여러 가지 상황들을 제시하여 친구 관계에서 자신이 중요하게 생각하는 부분이 어떤 것인지 알아보도록 하는 것이었다. 사랑과 우정, 대화의 구조, 즐거움과 이익, 현실과 사이버 등을 주제로 학생들이 생각하는 우정이란 무엇인지 생각해볼 수 있는 계기를 만들어보려고 하였다. 사랑과 우정의 선택을 통해 자신이 중요하게 생각하는 인간관계의 모습이 어떤 것인지 생각해보도록 하였다. 답변이 빠른 친구와 느린 친구는 친구의 경우에만 적용된다기보다는 인간관계 전체에도 적용될 수 있는 거라고 생각했다. 게임과 공부는 친구를 사귀는 목적과 관련이 있었다. 즐거움으로 대표되는 게임과 이익을 상징하는 공부 중에서 무엇을 선택할 것인지 생각해보도록 하였다. 마지막으로 사이버상의 친구와 현실 친구에 대한 질문을 하였다.

학생들은 질문을 듣고 자신의 생각을 빠르게 확인하고 왜 그런 판단을 했는지 이유를 생각하였다. 자신의 선택에 의문을 가지게 된다면 거기서부터 탐구가 시작되는 것이다. 그리고 이러한 내용이 제시되는 교재와 연결될 수 있도록 구성하였다.

교사 선생님이 친구 관계에 대한 이야기를 썼는데요. 읽고 싶은 만큼 읽고 다음 사람을 지목하면 그 사람이 이어서 읽으면 됩니다. 저부터 시작할게요.

[아이들이 돌아가면서 소리 내어 교재를 읽는다]

교사 혹시 이야기를 읽으면서 어렵거나 이해가 안 되는 내용이 있으면 질문해봅시다.

교사 이야기를 읽으면서 여러분들이 생각했을 때 같이 토론해 보았으면, 알아보았으면 좋겠다고 생각되는 것들을 질문 으로 만들면 됩니다. 꼭 이야기에 있는 내용만 질문으로 만들어야 하는 것은 아니에요. 질문 만들 때 너무 어렵게 생각하지 말고 여러분들이 생각했을 때 이상한 것 또는 당연한 것에 '까?'를 붙이면 질문이 만들어져요. 예를 들면 '친구는 꼭 필요하다'는 생각에 '까?'를 붙이면 '친구는 꼭 필요할까?'라는 질문이 됩니다.

교사 이제는 모둠 질문을 만들어볼 차례입니다. 오늘은 두 가지를 하려고 합니다. 첫 번째로 할 것은 바로 모둠 질문을 만드는 것입니다. 모둠에서 각자 만든 질문과 이유를 발표합니다. 그다음에 상대의 질문에 대해 좋다고 생각하는 점 또는 의문점 하나씩은 이야기해줬으면 좋겠어요. 그러고 나서 모둠 질문을 선택하면 됩니다. 모둠에서 나온 질문들 중에서 선택해도 되고, 새로운 질문을 만들어도 됩니다. 혹시 모둠에서 활동을 하다가 어려운 점이 있으면 저에게 질문하면 됩니다.

두 번째로는 모둠 질문을 만들었으면 모둠원들 간의 공통점을 찾아보세요. 우리 모둠원들에게는 공통점이지만 다른 사람들에게는 해당되지 않는 공통점을 찾아보세요. 그리고 그 공통점을 활용해서 모둠 이름을 만들어주세요. 모둠 이름까지 만들었으면 모둠 질문과 이름을 쓰면 됩니다.

교사 각 모둠에서 만든 질문들(125쪽 참조)과 이유를 들어보았는데요. 혹시 질문을 만든 의도가 이해가 안 가거나 헷갈리는 질문이 있나요? 아니면 제시된 질문들 중 비슷한 것이 있나요?

연수 하얀팀이랑 놀기를 좋아하는 안경 쓴 남매팀 질문이 비슷한 것 같아요.

• 학생들이 만든 질문들

질문 1	나는 언제 내 친구를 진정한 친구라고 느끼나?	질문자(모둠명)
		준수(1등)
질문 이유	내 친구를 언제 진정한 친구라고 느끼는지 한번 토론해보고 싶어서	

질문 2	여자와 남자가 왜 친구를 하면 안 될까?	질문자(모둠명)
		윤수(놀기를 좋아하는 안경 쓴 남매)
질문 이유	상훈이가 지훈이에게 혜영이는 여자잖아 하는 질문에 뭔가 궁금증이 생겨서	

질문 3	여자와 남자끼리 같이 친구가 될 수 있는데 상훈이는 왜 썸타는 것이라고 생각했을까?	질문자(모둠명)
		호중(하얀)
질문 이유	여자와 남자끼리 같이 친구가 될 수 있는데 상훈이는 왜 썸타는 것이라고 생각했는지 궁금해서	

질문 4	친구라고 생각하는 기준은 무엇일까?	질문자(모둠명)
		유진(빨간맛)
질문 이유	다들 친구라고 생각하는 기준이 한 명은 힘들 때 같이 있어주는 사람이 친구고 다른 사람은 웃을 수 있는 친구고 다 다른 것 같아서 다른 사람이 생각하는 친구 기준이 궁금해서	

질문 5	진정한 친구의 의미는 무엇일까?	질문자(모둠명)
		현수(천사의 아이)
질문 이유	이야기에서 친구라는 말이 많이 나온다. 친구라는 말의 의미를 토론을 통해서 정확하게 알아보고 이야기도 풍성하게 될 수 있는 질문이라서	

교사 어떤 점에서 비슷한 것 같아요?

연수 질문은 좀 다른데 좀 더 생각해보니 둘 다 왜 여자와 남자가 친구를 하면 안 되는지, 안 좋게 보는 시선은 왜 그런 것인지가 비슷한 것 같아요.

교사 그럼 혹시 놀기를 좋아하는 안경 쓴 남매팀에서는 이러한 의견에 동의하나요?

지영 네.

교사 두 팀 질문을 합치면 좋을 것 같은데. 뭐라고 합쳐야 할까요? 혹시 아까 말해줬던 그 공통점을 말해볼래요?

성욱 왜 여자와 남자가 친구를 하면 안 되고 그렇게 보는 시선의 원인은 무엇인가?

교사 놀기를 좋아하는 안경쓴 남매팀은 공동 질문을 이렇게 만들어도 괜찮을까요?

모두 네.

교사 더 없나요? 더 이상 질문이 없다면 제시된 질문 중에서 함께 토론하면 좋겠다고 생각되는 질문에 손을 들면 됩니다.

교사 전체 토론질문은 아래와 같이 결정되었네요.

전체 토론질문 | "나는 언제 내 친구를 진정한 친구라고 느끼나?"

교재 읽기 및 질문 만들기 활동에 대한 해설 및 성찰

학생들에게 제시된 교재는 교사가 집필한 이야기이다. 생각 열기의 활동에서도 질문을 만들 수 있지만, 이야기로 된 교재는 구체적인 맥락을 보여준다. 구체적인 맥락이 있을 때 질문이 삶과 연결될 수 있다. 아이들은 구체적인 경험의 장면들 속에서 문제를 민감하게 발견하고 내재된 문제의식을 드러내게 된다.

교사는 아이들과 함께 이야기를 읽는다. 여기서 교사는 토론 밖에 존재하는 관찰자나 지도자가 아니라 토론에 함께 참여하는 참여자이다. 교실 속에서는 교탁 앞이 아니라 학생들과 같이 앉아 함께 교재를 읽는다.

교재를 읽고 나면 교재에서 이해가 안 가는 부분, 어려운 부분 등을 질문하게 한다. 어려운 개념이 해결이 되었다면, 각자 개인질문을 만든다. 그리고 모둠 토론을 통해 모둠 질문을 선정하게 된다. 이번 모둠 활동에서는 질문을 선정하는 것 외에도 한 가지 활동을 더 주문하였다. 모둠원들의 공통점을 가지고 모둠 이름을 만드는 것이다. 이 과정에서 학생들은 모둠원들에게는 공통점이지만 다른 친구들에게는 해당이 되지 않는 것들을 찾기 위해 서로의 습관, 환경, 좋아하는 것, 장점 등 다양한 주제로 이야기를 나누게 된다.

모둠 질문을 칠판에 적은 이후에는 모둠 질문 중에 이해되지 않는 것, 비슷한 것들을 검토해보도록 하였다. 비슷하다고 여겨지는 질문이 있을 때는 그 이유를 듣고 질문을 만든 사람들이 동의하는지를 물어보았다. <u>질문에 대해 생각하는 것, 나아가 생각에 대해 생각하는 것은 메타인지적 사고이며, 철학적 탐구공동체에서 매우 중요한 과정이다.</u> 그리고 교사는 아이들의 질문 속에 내재된 철학적 의미를 발견할 수 있어야 한다. 이는 철학적 탐구공동체를 진행하는데 교사들에게 요구되는 중요한 전문성 중 하나이다. 위에 나온 질문 중 한 가지에 대해 철학적 배경을 살펴보자.

여자와 남자는 왜 친구를 하면 안 될까?
→ 이 질문의 핵심은 우정과 사랑의 관계에 대한 것이다. 보통 우정은 동성끼리, 사랑은 이성끼리 이루어진다고 말한다. 하지만 이는 우정과 사랑에 대한 피상적인 견해에 불과하다. 사랑과 우정은 구별될 수 있는가? 키케로는 우정과 사랑은 모두 라틴어로 사랑하다(amare)라는 말에서 유래되었다고 하였다. 그리스어에서 우정을 뜻하는 필리아(Philia)는 사랑의 의미도 담고 있다. 《뤼시스》에서 소크라테스는 필리아에 관한 대화를 통해 친구의 의미를 밝혀나가지만 친구가 무엇인지 명쾌하게 정의내리지 않는다. 이후 플라톤의 《향연》과 아리스토텔레스의 《니코마코스 윤리학》을 통해 우정과 사랑에 대한 철학적 논의를 발전시켜나가게 된다.

나는 언제 내 친구를
진정한 친구라고 느끼나?

수업 프로토콜	수업 진행 및 분석
교사: 여러분들은 진정한 친구가 있나요? 민수: 네. 수민: 있어요. **교사: 좋아요. 그러면 여러분들은 언제 내 친구를 진정한 친구로 느꼈나요?**	・ 자신의 경험이나 생각, 감정을 편안하게 표현할 수 있는 교실 분위기 조성 ・ 질문 유형: 경험적 질문, 논리적 질문
민수: 할아버지 돌아가실 때 친구가 문자를 해줬는데 나를 공감해준다는 느낌이 들었어요. 윤수: 친구와 싸우고 나서 화해할 때요. 수민: 나를 좋아하는 친구라고 느꼈을 때요. 호중: 저한테 친구가 있는데 부모님들끼리 서로 전화번호를 교환하셨을 때요. 영철: 같이 게임하는 친구요. **교사: 같이 게임하는 친구가 왜 진정한 친구인지 이야기해줄 수 있어요?**	・ 교사는 학생들의 답변에 대한 평가 및 비판 금지 ・ 다양한 학생들이 돌아가면서 발언을 할 수 있도록 함

수업 프로토콜	수업 진행 및 분석
영철: 게임하면서 이기면 좋아하고 지면 함께 기분이 안 좋으니까요. **교사: 그렇네요. 함께 하는게 중요할 수도 있겠네요. 또 다른 경우에는 어떤 것들이 있을까요?** 지영: 도와주고 기쁠 때 같이 웃어주는 친구요. 지수: 친구들이랑 놀이공원 갔는데 4명이랑 같이 갔는데 다들 고소공포증이 있는데 그중에 1명이 저와 함께 무서운 것을 타줬어요. 우영: 가식 없는 진짜 내 모습을 보여줄 수 있을 때 '아! 내가 편하구나' 하는 생각을 해요. 연수: 나를 위해 희생하거나 도와줄 때요. **교사: 혹시 어떤 경우인지 구체적으로 말해줄 수 있어요?** 연수: 제가 화분 깼을 때 같이 깼다고 거짓말해줬어요. 윤수: 함께 있으면 행복할 때에요. 영철: 허락 없이 집에 가도 어색하지 않을 때요. 기석: 나와 어떤 것이 맞았을 때요. **교사: 어떤 것이 맞아서 진정한 친구라고 느꼈는지 말해줄 수 있나요?** 기석: 친구와 이야기하면서 서로 떡볶이를 좋아한다는 사실을 알게 되었어요. 그리고 호감이 생겨서 서로 이야기하다 보니 지금도 친하게 지내고 있어요.	› 진정한 친구의 의미를 자신의 삶 속에서 구체적인 장면과 연결 지어 보기 (삶과 토론질문의 연결) › 주요 사고기술: 이유 찾기, 상상하기, 예 들기

수업 프로토콜	수업 진행 및 분석
유진: 둘만의 비밀을 이야기해줄 때요. 민수: 나에게 누가 시비 걸 때 함께 대응해주는 친구가 진정한 친구라고 생각합니다. 연수: 저 말을 들으니까 생각나는데요. 내 편이 없을 때 내 편이 되어줄 때요.	‣ 다른 친구들의 이야기를 경청하며 자신의 삶과 관련지음 ‣ 다른 사람들의 생각을 발판으로 삼기
교사: 여러분들이 이야기해준 진정한 친구들의 사례에서 공통점을 찾을 수 있을까요? 모두를 포함하는 공통점이 아니어도 괜찮아요. 준석: 나를 좋아해준다는 내용이 많이 있는 것 같아요. 지영: 나와 많이 관련되어 있는 친구가 진정한 친구인 것 같아요. 우영: 내가 진정한 친구라고 생각해야 해요. 민지: 내 편을 들어주는 친구인 것 같아요. 영철: 나를 이해해주고 공감해야 해요.	‣ 질문 유형: 논리적 질문 ‣ 주요 사고기술: 공통점과 차이점 찾기 ‣ 학생들의 대답에 긍정적으로 반응하고 격려하기
교사: 좋네요. 그렇다면 여러분들이 이야기해준 공통점을 바탕으로 여러분들이 생각하는 진정한 친구가 무엇인지 이야기해볼까요? 준수: 슬플 때나 기쁠 때나 함께하고 불행이 찾아오면 해결해주는 친구가 진정한 친구인 것 같아요. 영철: 공감하고 내 편을 들어주는 친구인 것 같아요.	‣ 질문 유형: 논리적 질문, 철학적 질문 ‣ 주요 사고기술: 개념 정의하기, 이유 찾기

수업 프로토콜	수업 진행 및 분석
민지: 내가 좋아하고 그 친구도 나를 좋아할 때 진정한 친구라고 할 수 있을 것 같아요. 수민: 내가 어떤 모습이든 내 편을 들어주는 친구가 진정한 친구인 것 같아요. 예를 들면 내가 돈이 많은지와 상관없이 내 편을 들어줘야 하는 것 같아요.	▸개념 정의하기 - 학생들의 경험 속에서 제시된 구체적인 친구의 모습 속에서 진정한 친구의 개념을 추출함 - 추상과 구체의 연결
교사: 방금 제시된 내용을 정리해볼 수 있을까요? 우영: 함께하는 점이 중요한 것 같아요. 준수: 저는 내 편을 들어준다는 점이 중복되서 나오는 것 같아요. 공감하고 내 편을 들어줘야 하고 내가 어떤 모습이든 내 편을 들어줘야 하는 거죠. 현수: 저는 서로 좋아하고 공감해줘야 한다는 점이 있는 것 같아요.	▸주요 사고기술: 분류하기, 공통점 차이점 찾기 ▸분류하기 - 학생들이 제시한 여러 기준들에 대하여 생각해보고 분류하고 정리하여 의미를 명료하게 하기
교사: 함께하는 친구, 내 편을 들어주는 친구, 공감하고 서로 좋아하는 친구와 같은 3가지 의견이 나왔네요. 혹시 여기에 제시된 진정한 친구의 정의에 대하여 다른 의견이 있나요? 민수: 내 편을 들어주는 것은 좋지만 내가 나쁜 일을 할 때는 잘못이라고 말해줘야 한다고 생각해요. 왜냐하면 어떤 친구와 사귀면서 내가 더 나빠지면 안 될 것 같아요. 연수: 저도 공감해주는 것은 좋지만 언제나 내 편을 들어주는 것은 문제라고 생각해요.	▸질문 유형: 상상적 질문, 논리적 질문 ▸학생들이 제시한 질문에 대하여 1차적인 검토를 실시하는 과정, 친구의 정의가 합당한지 공동체의 검증을 통해 보다 합당한 의미를 형성하는 단계

수업 프로토콜	수업 진행 및 분석
교사: 왜 그런지 이유를 물어봐도 될까요? 연수: 분명히 내가 잘못하는 경우도 있을 텐데 그런 걸 말해주지 않으면 다른 사람들이 저를 싫어하게 될 수도 있잖아요. 진정한 친구라면 내가 그런 잘못을 고칠 수 있게 도와줘야 한다고 생각해요. 우영: 저는 함께 한다는 점이 중요하다고 생각해요. 친구는 서로 믿고 의지할 수 있어야 하는데 그러기 위해서는 일단 함께한다는 생각이 들어야 할 것 같아요.	‣ 교사는 학생들이 자신의 생각을 말할 때 가능하면 이유를 함께 제시하도록 함 ‣ 주요 사고기술: 예 들기, 결과 예측하기, 숨은 전제 찾기, 이유 찾기
교사: 그렇네요. 그렇다면 방금 제시된 의견들을 고려해서 다시 한 번 진정한 친구란 무엇인지에 대한 여러분들의 의견을 들어볼 수 있을까요? 수민: 저에게 공감해주고 항상 함께할 수 있는 친구가 진정한 친구인 것 같아요. 연수: 저와 함께하면서 저의 잘못을 지적해주고 저를 더 나은 사람으로 만들어줄 수 있는 사람이 진정한 친구인 것 같아요.	‣ 질문 유형: 자기수정적 질문, 철학적 질문 ‣ 주요 사고기술: 개념 정의하기, 다양한 관점에서 보기 ‣ 이전에 제시된 반론들을 고려하여 수정된 개념 정의를 내리는 단계 - 무조건 자신의 편을 들어주는 것에서 자신의 잘못을 지적해줄 수 있어야 한다는 의견을 반영하여 수정된 정의를 내림

수업 프로토콜	수업 진행 및 분석
교사: 좋아요. 오늘 토론은 여기까지 진행해야 할 것 같네요. 오늘은 심화 표현 활동을 함께할 예정인데요. 수업을 통해서 여러분들이 생각하는 진정한 친구의 모습을 두 문장으로 써 보면 됩니다. 문장들을 이어서 모둠시로 만들어볼게요. 모둠시의 제목도 붙여보세요. 교사: 다 만들었으면 모둠에서 1명이 모둠시를 낭독해주면 좋겠네요.	‣심화 표현 활동 　- 모둠시 쓰기 ‣주요 사고기술: 개념 정의하기
교사: 다들 너무 잘했습니다. 이제 오늘 수업에 대한 평가를 해볼 건데요. 오늘 토론에서 진전된 부분이 있다면 어떤 부분인지, 토론을 통해 성장한 점이 있다면 무엇인지 여러분들의 생각을 들어보려고 합니다. 간단하게 소감을 말해줘도 됩니다. 오늘 토론 참여한 여러분의 모습은 어땠나요? 연수: 다른 친구들의 말을 들으면서 미처 생각하지 못했던 것을 생각해볼 수 있었던 것 같아요. 준수: 저도 제 편을 들어주는 것이 중요하다고 생각했는데 토론을 계속하면서 내가 잘못했을 때는 분명히 말해줘야 한다는 걸 배울 수 있었던 것 같아요. 민지: 우정에 대해 이렇게 진지하게 생각해본 적이 없었는데 '평소에 단순하게 생각하던 우정이 이렇게 이야기할 것도 많고 깊이 있는 것이구나'라고 생각했습니다.	‣질문 유형: 미학적 질문

수업 프로토콜	수업 진행 및 분석
영철: 제가 알고 있는 진정한 친구의 뜻보다 더 많은 뜻이 나와서 좀 더 지식을 넓힐 수 있었습니다. 준석: 진정한 친구라는 주제로 해서 토론을 해봐서 각자의 진정한 친구의 뜻을 알게 되어서 뭔가 한층 더 생각하게 되었어요. 수민: 친구가 친구지 진정한 친구 그런 것에 대해서 진지하게 생각해보지 않았는데 오늘 이야기를 하면서 진짜 나를 좋아하는 친구가 있다는 것에 감사해야 하는구나 라는 것을 다시 느낀 것 같아요. **교사: 선생님도 여러분들 덕분에 우정에 대해서 깊이 생각해볼 수 있었던 뜻깊은 시간이었던 것 같습니다. 오늘 수업은 여기까지 하도록 할게요. 수고했습니다.**	› 주요 사고기술: 비교하기, 이유 찾기, 다양한 관점에서 보기

모둠명 1등

제목: 우정이란

나를 감싸주고 위로해주고 나를 버리지 않는 친구

그리고 내가 어떤 모습이든 나와 친한 친구

나를 평소에 진심으로 좋아해주는 친구

내가 생각했을 때 서로 생각해주는 친구

같이 있을 때 행복한 친구

모둠명 빨간 맛

제목: 우리가 생각하는 진정한 친구란

나에게 진정한 친구란

익숙하고 편안한 친구이다

내가 힘들 때 날 이해해주고 공감해주는 친구이다

힘든 고난이 와도 함께 헤쳐나갈 수 있는 사람이다

하얀

제목: 진정한 친구란

진정한 친구는 내가 좋아하고 또 그 친구가 나를 좋아한다면

긴말 필요없이 그게 바로 진정한 친구인 것 같다

나를 공감해주는 친구라면

그 이상 그 이하도 아닌 그게 바로 진정한 친구인 것 같다

진정한 친구란 나를 아껴줄 수 있는 친구

또한 나를 사랑해줄 수 있고

내가 무슨 말을 하든 나의 말에 공감을 해줄 수 있는 친구가 진정한 친구인

것 같다

진정한 친구란 나를 공감해주는 친구라고 생각한다

왜냐하면 같이 공감을 한다면 그 친구와 나의 경험을 서로 말해주면서

서로에 대해서 좀 더 잘 알 수 있게 되기 때문이다

놀기를 좋아하는 안경 쓴 남매

진정한 친구란 언제 친해졌는지 정확히 기억하진 못해도

어느덧 친해져 있는 그런 친구이다

진정한 친구란 친구가 어려움에 처해도

자신의 이익을 생각하지 말고 자신의 이익을 생각하지 말고 도와주는 것이다

진정한 친구란 힘들 때 있어주는 거다

학생들이 탐구한 친구라는 개념의 의미를 확장하고 다르게 표현해보기 위해 진행되었다. 수업 전에 여러 가지 주제에 따른 심화 표현 활동을 준비하였다. 모둠시는 '우정이란 무엇인가?'라는 주제로 탐구를 하게 될 경우에 생각해두었던 활동이다.

토론을 통해 학생들은 친구에 대한 일상적 경험에서 친구의 의미를 추출하고 이에 대한 비판적 검토를 통해 수정된 친구의 의미를 형성하였다. 공동체 안에서 다소 느슨한 형태로 정의된 친구의 의미는 토론에 참여한 학생들의 내면에서 나름의 의미로 발전되어 갈 것이다. 하지만 이러한 학생들의 의미를 토론과정에서 모두 듣기는 어려운 상황이었다. 그래서 각자가 생각하는 친구의 의미를 두 문장으로 표현하도록 하였다. 각자가 생각하는 친구에 대한 두 문장들을 소그룹끼리 묶어 하나의 모둠시로 만들도록 하였다. 수업 과정이 학생들에게 숙제로 남겨지는 것보다는 주어진 시간 안에 해결하는 것이 목적이었기에 다소 바쁘게 심화 표현 활동이 진행되었다. 그래서 학생들이 주제에 대해 충분히 숙고할 만한 시간을 주지 못했던 점은 아쉬움으로 남는다.

하지만 짧은 시간동안 학생들은 자신이 생각하는 친구의 의미를 정리하고 이를 모둠별로 묶어서 하나의 모둠시로 보여주었다. 아마 자신이 생각하는 친구의 의미가 무엇인지, 친구로서 자신은 어떻게 행동해야 하는지와 같은 구체적이고 실천적인 부분들에 대한 고민은 이제부터 시작할 것이라고 생각한다. 개념에 대한 보다 심층적이고 개인적인 의문들은 탐구가 끝난 다음부터 본격적으로 시작되기 때문이다. 토론의 끝이 탐구의 시작이 되는 셈이다.

1. 사귄 기간이 오래될수록 우정이 깊어지는가?

2. 다음 주장에 대한 나의 생각과 이유를 정리해보자.

> "남자와 여자는 친구가 될 수 없어. 서로 같은 성별끼리 우정이 생기는 거야. 그게 아니면 그건 사랑이야. 사랑과 우정은 다른 거야."

3. 다음 대상이 친구가 될 수 있는지를 표시하고 그 이유를 작성해보자.

대상	○, ×, ?	이유
SNS에서 서로 팔로잉하는 사람		
집에서 기르는 강아지		
친구의 친구인데 잘 모르지만 같이 논 적이 있는 사람		
비밀을 말할 수 있는 사람		
나보다 나이가 많은 사람		
나를 배신한적이 있는 사람		
같이 밥을 먹는 사람		
같은 반에 소속된 사람		
같은 학원에 다니는 사람		

4. 다른 사람을 함부로 대하는 사람도 친구가 있기를 바라는 이유가 무엇일까?

5. 친구가 없다는 것은 불행한 일이라고 할 수 있는가?

6. 친구가 있다는 것은 정상적인 사람이라는 것을 확인받을 수 있는 일인가?

7. 친구 사이에 지켜야 하는 예절은 어떤 것일까?

8. 친구가 잘못된 일을 하고 있을 때 어떻게 대해야 할까?

9. 다음 친구들의 모습을 참고하여 진정한 친구의 모습이 무엇인지 생각해보자.

1. 내 공부에 도움이 되는 친구	2. 거짓말을 부탁해도 들어주는 친구
3. 부모님에게 할 수 없는 말도 할 수 있는 친구	4. 장난기가 많아 늘 웃음을 주는 친구
5. 하자고 하는 것은 무엇이든 함께하는 친구	6. 나를 먼저 배려해 주는 친구
7. 다투었어도 다음 날 웃으며 볼 수 있는 친구	8. 내가 없으면 안되는 아무것도 안되는 친구
9. 나에게 옳지 않은 일을 한다고 충고할 수 있는 친구	10. 비밀을 지켜주는 친구

9-1. 위의 내용에 추가로 제시하고 싶은 친구의 모습이 있다면 두 가지만 더 적어보자.

  *

  *

9-2. 진정한 친구라면 꼭 가져야 한다고 생각하는 모습 세 가지를 그 이유와 함께 적어보자.

내가 생각한 진정한 친구의 모습	선택한 이유

'우정' 관련 철학이론 탐색

🔍 아리스토텔레스의 '우정'

아리스토텔레스는 우정을 '효용성'을 추구하는 우정, '즐거움'을 추구하는 우정, '선'을 추구하는 우정이 있다고 보았다. 효용성을 추구하는 우정의 관계는 서로 도움이 되고 실리적으로 얻을 것이 있기 때문에 형성된다. 하지만 이러한 우정은 서로에게 더 이상 얻을 것이 없어지는 순간 관계가 끝나버린다. 즐거움을 추구하는 우정은 감정에 기반을 두고 있기 때문에 오래 유지되지 못하고 짧게 끝나는 경향이 있다. 두 사람 중 한 명이라도 취미가 관심사가 바뀌게 되면 곧바로 관계가 깨어지기 때문이다. 아리스토텔레스는 이러한 관계가 나쁜 것은 아니지만 깊이가 부족하기 때문에 우정의 질이 떨어진다고 생각했다. 아리스토텔레스가 가장 가치 있게 여겼던 우정이 '선'을 추구하는 우정이다. 선을 추구하는 우정은 상대방이 소중하게 여기는 가치에 대한 상호 존중에 바탕을 둔 것이다. 순수하게 좋은 사람, 곁에 두고 싶은 사람이라고 생각하기 때문에 친구가 되고 싶고, 서로의 삶의 일부가 되고 싶은 것이다. 그리고 '선'을 추구하는 우정은 효용성과 즐거움을 모두 얻을 수 있는 관계라고 보았다.

🔍 부버의 만남

부버(Martin Buber)는 인간이 관계를 맺는 방식과 태도에 따라 그 존재 양식을 두 가지로 구분한다. '나-그것'의 관계로서 표현되는 사물 세계와 '나-너'의 관계로서 표현되는 인격적 만남의 세계이다. 인간이 어떠한 관계를 형성하느냐에 따라 삶의 양상도 달라진다. '나-그것'의 관계처럼 수단화되어버린 만남은 참된 만남이 될 수 없다. 왜냐하면 참된 만남은 상호성을 바탕으로 하기 때문이다. 부버는 관계의 개념으로 인간의 위치 및 본질을 파악하고자 한다. 그러기에 참다운 인간 존재는 고립된 실존 속에 있는 것이 아니라 관계 형성을 통해서 드러난다고 보는 것이다. 결국 부버에게 있어서 인간이란 관계를 통해 그의 실존을 형성해 나가는 창조자로 파악되는 것이며, 진정한 대화를 통한 만남은 서로 다름을 인정하면서도 영향을 주고받으며 성장해가는 관계라고 할 수 있다.

🔍 사랑의 종류(에로스, 필리아)

사랑이라는 단어를 표현하는 그리스어로는 아가페, 에로스, 필리아가 널리 알려져 있다. 보통 사람들은 이 단어들의 명사나 동사를 '사랑'이라는 의미로 사용하고 있다. 그렇게 일반적 사랑의 의미로 사용되었을 때에도 이 세 단어 사이에는 두리뭉실한 구분이 있다. 굳이 구분하여 말하자면, 아가페는 가장 넓고 얕은 사랑을, 에로스는 배타적이고(좁고) 진한 사랑을, 필리아는 그 중간의 사랑을 표현하는 단어이다. 플라톤과 아리스토텔레스는 일반적 사랑의 의미로 사용되던 에로스와 필리아에 각각 독특한 철학적 의미를 각각 담았다. 플라톤이 말한 에로스에 대한 짧고 적절한 해석은 아름다움에 대한 사랑이다. 아리스토텔레스가 말하는 필리아는 우리말로는 친애, 우정, 사랑 정도로 번역되는데 순간적인 것을 넘어 지속적인 것을 뜻하는 점에서 우리말의 '정'과도 유사하다.

에피쿠로스의 우정

인간이 쾌락을 좋아하고 고통을 싫어한다는 것은 자연스러운 일이다. 에피쿠로스 학파는 이러한 인간의 자연스러운 본성에 근거하여 쾌락의 획득과 고통의 회피가 인간을 행복하게 한다고 주장하였다. 에피쿠로스 학파의 쾌락주의에 따르면, 쾌락만이 유일하게 좋고 가치 있는 것이므로, 고통을 멀리하고 쾌락을 추구하는 것이 바람직한 삶이다. 그러나 에피쿠로스의 쾌락주의는 방탕함에 빠진 자포자기의 삶이나 식욕, 성욕의 충족과 같은 강력한 육체적 쾌락만을 추구하는 감각적 쾌락주의와는 거리가 멀다. 에피쿠로스의 쾌락주의는 쾌락을 적극적으로 추구하기보다 고통과 근심을 제거함으로써 쾌락을 추구하기 때문에 소극적 쾌락주의라고 할 수 있다. 에피쿠로스 학파는 마치 가정과 같은 작은 공동체에서 가까운 친구와 더불어 지적인 교류와 토론에 만족하면서 사는 삶이 바람직한 삶이라고 보았다.

제목	분야
1. 《꾸뻬 씨의 우정여행》(프랑수아 를로르 저/발레리 해밀 그림/이은정 역/ 열림원/ 2011)	문학

의사인 꾸뻬 씨는 인간관계에 대해 고민하는 환자들을 상담하며 스스로도 우정에 관해 새로운 고민을 시작한다. 그러던 중 그의 절친한 친구 에두아르가 어마어마한 돈을 가진 채 사라지고, 꾸뻬 씨는 위험에 처한 친구를 구하기 위해 여행을 떠난다. 여행을 떠나는 과정에서 그는 여러 사람들을 만나며 우정에 대한 22가지의 성찰을 자신의 수첩에 기록해나간다.

2. 《진짜 도둑》(윌리엄 스타이그 글·그림/김영진 역/ 비룡소/ 2020)	문학

왕실의 보물이 감쪽같이 없어졌다. 처음에는 루비에서 금붙이, 은장식을 비롯하여 급기야는 가장 진귀한 다이아몬드까지 사라졌다. 창고의 열쇠를 가지고 있는 것은 임금과 문지기 가윈 뿐. 하지만 둘 다 결코 자신이 훔친 것이 아니라고 한다. 그렇다면 과연 누가 진짜 도둑일까? 가윈의 입장과 진짜 범인인 데릭의 입장에서 각각 이야기가 전개된다. 친구 관계에서 무엇보다 중요한 믿음을 지키기가 얼마나 어려운 것인지 이야기를 통해 알 수 있다.

3. 《내 멋대로 친구 뽑기》(최은옥 글/김무연 그림/ 주니어김영사/ 2016)	문학

태우는 누구보다 멋지고 좋은 친구를 갖기 바란다. 친구 고르는 기준이 높으니 어떤 아이를 봐도 마음에 차지 않는다. 어느 날, 친구 뽑는 자판기를 발견하고, 자신이 원하는 조건에 맞는 친구들을 차례로 뽑아 지내보지만 모두에게서 단점을 보고 쫓아 버린다. 결국 혼자 남은 태우는 공허함을 느끼고 비로소 자신의 내면을 들여다본다. 자신이 가장 원하는 친구는 누구인지, 자신은 아이들에게 어떤 친구인지 찬찬히 생각해 보게 되는 것이다. 그리고 바로 그때 오랫동안 찾아 헤매던 진정한 친구를 만나게 된다.

4. 《친구를 모두 잃어버리는 방법》(낸시 칼슨 저/ 신형건 역/ 보물창고/ 2007)	그림책

친구를 모두 잃어버리는 방법이라는 제목에서도 나타나듯, 역설적으로 주제를 드러낸 그림책이다. 친구가 하나도 없기를 바란다면 여기 나오는 방법을 그대로 따라하라고 한다. 어른들이 '이렇게 하면 안 돼'라고 할법한 것들을 '이렇게 하면 돼'라고 말한다. 이렇게 하면 되는 것을 따라하는 이기적이고 고집불통인 주인공들의 이야기를 통해 친구 관계에서 중요한 것이 무엇인지 생각해볼 수 있다.

애니메이션

이탈리아 리비에라의 아름다운 해변 마을을 배경으로 펼쳐지는 종을 초월한 우정 이야기. 바다 밖 세상이 궁금하지만, 두렵기도 한 호기심 많은 소년 '루카'. 하지만 루카는 사람이 아니다. 파란 피부의 인어인데 물을 털어내면 사람으로 변한다. 호기심은 충만해도 용기는 아직 부족한 루카를 인간 세상으로 이끄는 건 자칭 인간 세상 전문가 '알베르토'이다. 파란 피부를 한 바다 괴물이 나타났다며 적의를 드러내는 마을 사람들 때문에 마음을 졸이기도 하지만 루카와 알베르토는 마을 사람들과 생활해나간다. 알베르토와의 우정은 루카에게 긍정적인 영향을 미친다. 자신감이 커져서 날개를 펼치고 새로운 도전을 하게 만들기 때문이다. 루카는 바다를 헤엄치고 나와 파스타를 다 먹어 치운 후 자전거를 타고 해안 마을을 달려야 하는 일종의 철인 3종 경기에 출전하면서 정체가 탄로 날 위기에 처한다. 두 사람의 이야기를 통해 우정이란 무엇이며 어떻게 친구를 대해야 하는지 생각해볼 수 있다.

SNS

핵심질문

"우리는 왜 SNS에서 본모습이 아닌 꾸며진 모습을 만들까?"

문해력×사고력 쑥쑥! 철학토론 맛보기

교사 ▶ 조금 전에 보는 사람에 따라 다를 수 있다고 했는데요. 그렇다면 SNS 상의 나와 진짜 내가 같은지 다른지를 판단하는 것은 누구여야 할까요? 나일까요? 다른 사람들일까요?

자기 자신인 것 같아요. ◀ 유진

그러면 실제로는 안 착한데 자기가 착하다고 우기면 어떻게 해요? ◀ 준수

그건 거짓말을 하는 거죠. ◀ 지영

그래도 이게 진짜 나라고 할 수도 있잖아요. ◀ 준수

교사 ▶ 그럴 수 있겠네요. 그렇다면 어떻게 해야 할까요?

두 개를 합치면 안 될까요? ◀ 수민

교사 ▶ 혹시 두 의견을 종합할 수 있는 의견을 누가 말할 수 있을까요?

조금 애매한데요. 자기가 판단하지만 다른 사람들의 관점도 좀 고려해야 할 것 같은데요. ◀ 유진

그러면 결국 자기가 판단하는 것 아닌가요? ◀ 준수

다른 사람들의 인정을 받아야 하는거죠. ◀ 유진

관련 교과	도덕, 가정, 과학, 사회, 국어	핵심개념	자아, 관계, 가상 공간, 자유
차시	2차시	수업 자료	철학 에피소드(교사 작성)

• 핵심질문(교사의 의도)

① SNS에서의 나는 진짜일까?
② SNS의 인간관계는 인격적인 관계일까?
③ 우리는 왜 다른 사람에게 인정받고 싶어할까?
④ 더 나은 모습을 프로필 사진으로 올리는 이유는 무엇일까?
⑤ SNS에서 표현의 자유는 어디까지 허용되는가?
⑥ 사람들이 SNS에 중독되는 이유는 무엇일까?

중심 사고기술	공통점 차이점 찾기, 장단점 찾기

• 수업 의도 (수업 전 기획 의도)

이 수업의 핵심 소재는 'SNS'이다. SNS는 Social Network Service의 줄임말로 온라인 공간에서 다른 사람들과 소통하고 정보를 주고받는 서비스를 말한다. 사실 오늘날에는 카카오톡, 트위터와 같은 SNS가 없는 삶을 상상하기도 어렵다. 오늘날 학생들에게 SNS는 다른 사람과 소통하는 도구이며, 공기처럼 당연하게 주어지는 것이다.

하지만 SNS를 통해 자신을 표현하고 다른 사람과 소통하는 방식은 현실과는 다를 수밖에 없다. 현실처럼 SNS를 사용하거나 SNS처럼 현실에서 생활하는 경우 여러 가지 문제가 생길 수 있다. 자아정체성의 혼란, 피상적 인간관계, 알고리즘과 확증편향으로 인한 경직된 사고, 익명성의 문제, 개인정보 유출 등 다양한 문제로 확장되며 이는 단순한 개인의 문제가 아닌 사회적 문제로 이어지게 된다.

이번 수업에서는 SNS와 관련하여 청소년들이 일상생활과 밀접하게 관련된 부분을 다루려고 노력했다. 주로 SNS를 통해 자신을 표현하고 다른 사람과 소통하는 내용을 중심으로 구성하였다. 그리고 이러한 논의를 통해 SNS를 어떻게 사용해야 하는지에 대한 실천적인 문제로 연결하려는 의도를 가지고 있었다.

이번 수업을 준비하면서 염두에 두었던 핵심질문은 'SNS 상의 나는 진짜일까?'이다.

SNS를 통해 드러내는 나와 현실의 나는 분명한 차이가 있다. SNS에서 다른 사람들에게 의도된 '나'의 모습을 보여준다. 대부분의 사람들은 SNS에 다른 사람에게 보여주기 싫은 모습을 올리지 않는다. SNS에 사용하는 프로필 사진을 고르는 과정을 생각해보면 쉽게 알 수 있다. 그런데

SNS의 '나'와 현실의 '나'의 차이가 크면 문제가 될 수 있다. SNS의 경험과 현실의 삶이 서로 영향을 주기 때문이다. SNS에서의 행동과 사고 방식은 현실의 '나'에게 영향을 주게 된다. 물론 SNS와 현실의 모습이 같을 수는 없지만 균형을 찾아야 한다.

가상현실의 '나'와 현실의 '나'의 차이에서 시작된 질문은 결국 SNS의 내가 진짜 '나'를 담아낼 수 있는지를 묻는 질문에 이르게 된다. 가상현실에서 '나'를 드러내는 방식에 대한 고민은 타인과 나의 관계, 인정욕구 등 다양한 철학적, 심리학적 배경과도 연결될 수 있다. 학생들은 이런 탐구를 통해 과학 기술의 발달로 인해 변화하는 사회에서 더 나은 삶이 무엇이며 어떻게 살아가야 하는지에 대한 자신만의 답을 찾아갈 수 있을 것이다.

수업 자료(철학 에피소드)

✏️ 프로필 속의 나

한 줄기 바람이 시원하게 감겨 오는 오후였다. 예진이와 동현이는 카페에 앉아 학원 숙제를 하고 있었다.

> 예진: 날씨가 너무 좋은데, 이렇게 학원 숙제나 하고 있어야 하다니.
>
> 동현: 그래도 이런 데서 공부하니깐 좋다. 맛있는 음료수도 마시면서 말이야.
>
> 예진: 동현아, 나 지금 어때? 사진 좀 찍어줘 봐.
>
> 동현: 사진? 갑자기?
>
> 예진: 응응. 책이랑 음료수랑 잘 보이게. 보정 어플 켜서 찍어줘야 해.
>
> 동현: 아, 뭐. 알겠어. 자, 됐어?
>
> 예진: 대박대박! 사진 완전 잘 나왔어! 고마워 동현아.

사진을 찍어준 후 동현이는 숙제를 마저 하려고 연필을 잡았다. 그러다가 앞을 보니 예진이는 핸드폰을 들여다보고 있었다.

> 동현: 숙제 안 하냐?
>
> 예진: 니가 사진 너무 잘 찍어 줘서 지금 고르고 있어. 카톡 프로필

사진 건진 것 같아~! 뭘로 하지? 이것 봐봐. 필터 조금 넣구,

보정 조금 더 했어. 어떤 게 나아?

동현: 뭘 그렇게 신경을 쓰고 그래. 이거 다 누가 본다구. 너 SNS 중

독 아니야?

예진: 나 페이스북만 조금 보고 글도 거의 안 올려. 프사만 좀 신경 쓰는 거지~ 카톡프사는 다들 본단 말이야. 이것 봐. (카카오톡 친구 목록을 보며) 이렇게들 올리거든! 자, 올렸어. 내 상태 메시지는, **'카페에서 공부 중~ 학원 숙제 너무 많아 ㅠㅠ'**

💡 핵심질문 ....

· SNS에 중독되는 이유는 무엇일까?
· SNS로 나를 표현하는 것은 어떤 의미가 있을까?
· 남에게 보여주고 싶은 나의 모습은 어떤 모습일까?

....

동현: 그러게, 올렸네.

예진: 네 프사도 한번 볼까?

동현: 히히. 난 저번에 한 게임 점수 캡쳐해서 올렸지!

예진: 우와, 점수 완전 높네?

동현: 장난 아니지? 넘겨 봐. 우리 태권도 도장에 이다빈 선수가 왔

었거든, 그때 받은 싸인도 올려놨어.

예진: 좋았겠다!

동현: 응. 완전. 그런데 나는 다른 사람 카톡 목록은 잘 안보는데.

예진: 난 좀 보게 되더라. 다들 어떤 거 올렸는지 궁금하기도 하구.
사진 바뀌면 또 살펴보고 그래. 친구들이 무슨 생각 하는지
알 수 있어서 재밌더라구. 어? 카톡 왔다!

핵심질문

· SNS를 통해서 본 타인과 실제 타인은 같은 사람일까?
· SNS로 '내가 보여주고 싶은 나'와 SNS를 통해 '남이 생각하는 나'의 차
이가 생기는 이유는 무엇일까?

징~징~ 메시지가 왔음을 알리는 진동이 끊임없이 왔다. 단체 카
톡방 알림이었다. 예진이는 싱글싱글 웃으며 답장을 하고 있었다

예진: 내 프사 바꾼 거 보고 애들이 연락 왔네? 사진 잘 나왔대. 아싸.

동현: 카톡은 좀 이따 하지. 40분 뒤에 수업 시작인데?

예진: 아 잠시만, 지금 답장 안 하면 또 오해가 생겨서. 일단 얘기
잠시 해야 돼.

절친인 다정이, 예진이, 하늘이는 얼마전 사소한 오해가 있었는
데, 그 이후 단체 카톡방에 예진이가 답장을 늦게 하면서 세 사람
간의 갈등이 깊어졌다. 그런데 그 갈등 때문에 화가 난 다정이가

프로필 상태 메시지에 '**이제 다 끝이야**…'라는 말을 써 버렸다. 이 사건 때문에 세 사람은 정말 절교의 위기까지 갔었다.

핵심질문 ···

· SNS를 통한 간접적인 의사 표현은 직접적인 의사 표현과 차이가 있을까?
· SNS 상의 인간관계는 인격적 관계일까?

···

다행히 학교에서 모둠 활동을 같이 하면서 서로 이야기할 시간이 많아졌고, 그러다 보니 오해도 풀려서 세 사람은 다시 우정을 되찾을 수 있었다. 하지만 언제 또 오해가 생길지 모르니 조심해야 한다. 그러니 예진이가 지금 답장을 하는 것도 이해가 된다.

예진: 휴. 이제 좀 마무리 됐어. 아 빨리 숙제 해야겠다.

동현: 진짜 카톡이 뭐길래. 프로필 사진 올리려고 사진 찍고. 계속 답장해야 하고. 귀찮지 않아?

예진: 사실 좀 귀찮을 때도 있어. 그런데 그러다가 답장 늦으면 애들이랑 싸울 수도 있고. 그래도 내 사진 예쁘게 올리는거나 예쁜 사진 올리는 건 재밌어. 남들이 뭐 올렸는지 보는 것도 재밌구. 그러면서도 귀찮구, 그래.

동현: 좋으면서도 안 좋은거네?

예진: 그렇지. 가끔은 여기 갇혀 있다는 느낌도 받아. 웃기지? 그래
　　도 재밌어서 멈출 수가 없어.

급하게 숙제를 마무리 한 예진이와 동현이는 같이 학원으로 갔다.

💡 핵심질문 ···

　·가상 공간 속 나의 모습은 나의 삶에 어떤 의미가 있을까?
　·SNS를 통해 나를 표현할 때 나는 무엇을 원하는 것일까?

···

그날 저녁.
TV를 보던 동현이가 카카오톡 친구 목록을 살펴보았다.

동현: 그게 그렇게 재밌나? 어, 보승이가 프로필 바꿨네.

보승이의 프로필은 '**새 폰 샀음^^**'으로 바뀌어 있었다.

동현: 좋겠다. 내 건 오래된 건데.

보승이의 프로필을 보며 부러워하던 동현이가 문득 자기 핸드폰
의 사진첩을 뒤지기 시작했다.

동현: 어디 보자, 이게 좋겠다.

동현이는 제주도 여행 사진을 고른 후, '**지난주에 다녀온 제주도.
또 가고 싶다~**'로 프로필을 바꾸었다.

프로필을 바꾸고 나니 동현이는 아까 예진이의 말이 조금은 이해
가 되었다. 재밌으면서도 무언가 찜찜한 기분이 들었다.

핵심질문

- SNS에서의 나는 진짜일까?
- SNS 프로필은 나를 얼마나 반영할 수 있을까?

동현: 나는 왜 여기에 나를 자랑하고 있는 걸까? 이게 진짜 내 모습

도 아닌데. 이런 걸 올린다고 뭐가 달라지나?

징~ 진동이 울렸다. 동현이의 사진을 보고 부럽다는 메시지가 온
것이다. 신경쓰지 않으려고 했는데. 동현이의 어깨가 으쓱해졌다.

생각 열기	토론을 할 때의 마음을 그림으로 표현하기
	'외계인에게 SNS를 설명해보자!'는 질문에 대한 서로의 생각 나누기

탐구 활동	철학 에피소드 읽기	『프로필 속의 나』 철학 에피소드를 돌아가면서 소리 내어 읽기
	질문 만들기	개인 질문 만들기 → 모둠 질문 선정 → 전체 질문 선정
		전체 질문: 우리는 왜 SNS에서 본모습이 아닌 꾸며진 모습을 만들까?
	토론하기	연속 질문 절차

<table>
<tr><td>경험적 질문
가설적 질문</td><td>우리가 SNS에서 꾸며진 모습을
만드는 이유는 무엇일까?</td><td>창의적 사고
비판적 사고</td></tr>
<tr><td colspan="3">↓</td></tr>
<tr><td>논리적 질문</td><td>SNS의 '나'와 진짜 '나'는
차이가 있을까?</td><td>비판적 사고</td></tr>
<tr><td colspan="3">↓</td></tr>
<tr><td>가설적 질문</td><td>SNS에 나를 얼마나
담을 수 있을까?</td><td>비판적 사고</td></tr>
<tr><td colspan="3">↓</td></tr>
<tr><td>가치부여적
질문</td><td>SNS에서 나를
표현하는 것의 장점과
단점은 무엇일까?</td><td>배려적 사고</td></tr>
<tr><td colspan="3">↓</td></tr>
<tr><td>실천적 질문</td><td>나는 SNS를 어떻게
사용해야 할까?</td><td>비판적 사고
배려적 사고</td></tr>
</table>

탐구 활동	토론 평가하기	- 토론에 진전이 있었는가?
		- 토론에 의미가 있었는가?
	심화 표현 활동	다음 질문을 주제로 자신의 생각을 글로 표현해보기
		주제: 나는 SNS를 어떻게 사용해야 할까?

생각 열기

교재 읽기 및 질문 만들기   토론 진행   심화 표현 활동

토론을 할 때의 마음을 그림으로 표현하기

'외계인에게 SNS를 설명해보자!'는 질문에
대한 서로의 생각 나누기

교사 오늘 토론을 시작하기 전에 우리가 토론을 한다는 것이 어
떤 의미인지 잠시 생각을 해보면 좋겠어요. 우리가 함께
모여서 토론하는 이유는 무엇일까요?

민수 서로 생각을 나누기 위해서요.

교사 서로 생각을 나누면 어떤 점이 좋을까요?

우영 서로 생각을 나누면서 더 좋은 방법을 찾을 수 있어서 좋은
것 같아요.

민지 비슷하긴 한데 같이 생각을 나누면 다른 사람의 생각을 알
게 되니까 내 생각이 더 풍부해질 수 있는 것 같아요.

교사 맞아요. 함께 이야기를 하면 혼자 생각하지 못했던 부분
을 서로 채워주고 그러는 과정에서 성장할 수 있을 것 같
아요. 그런 토론을 하기 위해서는 어떤 마음을 가지고 참

아이들의 의견을 그림으로 표현하기
아이들의 이야기를 들으며 이야기를 토대로 교사가
그려본 바람직한 토론의 자세

여해야 할까요? 토론에 참여하는 자세와 마음을 그림으로
한 번 그려봅시다. 선생님이 먼저 시작해볼게요. 눈은 아
마도 생각을 하기 때문에 이런 모습일 거예요. 그 다음 귀
를 그려볼까요? 귀는 어때야 할까요?

민수 다른 사람들의 말을 자세히 들어야 해요.

교사 그렇죠. 그러면 쫑긋 세운 귀를 그려볼게요. 그 다음에는
입이에요. 토론을 할 때는 어떻게 말해야 할까요?

준석 존댓말을 써야 해요.

교사 왜 그럴까요?

성욱 나 말고 여러 사람들이 있어서요.

영철 다른 사람들을 존중해야 하니까요.

교사 좋아요. 그리고 혹시 또 말할 때 지켜야 할 것이 있을까요?

현수 다른 사람이 싫어하는 말을 하면 안 돼요.

민지 다른 사람들을 배려해줘야 해요.

교사 맞아요. 그런데 만약에 서로 생각이 다르면 어떻게 할까요?

유진 자신의 주장이 옳다고 근거를 제시해야 할 것 같아요.

수민 잘못하면 싸우게 될 수도 있을 것 같아요.

교사 그러면 어떻게 해야 할까요?

민지 그래서 배려하면서 말해줘야 해요.

교사 그렇네요. 그리고 다른 사람의 생각이 더 타당하다고 느껴질 수도 있습니다. 그럴 때는 자신의 생각을 수정할 수도 있습니다. 내 의견이 언제나 옳은 것은 아니니까요. 그러면 그런 자세와 마음을 그림에 담아봅시다. 그러면 생각을 하고, 다른 사람을 존중하고 배려하는 말과 질문을 가득 담은 사람이 되겠네요. 우리는 이런 마음과 자세로 토론에 참여하면 좋을 것 같습니다.

교사 이런 멋진 자세로 수업을 시작해봅시다. 오늘은 SNS를 주제로 수업을 할 예정인데요. 첫 번째 활동은 이것입니다. 만약에 외계인이 와서 여러분에게 '지구 사람들은 SNS를 한다던데 도대체 그게 뭐야?'라고 말한다면 여러분은 어떻게 설명해야 할까요?

우영 소셜 네트워크 서비스를 줄여서 SNS라고 말할 것 같습니다. 그리고 인스타그램이나 카톡 같은 앱이 있는데 이런 앱을 통해서 멀리 떨어진 사람들과 소통을 하고 생각을 공유할 수 있다고 말해줄 것 같습니다.

교사 정의와 예를 잘 사용해서 SNS를 설명하고 있네요. 좋아요. 또 다른 의견은 없나요?

준석 자신의 일상을 다른 사람들에게 알리기 위해 인터넷에 올리는 것입니다. 예를 들면 브이로그 같은게 있다고 말해줄 것 같습니다.

지영 SNS의 장점은 멀리 있는 사람이나 친구와 소통할 수 있으며 여러 사람이 함께 대화할 수 있고 원하는 친구를 사귈 수 있다. 단점은 원하는 친구가 이상한 사람이어서 너에게 금전적 요구를 할 수 있다. 그리고 SNS의 대표적인 종류로는 카톡, 인스타그램, 페이스북 등이 있다고 말해줄 것 같아요.

영철 직접 사람을 만나지 않아도 말을 할 수 있는 기구라고 말해줄 것 같아요.

교사 잘 들었습니다. 정의 내리기, 예 들기, 장단점 제시하기 등 다양한 방법으로 SNS를 설명해주었네요. 그런데 혹시 여러분들은 여러분들의 답변에서 공통점을 찾을 수 있을까요?

유진 서로 소통하는 데 쓰인다는 점이 공통점인 것 같아요.

윤수 그리고 뭔가 정보 같은 걸 공유할 수도 있는 것 같은데요.

교사 정말 그렇네요. 아마 외계인들에게 SNS가 무엇인지 설명해준다면 방금 말한 두 가지는 꼭 들어가야겠네요.

이번 생각 열기는 두 가지 활동으로 구성되었다. 하나는 토론에 임하는 마음과 자세를 이미지로 표현하는 것이고, 다른 하나는 탐구의 주제인 SNS에 대하여 정의를 내려보는 것이다.

토론에 임하는 자세를 이미지로 표현하는 활동의 목적은 철학적 탐구를 어떤 목적으로 어떻게 하는지 한 번 생각하는 시간을 가져야 한다고 생각했기 때문이다. 평소 생활을 함께하지 않는 학생들이 모였기 때문에 탐구를 위한 공동체가 제대로 형성되지 않았다. 서로 어떤 사람인지 알고 신뢰할 수 있는 공동체를 형성할 수 있는 시간과 경험이 부족했기에 자발적으로 참여한 학생들임에도 불구하고 생각보다 적극적으로 참여하지 못했다. 그리고 철학적 탐구의 경험이 부족하기 때문이기도 했다. 자신의 주장을 끝까지 관철해야 하는 토론과 달리 철학적 탐구에서는 자기수정적 사고가 중요하게 여겨진다. 남과 싸워 이기는 것이 아니라 더 나은 대안을 찾고 깊이 생각하는 것이 철학적 탐구의 목적이기 때문이다. 탐구의 목적에 대하여 자연스럽게 알려주는 것도 필요하다고 생각했다. 그래서 철학적 탐구의 이유와 자세가 관련된 일종의 공동 규칙을 그림으로 표현해 보았다.

외계인에게 SNS 설명하기의 목적은 SNS의 핵심적인 특징에 대하여 생각해보도록 하는 것이다. 외계인이라는 구체적인 대상을 선정한 이유는 어려운 말이나 개념을 사용하지 않고 쉽고 자세하게 설명해야 하기 때문이다. 실제로 학생들은 질문을 듣고 SNS의 다양한 특성들을 생각하고 있었다. SNS의 정의, 장점, 단점, 예시와 같은 SNS의 다양한 특징을 탐색하고 다른 개념들과 구별되는 SNS만의 핵심적인 특징들을 확인하였다. 그리고 공통적으로 의미하는 특징이 다른 사람과의 소통이라는 점을 확인할 수 있었다.

짧은 시간 동안 2가지의 활동을 진행해야 해서 시간이 많이 부족하였다. 시간 관계상 더 깊이 있는 질문으로 나아가기가 어려웠지만, 시간이 조금 더 주어졌다면 다른 사람과 소통할 수 있는 다른 매체들과 SNS의 차이점이 무엇인지 물어보았을 수도 있다. 이를 통해 얻게 되는 SNS의 핵심적인 특징과 이를 제대로 사용하기 위한 방법에 대한 논의로 이어진다면 SNS에 대한 보다 실천적인 논의가 이루어질 수도 있었을 것이라 생각한다.

교사 사실 선생님도 SNS를 하고 있는데요. 여러분이 말해준 장점처럼 편하고 재미있는 부분도 많은데 때로는 불편한 부분도 있더라구요. 그래서 여러분들과 함께 생각해보고 나누고 싶은 선생님의 이야기를 글로 써봤어요. 그러면 어떻게 읽고 무엇을 해야 하는지 준석이와 지영이, 연수가 차례대로 읽어볼까요?

준석 첫째, 읽고 싶은 만큼 읽고 다음 친구 이름 불러주기

지영 둘째, 철학 소설을 읽고 궁금한 점을 질문으로 만들고 그 질문을 하게 된 이유를 노트에 적기

연수 셋째, 모둠 친구와 각자 만든 질문에 대한 의견을 나누고 모두 함께 토론하고 싶은 우리 모둠의 질문 만들기

교사 잘했어요. 그러면 지금부터 우리 함께 이야기를 읽어보도록 할까요?

[아이들이 돌아가면서 소리 내어 교재를 읽는다]

교사 이야기를 읽으면서 혹시 이해가 잘 안되는 부분이 있으면 말해볼까요?

민지 카카오톡 프로필이 뭐예요?

교사 아. 맞아요. 민지가 카카오톡을 사용하지 않는다고 했어요. 카카오톡은 무엇인지 알고 있나요?

민지 네. 많은 사람들이 사용하고 있고 메시지를 전달할 수 있는 앱이요.

교사 그러면 혹시 프로필 사진이 무엇인지 설명해 줄 수 있는 사람 있을까요?

지영 메시지를 전달할 때 자신의 모습을 나타내는 것이 프로필인 것 같아요. 자기 사진을 올릴 수도 있고, 자기가 좋아하는 것의 사진을 올리기도 하고, 어쨌든 자신을 대표할 만한 사진을 하나 정하는 거예요. 그러면 다른 사람들이 그걸 볼 수 있어요.

• 학생들이 만든 질문들

질문 1	왜 친구들은 SNS를 사용하면서 찜찜하다는 느낌을 받았을까?	질문자
		지영
질문 이유	잘 나온 사진이나 좋은 사진을 올리면 재미있고 좋은 느낌이 들어야 하는데 찜찜한 느낌이 들었다고 해서	

질문 2	왜 굳이 남에게 과시하면서 진짜 내 모습이 아닌 모습을 프로필 사진으로 올릴까?	질문자
		민지
질문 이유	사람들이 페이스북 같은 SNS에 올리는 사진들을 보면 평소 자신의 모습 보다는 더 멋있게 나온 사진을 올리거나 설정 샷 같은 것을 올리는데 그 이유를 알아보고 싶어서	

질문 3	지금 답장을 안 하면 왜 오해가 생기는 걸까?	질문자
		연수
질문 이유	휴대폰만 보고 사는 것이 아닌데 답장이 늦었다는 이유로 서로 오해가 생겼다는 사실이 이해가 가지 않아서	

질문 4	예진이는 왜 가끔 SNS에 갇혀 있는 느낌을 받을까?	질문자
		수민
질문 이유	나도 한 번씩 SNS를 너무 많이 하는 것 같다는 생각을 하는데 예진이도 비슷한 생각인지 궁금해서	

질문 5	우리는 왜 SNS에서 본모습이 아닌 꾸며진 모습을 만들까?	질문자
		민수
질문 이유	사람들이 SNS에는 남들에게 좋은 모습, 보여주고 싶은 모습만 사진으로 올리는 것 같은데 그런 모습은 자신의 실제 모습이 아닌 것 같아서	

교사 그렇네요. SNS의 프로필 사진이 무엇인지 알 것 같나요? 질문이 더 없으면 철학 소설을 천천히 다시 읽어보면서 질문을 만들어보세요.

교사 질문을 다 만들었으면 이제 모둠별로 각자 만든 질문에 대해서 의견을 나누고 모두 함께 토론하고 싶은 모둠 질문을 만들어보세요.

교사 각 모둠에서 나온 질문들이에요(167쪽 참조). 이 질문들 중에 혹시 이해가 안 되는 질문이 있나요? 없으면 함께 토론할 만한 질문을 두 가지 선택하면 됩니다.

> 전체 토론질문 | "우리는 왜 SNS에서 본모습이 아닌 꾸며진 모습을 만들까?"

교재 읽기 및 질문 만들기에 대한 해설 및 성찰

학생들이 교재를 읽고 함께 탐구할 질문을 선정하는 단계이다. SNS라는 주제와 관련된 삶 속의 다양한 사건들을 자연스러운 이야기를 통해서 전달한다. 텍스트를 이야기로 사용하는 이유는 학생들이 실제로 자신의 삶과 관련된 질문을 선정하는 데 도움이 되기 때문이다. 이야기에는 구체적인 상황과 맥락이 있다. 학생들은 자신의 삶과 관련지어 이야기를 읽고 문제를 발견하게 된다.

학생들이 이야기를 읽고 나면 이해가 가지 않는 부분이 있는지 질문하게 한다. 내용에 대한 이해가 제대로 되지 않아 발생하는 문제를 예방하고 단순한 사실을 묻는 질문을 걸러낼 수 있기 때문이다. 학생들이 단순한 사실을 묻는 경우 교사가 바로 답변해줄 수도 있지만, 학생들에게 질문을 돌려서 공동체 내에서 문제를 해결하는 경험을 제공해주었다.

학생들은 각자가 만든 질문을 모둠 친구들과 함께 검토하고 전체 질문을 선정하였다. 아쉬웠던 점은 아직까지 탐구의 절차에 익숙하지 않고 탐구공동체로서 유대감이 제대로 형성되지 않아 모둠 내의 논의가 활발하게 진행되지 않았던 점이다.

위에서 학생들이 모둠 질문으로 뽑은 질문 중에서 한 가지를 골라 철학적 의미를 살펴보자.

지금 답장을 안 하면 왜 오해가 생기는 걸까?

→ 이 질문은 SNS와 현실세계의 인간관계의 차이점을 명확하게 보여주고 있다. SNS에서도 다른 사람과 생각과 감정을 나누고 대화를 할 수는 있다. 하지만 사람과 사람의 인격적인 만남은 단순하게 의사소통을 나누는 것 이상의 의미를 가지고 있다. SNS의 대화는 다른 행동을 하면서도 이루어질 수 있다. 즉 지금 이 순간 상대가 나에게 온전히 집중하고 있는지 확인할 수 없다. 언어 외의 다양한 비언어적 요소들을 통해 전달되는 생생한 만남의 경험을 가질 수 없는 것이다. 이러한 상황에서 우리는 자신의 말에 대하여 상대가 반응하지 않는 상황에 대하여 불안과 오해를 하게 되는 것이다. 이와 관련하여 부버를 비롯한 여러 학자들은 타자와의 관계, 만남 등에 대한 다양한 관점을 제시하고 있다.

우리는 왜 SNS에서 본모습이
아닌 꾸며진 모습을 만들까?

수업 프로토콜	수업 진행 및 분석
교사: 여러분들은 왜 사람들이 SNS에서 본모습이 아닌 꾸며진 모습을 만든다고 생각하나요? 지영: 제 생각에 SNS에서 과장되게 꾸미는 이유는 자신의 본모습보다 좀 더 잘 보이고 싶다는 마음이 있어서인 것 같아요. 자기가 1을 했다면 10을 한 것처럼 보이게 하는 것처럼요. 우영: 좀 더 멋있게 보이면 기분이 좋아서 그런 게 아닐까요? 준수: 저는 어떤 SNS에서는 프로필 사진을 되게 잘난체하거나 과장된 사진을 보여주기도 하지만 어떤 SNS에서는 내 그냥 본모습 그대로, 나의 진짜 모습을 보여줄 수도 있는 것 같아요.	‣ 질문에 대한 자신의 생각을 편안하게 말할 수 있는 분위기 조성 ‣ 질문 유형: 경험적 질문, 가설적 질문 ‣ 주요 사고기술: 이유 찾기, 추리하기, 남의 입장에 서보기 ‣ 전체 질문과 관련된 자신의 경험을 탐색해보기
교사: 그렇네요. 사람들이 다른 사람들에게 잘 보이고 싶어서 진짜 자신의 모습이 아닌 꾸며진 모습을 보여줄 수도 있겠네요. 그런데 방금 준수가 자신의 진짜 모습을 보여줄 수도 있다고 했는데요. 여러분 생각에 SNS 속의 '나'와 진짜 '나'는 차이가 있을까요?	‣ 질문 유형: 논리적 질문

수업 프로토콜	수업 진행 및 분석
호중: 별로 없을 것 같아요. 어쨌든 SNS에 올리는 것들이 내가 하는 것들을 올리는 거잖아요. 그래서 차이가 별로 없을 것 같아요. **교사: 그렇네요. 혹시 다른 생각을 가진 친구 있나요?** 지영: 차이가 있어요. 보통 SNS는 글이나 사진으로 사람들에게 보여주잖아요. 그런데 글이나 사진으로 드러나지 않는 목소리나 행동 같은 것도 있으니까요. 진짜 나를 다 보여줄 수는 없을 것 같아요. 현수: 저도 차이가 있다고 생각해요. 왜냐하면 SNS에서는 많은 사람이 나의 모습을 보는데 남에게 보여주고 싶지 않은 모습은 SNS에 올리지 않잖아요. **교사: 그렇네요. SNS에 올리지 않는 남이 모르는 나도 있겠네요. 다른 친구들은 지영이와 현수의 의견에 대해서 동의하나요?** 윤수: 저도 그렇게 생각하는 게 예전에 유튜브 같은데서 어떤 중국인이 엄청 보정하고 나왔는데 그게 들통이 나서 구독자가 줄었다고 하더라구요. 영철: 어플 같은 걸 쓰면 정말 달라 보여요. **교사: 기술적인 문제도 있을 수 있겠네요. 혹시 다른 의견을 가진 친구는 없나요?**	‣ 탐구 질문의 전제에 대한 탐색 ‣ **주요 사고기술: 차이점 찾기, 예 들기, 이유 찾기, 비교하기, 다양한 관점에서 보기** ‣ 다른 친구들의 생각에 자신의 생각을 더하고 있음 ‣ 인간의 내면을 내가 아는 나, 남이 아는 나, 자신은 알지만, 남들이 모르는 나로 구별하고 있음 - 조하리의 창(Johari window)

수업 프로토콜	수업 진행 및 분석
수민: 보는 사람에 따라 다를 수 있는 것 같아요. 예를 들면 SNS에 남들에게 잘 보이려고 사진을 올렸는데 저를 잘 아는 친구면 저의 꾸미지 않은 모습을 잘 아니까 진짜 저와 다르다고 생각할 건데 잘 모르는 사람이 보기에는 똑같다고 생각하겠죠. 성욱: 그런데 현실보다 착하게 하려고 해도 성격은 드러나기 때문에 아무리 감추려고 해도 결국 나의 모습은 드러나게 되어 있다고 생각해요. 지영: 그래도 내가 클릭을 해야 사진이나 글이 올라가니까 충분히 감출 수 있을 것 같아요.	‣ 자신의 생각과 근거를 제시하고 이에 대하여 반박하는 과정이 역동적으로 이루어지고 있음
교사: 조금 전에 보는 사람에 따라서 다를 수 있다고 했는데요. 그렇다면 SNS상의 나와 진짜 내가 같은지 다른지를 판단하는 것은 누구여야 할까요? 나일까요? 다른 사람들일까요? 유진: 자기 자신인 것 같아요. 준수: 그러면 실제로는 안 착한데 자기가 착하다고 우기면 어떻게 해요? 지영: 그건 거짓말을 하는 거죠. 준수: 그래도 이게 진짜 나라고 할 수도 있잖아요. **교사: 그럴 수 있겠네요. 그렇다면 어떻게 해야 할까요?**	‣ 질문 유형: 논리적 질문 ‣ 주요 사고기술: 대안 찾기, 반례 들기 ‣ 전제 지적하기 - 교사가 학생들의 답변에 전제되어 있는 진짜 나를 판단하는 것은 나 자신인지 다른 사람인지에 대한 질문을 제기

수업 프로토콜	수업 진행 및 분석
수민: 두 개를 합치면 안 될까요? **교사: 혹시 두 의견을 종합할 수 있는 의견을 누가 말할 수 있을까요?** 유진: 조금 애매한데요. 자기가 판단하지만 다른 사람들의 관점도 좀 고려해야 할 것 같은 데요. 준수: 그러면 결국 자기가 판단하는 것 아닌가요? 유진: 다른 사람들의 인정을 받아야 하는 거죠.	‣ 자기수정적 사고 - 교사의 전제 지적에 대해 변증법적으로 자신의 생각을 수정하여 제시 - 중립적, 애매모호한 관점의 수용
교사: 그렇네요. 진짜 나를 판단하는 기준에 대한 균형이 필요할 것 같아요. 아까 앞에서 SNS는 우리의 일부를 올릴 수밖에 없다고 했는데요. 그렇다면 SNS에 나를 얼마나 담을 수가 있을까요? 유진: 그건 자기가 선택하는 것 같아요. 성욱: 저는 한 80% 정도만 가능할 것 같아요. 왜냐하면 글로는 설명할 수 없는 그런 것들이 있잖아요. 민수: 70%쯤 될 것 같아요. 일상이나 이런 것들을 전부 다 공유는 못 하니까요. 그래도 보여줄 수 있는 것만 보여줘도 그 정도는 되는 것 같아요. 민지: 선생님 그런데 혹시 반대하는 의견은 있어도 돼요?	‣ 질문 유형: 가설적 질문 ‣ 주요 사고기술: 다르게 표현하기, 이유 찾기

수업 프로토콜	수업 진행 및 분석
교사: 그럼요. 당연히 되죠. 듣는 사람이 나의 이야기에 반대해주면 나를 넓혀주니까 너무 좋은 거죠. 어떤 의견인가요? **민지:** 저는 제가 생각하기에 모든 것을 다 공유할 수 있는 건 한 5%밖에 안 된다고 생각해요.	

교사: 모든 것을 공유할 수 있는 사람이 그 정도라는 말이죠? 그렇게 생각하는 이유는 뭘까요?
 	
민지: 네. 정말 친한 사람들이 아니면 모든 것을 공유하기는 어려우니까요.
 	
교사: 맞아요. 실제로 모든 것을 공유할 수 있는 사람은 얼마 되지 않을 수도 있을 것 같아요. 그렇다면 우리는 모든 사람이 볼 수 있는 SNS에 진짜 나를 얼마나 드러낼 수 있을까요?
 	
준석: 저는 100% 가능할 것 같아요. 왜냐하면 자신이 알고 있는 모든 것을 글로 쓰면 되잖아요.
	▸ 오류 지적 하기
	  - SNS에 자신을 얼마나 드러낼 수 있는지가 아니라 얼마나 많은 사람에게 자신의 진짜 모습을 보여줄 수 있는지를 답변하고 있음을 확인
	
	  - 학생의 참여를 격려하기 위해 학생의 의견에서 의미를 탐색하여 정리함

성욱: 저는 생각이 좀 다른데요. 내가 나의 모든 것을 알고 있는 것은 아니잖아요. 내가 잘 모르는 그런 면도 있어서 100%는 불가능할 것 같아요. **우영:** 안다고 해도 그걸 글이나 사진으로 다 표현하기는 어려울 것 같아요. **호중:** 동영상 같은 걸 찍어서 올리면 안 될까요?	▸ 숨은 전제 찾기 - 자신을 100% 드러낼 수 있다는 주장의 전제인 '자신이 자신의 모든 것을 알고 있다'를 찾고 이에 대하여 반박함

수업 프로토콜	수업 진행 및 분석
현수: 그렇게 다 찍어서 올리는 것은 불가능해요. 우영: 그리고 현실에서도 껄끄럽거나 불편한 사람이 있는데 인터넷에서는 그런 게 더 심할 것이라고 생각해요. 인터넷은 아무나 다 들어와서 볼 수 있잖아요.	
교사: 그렇네요. 실제로 나를 다 알기도, 표현하기도 어렵고, 아무나 다 들어올 수 있는 공간인 SNS에 올리기도 쉽지 않겠네요. 그런데 우리는 SNS에 계속 자신을 표현하고 있거든요. 그러면 선생님이 여기서 질문을 하나 해볼게요. SNS에서 나를 표현하는 것의 장단점은 무엇일까요? 성욱: 개인정보 같은 걸 잃을 수 있다고 생각해요. 연수: SNS에서는 관심을 얻을 수 있을 것이라고 생각해요. 지수: 인기라고 생각해요. 민지: SNS를 하면서 댓글들이나 인기로 인해서 자존감이 높아질 수도 있을 것 같아요. 윤수: 저도 어느 유튜브를 보니까 유튜브에 나온 지역이랑 집, 뭐 이런 정보들을 보고 스토킹을 하는 경우도 있다고 했어요. 그러면 사생활 침해도 좀 될 수 있을 것 같아요.	› 질문 유형: 가치부여적 질문 › SNS는 사적 공간인지, 공적 공간인지에 대한 논의

수업 프로토콜	수업 진행 및 분석
우영: 그런데 SNS가 누구나 볼 수 있는 공간이잖아요. 올린 게 잘못 아닐까요? 윤수: 그걸 추적하라고 올린 건 아니니까요. 지영: 그래도 그건 자기가 올린 거잖아요. 성욱: 그걸로 나쁜 짓을 하니까 문제가 되죠. **교사: 그렇네요. SNS가 공적 공간인지, 사적 공간인지도 생각해봐야겠네요. 하지만 더 큰 문제는 개인정보를 악용할 가능성이 있다는 점이겠네요. 또 다른 장점이나 단점에 대한 의견은 없나요?** 준수: 제 생각에는 SNS에서 다 좋은 말만 남기는 사람이 있는 게 아니잖아요. 나쁜 말을 남기는 사람들도 있잖아요. 그것 때문에 자신의 자신감도 잃을 수 있을 것 같아요. 지수: 자신을 꾸며서 인기를 얻을 수도 있을 것 같아요. 그렇지만 자신이 그 모습을 결국 잃어버릴 수도 있겠다고 생각해요. 준석: 만약에 SNS에 게시물을 올려서 반응이 좋으면 보람을 느낄 수 있지만, 반응이 안 좋으면 자신이 공들여서 만든 게시물에 그 게시물을 만드는 데 시간이 걸렸을 거 아니에요. 그 시간을 잃는 것과 마찬가지일 것 같아요.	› 주요 사고기술: 이유 찾기, 예와 반례 들기, 비유하기, 결과 예측하기, 남의 입장에 서보기 › 자기수정적 자세 - 인기를 얻을 수도 있지만 그로 인한 문제점도 인식하고 있음

수업 프로토콜	수업 진행 및 분석
교사: 여러분의 의견을 들으니 SNS를 하면서 우리가 지켜야 할 것들과도 밀접한 관련이 있는 것 같네요. SNS는 실제로 여러분들 삶에 많이 닿아 있는 부분이고, 선생님도 SNS 사용하고 있기 때문에 여러분들이 어떻게 생각하는지 들어보는 것 자체가 굉장히 재밌었던 것 같아요. 그러면 이제 마지막 활동으로 오늘 수업을 통해서 여러분들이 진전된 부분이 있나요? 지난번보다 향상된 부분이 있다면 무엇일까요?	‣ 질문 유형: 미학적 질문 ‣ 주요 사고기술: 비교하기, 가치 고려하기 ‣ 토론 평가하기 - 탐구의 진전과 의미 탐색 - 탐구를 통해 성장한 부분이 있었는지, 자신에게 구체적으로 어떤 의미가 있었는지 공유
영철: 지난번에는 처음이라 어색했는데 두 번째라서 덜 어색한 것 같아요.	
지수: 토론을 하면서 생각이 조금씩 나아지는 것 같았어요.	
유진: 저도 좀 헷갈렸지만, 더 좋은 생각을 하게 된 것 같았어요.	
교사: 지난번 수업보다 덜 어색해지고 생각이 좋아졌다니까 기쁘네요. 혹시 오늘 수업은 여러분에게 어떤 의미를 주었을까요? 여러분의 삶에 어떤 영향을 주었을까요?	
민지: 오늘 SNS에 대해서 이렇게 깊은 대화를 나눠서 생각이 좀 더 깊어지고 SNS에 단점이 아니라 장점도 있다는 것을 알게 되었어요.	
준석: 제가 몰랐던 내용을 새롭게 알게 되어서 지식이 한층 더 쌓여서 기분이 좋아졌어요.	

수업 프로토콜	수업 진행 및 분석
지영: SNS 쪽에 좀 관심이 많았어요. 평소에는 너무 긍정적으로만 SNS를 평가했는데 좀 부정적인 의견도 들어보고 문제점도 들어봐서 좀 더 깊게 생각해본 계기가 된 것 같아요. **교사: 여러분들이 살아가면서 SNS를 안 할 수는 없을 것 같아요. 그래서 오늘 토론을 바탕으로 SNS를 어떻게 사용할지에 대해서 좀 더 고민을 해봤으면 좋겠어요.** **오늘 수업 후 과제는 글쓰기입니다. 글쓰기 주제는 '나는 SNS를 어떻게 사용하고 싶은가'입니다.**	▸심화 표현 활동 – 글쓰기 제시 ▸질문 유형: 실천적 질문

생각 열기

교재 읽기 및 질문 만들기

토론 진행

심화 표현 활동
나는 SNS를 어떻게
사용하고 싶은가?

1 민지의 글

나는 SNS를 사용할 때에는 첫 번째로 나쁜 곳에 이용하지 않을 것이다. 예를 들어 카톡을 이용해 돈을 빼앗는 행동 또는 인스타그램들의 사진들로 그 사람들의 개인정보를 다른 사람들에게 공유하는 것과 같은 행동을 하지 않을 것이다. 이런 행동들이 지속되면 SNS가 나쁜 곳에 이용되는 것이라고 세계에 알려질 것이다. 그러니 절대로 SNS를 나쁜 곳에 이용하면 안 된다.

두 번째 네티켓을 지키는 것이다. 네티켓을 지키지 않으면 SNS를 사용하는 사람들의 기분들이 불쾌해질 수 있기 때문이다. 예를 들어 친구에게 욕설을 한다든지 아니면 나보다 나이가 더 많으신 분들께 존댓말을 안 사용하는 것 등 말이다. 그래서 SNS를 사용할 때에는 나쁜 곳에 이용하지 않기, 그리고 네티켓을 지키는 것을 나는 계속 유지해야겠다.

나는 SNS가 사람들이 소통하는 곳이라고 생각한다. SNS는 모든 사람이 그들의 이름과 얼굴을 숨기고 생활하는 공간이므로 최대한 모든 사람에게 예의를 지키고 생활해야 한다고 생각한다.

하지만 SNS를 사용하면 안 좋은 일도 있다. 예를 들어 각자의 사생활이 보장이 안 되고, 만약 인기가 많아진다면 조용하게 지내고 싶어하는 사람들도 너무 시끄러워서 각자의 자유를 누리지 못한다.

하지만 좋은 점도 있다. 그건 관심이 필요한 사람들에게는 그 사람들이 누리고 싶어하는 관심을 얻을 수 있다. 이러한 이유로 SNS는 좋고 나쁘고를 떠나서 우리에게 더 도움이 되는 수단이 되기를 간절히 소망한다.

심화 표현 활동에 대한 해설 및 성찰

이번 활동의 목적은 SNS에 대한 탐구가 학생들의 삶에 구체적으로 어떤 영향을 주었는 지를 탐구해보는 것이었다. 학생들은 토론을 통해 SNS를 다양한 관점에서 살펴볼 수 있 었다.

탐구는 반드시 하나의 합의된 결론이 나와야 하는 것은 아니다. 실제로 공동체가 하나의 결론을 내렸다고 하더라도 그러한 결론을 받아들이고 실제로 실천하는 것은 개인의 자 율적인 영역에 가깝기 때문이다. SNS를 어떻게 사용할 것인가와 같은 개인적인 영역에 대한 부분은 더욱 그렇다. 탐구를 통해 형성되는 SNS에 대한 다양한 관점들은 탐구 이후 탐구 참여자의 내면에서 정리되고 받아들여진다. '나는 SNS를 어떻게 사용하고 싶은가?' 와 같은 구체적이고 실천적인 질문은 탐구 내용을 정리하고 자신의 SNS 사용지침을 형 성하는 데 도움이 될 수 있을 것이라고 생각하였다.

학생들의 의견을 살펴보면 탐구 과정에서 제시되었던 SNS의 의미와 특징, 장단점들을 적절하게 사용하여 자신의 SNS 사용지침을 정리하고 있다. SNS의 부정적인 점에 대한 언급이 있지만, SNS를 사용하지 않는다고 말하는 경우는 없다. 대부분의 학생은 SNS의 문제점을 인식하고, 이러한 문제를 일으키지 않는 SNS 사용을 다짐하고 있다. 다만 아쉬 웠던 점은 시간이 부족하여 학생들이 생각하는 SNS의 사용 방법이 합당한지에 대한 탐 구까지 확장되지 못했다는 점이다. 각자가 생각하는 SNS의 사용지침을 확인하고 이러 한 지침이 타당한지 탐구가 이루어졌다면 각자의 생각이 가지고 있는 부족한 점을 보충 하는 데 도움이 되었을 것이라고 생각한다.

이번에 내려진 학생들의 결론은 완전한 진리이거나 불변의 지침이 아니다. 이것은 잠정 적인 결론이다. 학생들이 지금 내린 결론은 다른 상황에 닥쳤을 때 문제가 될 수도 있다. 새로운 문제 상황이 생긴다면 문제에 대하여 민감하게 반응하고 문제의 원인을 분석하 고 가설을 설정해야 한다. 그리고 문제해결을 위한 대안을 예측하고 대안을 실행했을 때 예상되는 결과를 추측하는 과정을 거친다. 그 중에서 가장 적절한 결론을 선택하고 자신 의 선택이 적절하였는지 반성적으로 성찰하는 탐구의 과정을 지속적으로 수행하게 된 다. 이러한 지속적인 탐구를 통해 학생들은 끊임없이 변화하는 세상에 유연하고 현명하 게 대처하는 방법을 익히게 될 것이다.

철학적 탐구 연습문제

1. 다음 질문에 답해봅시다.

    1-1. SNS의 프로필 사진을 고르는 기준은 무엇인가요?

    1-2. 만약 SNS의 프로필 사진과 상태메세지가 없다면 어떤 변화가 생길까요? 그 런 상황에서 여러분은 어떤 생각과 느낌이 들까요?

2. 다음 글에 나오는 SNS의 관계는 인간적인 관계라고 할 수 있을까요?

> 랜선 연애라는 말이 있다. SNS를 통해서만 연락하고 현실에서는 만나지 않는 관계이다.

3. 여러분은 SNS에 대한 다음 의견을 어떻게 생각하나요? 그 이유는 무 엇인가요?

생각	○, ×, ?	이유
SNS를 통해 직접 말하기 어려운 내용을 표현할 수 있다.		
직접 만나는 것보다 SNS로 나의 생각과 감정을 표현하는 것이 더 낫다.		
SNS로 다른 사람에 대하여 잘 알 수 있다.		
SNS를 하는 것은 얻는 것보다 잃는 것이 많다.		

4. 사람들이 SNS를 통해 좋은 모습을 보여주려고 하는 이유는 무엇일까요?

5. SNS의 나와 진짜 나는 얼마나 같은지 수직선 위에 표시해보세요. 그 이유는 무엇인가요?

전혀
같지 않음

나와
똑같음

6. 다른 사람의 SNS를 통해서 그 사람을 알고 싶을 때 무엇을 보는 것이 도움이 될까요? 그 이유는 무엇일까요?

7. '청소년의 SNS사용을 제한해야 한다.'는 주장에 대한 여러분의 생각은 어떤가요? 그렇게 생각하는 이유는 무엇인가요? 또 만약 제한해야 한다면 그 기준과 이유는 무엇일까요?

8. 다음 글을 읽고 물음에 답해봅시다.

> SNS는 사적인 공간일까? 공적인 공간일까? 친구 한 명 없는 페이스북에 올리는 글은 사적인 것일까? 누구나 볼 수 있기 때문에 공적인 것일까? 누구나 볼 수 있는 SNS에 글이나 자신의 사진을 올리면서 그곳이 나의 사적인 공간이며 무엇이든 올려도 된다고 생각하는 사람들이 있다. 심지어 자신의 친구들 외에는 보거나 댓글을 다는 것도 안 된다고 생각하기도 한다. 인스타그램에 올린 나의 사진을 누군가가 지켜보는 것을 '스토킹'이라고 말할 수 있을까?

- SNS는 사적인 공간일까요? 공적인 공간일까요? 그 이유는 무엇일까요?

9. 다음 글을 읽고 물음에 답해봅시다.

> '김정은 사망'이라는 오보 사건을 보면 인터넷을 통한 가짜뉴스가 얼마나 빠르게 퍼질 수 있는지 알 수 있다. 미국 CNN이 2020년 4월 북한 소식을 전하는 매체를 인용, 김정은 북한 국무위원장 사망설을 보도하자 다른 매체들이 일제히 받아쓰기 바빴다. 전 세계 유력 언론들이 이 기사를 인용보도 하면서 여론을 몰아갔다.

- SNS를 통해 전달되는 내용이 사실인지 확인하는 방법은 무엇일까요?

'SNS' 관련 철학이론 탐색

🔍 인정투쟁

헤겔(Georg Wilhelm Friedrich Hegel)은 인간의 갈등은 인정받으려는 욕망에서 기인한다고 생각했다. 위르겐 하버마스(Jürgen Habermas)의 뒤를 이은 독일의 비판이론가 악셀 호네트(Axel Honneth)는 이 이론을 발전시켰다. 호네트에게 '인정'은 인간이 자신의 삶을 성공적으로 실현시킬 수 있는 사회적 조건이자 개인들이 자신에 대한 긍정적인 관계, 곧 긍정적 자기의식을 찾아낼 수 있는 심리적 조건이기도 하다. 인정받지 못하는 사람은 특히 사회적으로 '모욕'이나 '무시'를 받을 경우 분노라는 심리적 반작용을 일으키고, 이 분노는 사회적 투쟁에 나서는 심리적 동기가 된다.

🔍 동조

사람은 모두 크고 작은 집단에 소속되어 있다. 집단이나 조직에서 하는 개인의 의사결정은 사실은 거의 모두 집단의사결정이라고 할 수 있다. 이때 조심해야 할 것이 있다. 바로 집단사고이다. 집단사고는 동조 현상이 극단적으로 일어나는 경우를 말한다. 동조 현상은 개인의 자유 선택에 의해서 일어나기도 하고 동조를 할 수

밖에 없는 집단의 분위기 때문에 일어나기도 한다. 개인은 집단에 소속이 되거나 집단에 자신이 노출되는 순간 집단의 의견에 따라 가고자 하는 성향을 지니고 있다. 심리학자 애쉬(Solomon Asch)는 이러한 성향을 확인할 수 있는 선분의 실험을 실시하였다.

🔎 타자의 시선은 감옥이다

사르트르(Sartre)는 희곡 '출구 없는 방'(1944)의 대사를 통해 "지옥, 그것은 타인들이다."라고 말하였다. 이에 대하여 그는 1965년 한 강연에서 "우리는 타인들이 우리를 판단하는 잣대로 우리 자신을 판단한다. 세상에는 수많은 사람이 지옥에서 살고 있는데 그 이유는 그들이 타인들의 판단과 평가에 지나치게 의존하기 때문이다." 라고 말하였다. 사르트르 실존주의 철학에 따르면 이 지옥은 피할 수 없다. 인간은 타인이 있는 한 그 시선과 판단을 받을 수밖에 없고 그걸 의식해 완전히 주체적일 수 없게 되므로, 타인의 존재 자체가 지옥이다.

🔎 중독심리학

중독심리학 분야에서 장기간 임상 경험을 쌓은 심리치료 전문의이자 신경과학자인 저드슨 브루어(Judson Brewer)는 자신의 일상을 끊임없이 SNS에 올리고, '좋아요'에 집착하는 현대인들의 심리에 관해 계기 - 행동 - 보상 그리고 반복으로 이어지는 행동심리학의 대가 스키너(B. F. Skinner)의 '보상에 의한 학습' 이론이 적용된다고 설명한다. 그 과정을 살펴보면, SNS에 새로운 사진을 올리고 싶은 마음이 생기는 계기가 있을 때마다 사진을 올리는 행동을 했더니 '좋아요'를 받는 보상을 얻게 된 것이다. 이때 주목할 점은 '좋아요'를 받는 보상이 어떤 의미인가 하는 것이다.

🔍 허영

파스칼(Pascal)은 인간이라면 심정과 이성이라는 두 가지 마음이 계기를 가지고 있다고 이야기한다. 인간은 허영을 가진 심정적 존재이기에 자기 자신을 사랑한다고 보았다. 그리고 자신을 사랑하는 사람은 반드시 타인도 자신을 사랑해주기를 바란다고 하였다. 우리는 남들의 시선과 존경을 받으려는 욕망을 쉽게 포기하지 않으려는 것이다. 바로 여기에서 인간적인, 너무나 인간적인 허영이 우리 내면에 뿌리를 내리게 된다. 그는 《팡세》에서 허영은 사람의 마음속에 너무도 뿌리 깊이 박혀 있는 것이라서 모든 사람이 이것을 원한다고 보았다. 자신의 글을 반박하는 사람도, 읽는 사람도, 글을 쓰는 자기 자신도 아마 그런 바람을 가지고 있을 것이라고 보았던 것이다.

'SNS' 관련 참고자료들

제목	분야
1. 《누가 나르시시스트일까?》(피에르 페주 저/ 알프레드 그림/ 이수진 역/ 돌배나무/ 2020)	인문

스마트폰이 대중화되면서 현대사회의 셀카와 SNS 열풍은 이제 전 세계적인 현상이 되었다. 셀카에 중독된 사람들은 새로운 종류의 나르시시스트일까? 온라인 공간에 사진들이 넘쳐 나는 동안 새로운 문제들도 생겨났다. 사진 속 모습을 진정한 자신이라고 생각하고, 겉모습만 강조된 사진으로 나를 드러낼 수 있다고 믿는 것이다. 《누가 나르시시스트일까?》는 나르시시즘을 철학적으로 풀어낸 책으로, 현대사회의 셀카 열풍으로 시작한다. 나르시시즘을 이해할 수 있도록 영화를 비롯해 소설《도리언 그레이의 초상》과 《백설공주》등 청소년들에게도 친숙한 작품과 나르키소스 신화를 자세히 분석하고 나르키소스 신화가 철학자들과 심리학자들의 관심을 받게 된 이유에 대해서 알아본다.

제목	분야
2. 《뉴로맨서》(윌리엄 깁슨 저/ 김창규 역/ 황금가지/ 2005)	문학

1984년 미국의 윌리엄 깁슨이 발표한 소설의 제목이다. 깁슨은 이 소설에서 사람의 두뇌와 컴퓨터 통신망을 연결하여 형성되는 가상의 공간을 사이버 스페이스라고 명명했다. 즉 소설의 주인공들은 신체의 각 부분을 로봇의 부속품처럼 마음대로 교환할 수 있으며, 자신의 두뇌에 이식된 소켓에 전극을 꽂으면 사이버 스페이스에 들어간다는 것이다. 윌리엄 깁슨은 '현실과 가상 세계 사이의 구별이 더 이상 존재하지 않는다면 현실이란 도대체 어떻게 이해될 수 있는가?'라는 질문을 던진다.

제목	분야
3. 《#좋아요의 맛》(미나 뤼스타 저/ 손화수 역/ 푸른숲주니어/ 2020)	문학

《#좋아요의 맛》은 자신을 세상에서 가장 평범하고 재미없는 사람이라고 여기는 주인공 마리에가 얼결에 유튜브를 시작하면서 벌어지는 일들을 담고 있다. 생각지도 못한 인기와 유명세로 난생처음 타인의 관심을 얻게 된 마리에, 그 과정에서 얻게 되는 것과 잃게 되는 것은 무엇일까? 겉으로 보여지는 것을 신경 쓰면서 진정한 자신을 점점 더 감추게 되는 요즘, 우리의 모습을 여러모로 돌아보게 하는 작품이다.

4. 〈VR휴먼다큐멘터리 너를 만났다 시즌 1〉(MBC/ 2020)	영상

2020년 2월 6일에 방영된 MBC 다큐멘터리이다. MBC스페셜 시리즈의 한 에피소드이나 실제 방송은 특집 VR휴먼다큐멘터리로 방영되었다. 2016년, 혈구탐식성 림프조직구증으로 향년 7세에 안타깝게 세상을 떠난 강나연 양과 어머니 장지성 씨가 가상현실 세계에서 만나기까지의 이야기를 담고 있다. VR 기술을 통해 사별한 이를 다시 만나는 이런 시도는 그만한 윤리적인 문제를 동반하기 마련이다. 그래서 중요한 건 기술 자체가 아니라, 그 기술이 무엇을 지향하느냐일 것이다.

5. 〈그녀〉(스파이크 존즈 감독/ 안나푸르나픽쳐스/ 2014)	영화

'테오도르'(호아킨 피닉스)는 다른 사람들의 편지를 대신 써주는 대필 작가로, 아내(루나 마라)와 별거 중이다. 타인의 마음을 전해주는 일을 하고 있지만, 정작 자신은 너무 외롭고 공허한 삶을 살고 있다. 그러던 어느 날, 스스로 생각하고 느끼는 인공 지능 운영체제인 '사만다'(스칼렛 요한슨)를 만나게 된다. 자신의 말에 귀 기울이고, 이해해주는 '사만다'로 인해 조금씩 행복을 되찾기 시작한 '테오도르'는 점점 그녀에게 사랑을 느끼게 된다.

공부

핵심질문

"사회생활에서 공부보다
인성이 먼저일까?"

교사ㅡ 공부가 중요하다는 친구가 조금 더 많고 인성이 중요하다는 친구도 있네요. 그렇다면 공부와 인성은 어떤 관계일까요?

저는 인성과 공부를 꼭 하나만 선택해야 하는 것은 아니라고 생각해요. 공부도 잘하고 인성도 좋아야 하는 것 아닐까요? ㅡ민지

이제는 둘 다 잘해야 하는 것 같아요. 사회 생활할 때 실력도 중요하지만 같이 일하는 사람이 성격이 나쁘면 함께하고 싶지 않을 것 같아요. ㅡ규민

저는 인성이 조금 더 중요한 것 같아요. 공부 같은건 회사나 학교에서만 필요하잖아요. 그런데 인성은 회사나 학교에서도 필요하지만 일상 생활에서도 필요한 것 같아요. ㅡ성욱

수업 기획안

관련 교과	도덕, 실과, 진로	핵심개념	공부, 진로, 인성, 삶의 목표
차시	2차시	수업 자료	철학 에피소드(교사 작성)

• **핵심질문(교사의 의도)**

① 공부는 무엇일까?
② 우리가 공부하는 이유는 무엇일까?
③ 공부를 하기 싫어하는 이유는 무엇일까?
④ 공부를 하면 잘 살 수 있을까?
⑤ 공부를 잘하기 위해서는 어떻게 해야 할까?
⑥ 만약 이 세상에 공부가 없다면 어떻게 될까?

중심 사고기술	관련짓기, 이유찾기

• **수업 의도 (수업 전 기획 의도)**

이 수업의 핵심주제는 '공부'이다. 학생들은 학교에서 공부를 한다. 그리고 좋은 점수를 받아서 상급학교에 진학하고, 좋은 직장을 얻고, 안정된 생활을 하기를 희망한다. 대개의 경우 공부는 삶을 살아가기 위한 수단에 지나지 않는다. 수단이 된 공부는 목적을 달성한 순간부터 의미가 없다. 상급학교에 진학하고, 자신이 원하는 직장에 취직하게 되면 더이상 공부할 필요가 없어지는 것이다.

점수로 '한 줄 세우기'하는 학교에서 학생들은 다른 친구들보다 더 높은 점수와 등급을 얻기 위해 경쟁하게 된다. 좋은 점수를 얻기 위해 공부에만 매진했지만, 원하는 성적이 나오지 않아 좌절하는 학생들에게 공부는 어떤 의미일까?

공부는 지식을 배우고 좋은 점수를 받는 것만을 의미하지 않는다. 공부는 지식을 쌓는 것과 더불어 삶을 음미하고 즐기는 방법을 배우는 것이기도 하다. 또한 자신과 세상에 대한 폭넓은 시야를 갖게 하고 인격적으로 성장해나가는 방법이기도 하다.

그래서 필자는 학생들과의 수업을 위한 텍스트를 쓸 때 좋은 점수를 얻기 위한 공부와 인격적인 특성을 강조하는 인성을 대비시키기 위해 노력하였다. 그것은 공부의 범위와 목적과 관련된다. 학생들이 살아갈 미래사회에서 요구하는 것은 단순히 많은 지식을 아는 것이 아니기 때문이다. 학생들이 미래사회에서 성공적으로 적응하기 위해 필요한 것이 단순한 지식이 아니라면 공부의 목적과 내용도 달라진다.

괴테와 괴벨스 모두 천재적인 언어지능을 가졌지만, 그 재능을 어떤 방향으로 사용하였는지에 따라 서로 완전히 다른 길을 걸었다. 괴테는 위대한 문학가의 삶을 살았지만, 괴벨스는 나치 치하의 광신적 선동가의 삶을 살았다. 즉 더 나은 삶을 위한 공부는 단순히 재능을 향상시키는 것에 그치지 않는다. 삶의 이유는 무엇인지, 행복이란 무엇인지와 같은 삶의 근본적인 의미를 탐색하고 인격을 함양하는 것은 좋은 삶을 위한 필연적인 공부인 것이다.

공부와 관련된 문제는 '나는 어떻게 살아야 하는가'라는 질문과 연결된다. 공부가 삶의 목적이나 수단과 관계된 것이기 때문이다. 공부는 그러한 바람직한 삶의 방향이 무엇인지 검토하게 해준다. 그리고 공부를 통해 삶의 방향을 실천하는 방법을 배우고 익히게 된다. 학생들은 공부에 대한 토론을 통해 자신은 어떤 삶을 살아야 하는지 그러한 삶을 추구하는 자세는 어떠해야 하는지에 대하여 고민하게 될 것이다.

✏️ 인성 공부

교실 안이 시끌시끌하다. 영어 시간 역할극 연습을 하는 아이들이 교실 앞쪽에 몰려있다. 갑자기 쾅 하는 소리가 났다. 칠판 앞에 놓인 손 소독 기계가 바닥으로 쓰러지면서 난 소리였다. 순간 교실에 정적이 흘렀다. 잠시 뒤 교탁 쪽에 서 있던 정국이가 말했다.

> 정국: 야, 누가 그랬냐?
> 호석: 방금 석진이가 손 소독하고 간 것 같은데.

호석이가 교실 뒤쪽에 있는 석진이를 가리키며 말했다.

> 석진: 뭐야, 네가 봤어? 내가 쓰러뜨리는 것 봤냐고?

쓰러진 손 소독 기계에서 액체가 흘러나오고 있었다. 뒤에 있던 아이들도 교실 앞쪽으로 몰려들었다. 쓰러진 기계 앞에 바리케이드가 쳐진 것처럼 아이들 모두 기계와 일정한 거리를 두고 나란히 서 있었다. 멀뚱하게 지켜보고만 있는 아이들 사이를 비집고 지민이가 기계 앞으로 다가가며 말했다.

지민: 야, 지금 누가 했는지가 뭐가 중요해. 좀 치우자. 바닥에 소독
　　　제 다 쏟아지잖아.
영어선생님: 어머나, 지민이는 도덕적 문제해결 능력이 참 좋구나.
　　　　　　멋진 걸.

처음부터 이 상황을 지켜보던 영어선생님께서 아이들 앞으로 걸
어오시며 침착한 어조로 말했다. 그러면서 다소 연극적인 어투로
덧붙였다.

영어선생님: 지민이가 영어 실력은 아직 좀 부족한데, 인성 실력은
　　　　　　꽤 높은 것 같네. 앞으로는 인성이 중요한 시대라는데
　　　　　　우리 지민을 위한 시대인가?

선생님 말씀이 끝나자 주변에 있던 호석이가 기계를 일으켜 세우
고 있는 지민을 도와주었고, 달리기를 잘하는 정국이가 재빨리 휴
지를 가지고 와 바닥에 흥건한 소독제를 닦기 시작했다. 그러자
몇몇 아이들도 무언가를 해보려고 기계 앞으로 다가왔다.

영어선생님: 기업에서 인성을 왜 중요하게 생각하는지 알겠네요.

선생님이 무언가를 크게 깨달은 사람처럼 고개를 깊게 끄덕이며

말했다. 혼자 자리로 돌아가 앉아 있던 석진이는 못마땅한 얼굴로 선생님을 바라보며 속으로 생각했다.

> 석진: 쳇, 인성이 뭐가 그리 대단한 건데? 인성 실력은 또 무슨 말이
> 야? 공부 못하는 지민이가 뭐 서울대라도 갈 수 있다는 건가?

💡 **핵심질문** ···

·공부가 중요할까? 인성이 중요할까?
·미래사회에서 요구하는 역량은 무엇일까?

···

선생님은 석진이의 속마음을 아셨는지 반을 나가시며 석진이 쪽을 향해 말을 했다.

> 영어선생님: 여러분, 오늘 지민이와 다른 친구들 행동을 보고 각자
> 배운 것이 있을 거예요. 아주 좋은 공부를 한 거예요.
> 오늘 있었던 일을 잘 생각해보고 일기에 꼭 써보세요.
> 공부는 배운 것을 잘 익혀야만 내 것이 된다는 것 알
> 죠? 안녕, 다음 시간에 만나요. Bye, everyone.

지민이와 정국이, 호석이가 평소보다 큰소리로 인사를 했다.

지민, 정국, 호석: Bye, teacher!

석진이는 재빨리 짐을 싸 학원에 갈 준비를 했다. 정국이가 교실 뒷문을 나가는 석진이를 향해 말했다.

정국: 석진아, 나 호석이랑 지민이랑 남아서 농구 할 건데 같이하자.

석진: 나 학원 가야 해.

정국: 야, 너 아까 호석이랑 싸워서 그러냐? 아직 학원 갈 시간 아니잖아?

석진: 아니거든. 나 농구 싫어하는 거 알잖아. 학원 가서 숙제해야 해.

정국: 너는 맨날 숙제 타령이냐. 인성이 좋아야 한다잖아. 지민이한테 좀 배워. 운동도 하고 인성도 배우고. 일거양득 아니냐?

호석이와 지민이가 가방을 싸서 정국이 쪽으로 걸어왔다. 호석이가 정국이 등을 밀며 말했다.

호석: 야, 너희들 안 나가고 뭐 해?

정국: 그게 말이야. 석진이가 또 공부 타령해서 내가 가르침 좀 주는 중이지.

정국이가 마치 영어선생님 흉내를 내려는 듯이 평소와 달리 차분한 목소리로 말했다.

> 호석: 어쭈, 선생님 같은데? 우리한테도 좀 가르쳐줘 봐.

호석이가 재미난 구경거리를 만난 듯 들뜬 목소리로 정국을 부추겼다.

> 정국: 좋았어. 국·영·수 공부가 인성을 키워주는 건 아니거든. 지
> 민이를 봐. 공부는 좀 못해도….

호석이 말을 끊고 석진이가 짜증 섞인 목소리로 말했다.

> 석진: 야, 너희들끼리 인성 공부 실컷 해라. 운동도 못하고 인성도 나
> 쁜 나는 국·영·수 공부하러 가련다.

💡핵심질문

- 인성은 배울 수 있는 것인가?
- 공부를 하면 잘 살 수 있을까?

지민이는 친구들과 농구를 마치고 집으로 돌아갔다. 가는 내내 마음이 무거웠다. 석진이가 본인 때문에 곤란해진 것이 아닌가 하는

생각도 들고, 괜히 친구들 앞에 나선 것처럼 보인 것 같아 마음이 쓰였다. 집에 돌아가는 내내 복잡한 마음을 떨칠 수가 없었다. 평소와 다르게 어두워 보이는 지민이를 보며 지민이 엄마가 조심스레 말을 걸었다.

지민 엄마: 오늘 늦었네, 지민아. 친구들이랑 놀다가 왔니?

지민: 네.

지민 엄마: 또 농구 한 거야? 오늘은 꽤 세게 했나 보다. 힘들어 보이는데? 아니면 게임에 진 거야? 아니지, 우리 아들은 이기고 지는 거에 신경 쓰지 않는 멋진 선수지.

지민: 엄마, 제가 멋져요? 공부도 못하는데요?

지민 엄마: 지민아, 너답지 않게 왜 자신을 낮추는 말을 하니?

지민: 똑똑하지는 않잖아요. 모르겠어요. 그냥 멋지다, 인성이 좋다 이런 말이 부담스러워요.

평소에 볼 수 없었던 지민의 혼란스러워하는 표정에 엄마는 짐짓 놀랐지만 태연한 척 말을 받았다.

지민 엄마: 아하, 우리 지민이가 이제 좀 공부를 시작하려나 본데?

지민: 그게 아니고요. 사실은 진짜 제가 멋진 것인지, 인성이 좋다는 것이 무슨 의미인지 알고 싶어요.

지민 엄마: 그래? 그럼 먼저 아까 네가 했던 말에서부터 시작해볼까? 공부를 못하면 멋진 것은 아니라고 생각하니?

지민: 음. 글쎄요. 공부를 잘하는 것은 확실히 멋있는 것 같기는 해요. 석진이는 벌써 중학교 수학까지 다 알아요. 아이들이 공붓벌레라고 놀리지만 속으로는 다들 부러울 거예요.

지민 엄마: 그렇구나. 석진이가 수학을 잘하는 모습이 멋있다고 생각하는구나. 그러면 수학을 잘한다는 기준을 좀 더 자세히 말해 줄 수 있니?

지민: 그러니깐 수학 점수가 높고 남들보다 많이 알고 있어요. 문제를 잘 풀어요.

지민 엄마: 그래, 확실히 네가 말해 준 기준을 들으니 잘한다는 것이 무슨 의미인지 이해가 잘 되는구나. 고마워.

잠시 두 사람 사이에 침묵이 흘렀다. 지민이는 이제 본인의 수학 실력이 대화의 중심이 될 거라는 예상을 하고 있었다.

지민 엄마: 그런데 엄마는 네가 말한 기준이라면 우리 지민이가 수학을 잘하지 못해도 괜찮을 것 같구나.

지민이는 엄마의 의외의 말에 놀라 고개를 들어 엄마를 빤히 쳐다보았다.

지민: 그게 무슨 말씀이세요?

지민 엄마: 엄마는 점수에 신경 쓰고 남들과 비교하는 공부는 반대야. 게다가 수학은 문제를 푸는 것보다 더 중요한 것이 있다고 생각해. 모든 공부가 그렇지.

지민: 엄마가 늘 제 수학 점수에 별 관심이 없으셨던 이유를 이제야 알겠네요.

지민 엄마: 그래? 그래도 엄마는 우리 지민이가 즐겁게 수학 공부하는 방법에는 관심 많아. 아직 찾지를 못해서 문제기는 하지만.

지민: 네, 엄마가 찾는 것보다 제가 찾는 게 빠를지도 모르겠어요. 공부는 제가 하는 거니까요.

지민 엄마: 그럴 수도 있겠구나. 석진이는 수학을 좋아하겠지?

지민: 그건 아닌 것 같더라고요. 언젠가 석진이가 공부는 다 싫다고 말하는 거를 얼핏 들은 거 같아요.

지민 엄마: 공부를 잘하는데도 공부를 싫어한다니, 이유가 궁금하네. 그러면 너희 반 친구 중에 공부를 잘하지 못해도 공부를 좋아하는 애가 있니?

지민: 음, 윤기가 그런 것 같아요.

지민 엄마: 어떤 면에서 그렇게 생각하니?

지민: 일단 윤기는 수업 중에 엄청나게 질문해요. 가끔 애들이 잘난 척한다고 짜증 내기도 하는데요. 윤기는 신경 안 써요.

지민 엄마: 아이고, 윤기가 성격이 좋은 것 같구나. 지민이는 질문이 많다는 건 공부를 좋아하는 사람의 특징이라고 생각하는구나.

지민: 네. 궁금한 것이 많다는 것은 알고 싶은 것이 많다는 것이니까요.

지민 엄마: 그럼 공부를 좋아하는 것하고 잘하는 것하고는 어떤 차이가 있을까?

초인종이 울려 두 사람의 대화는 중단되었다.

💡 **핵심질문** ···

· 공부는 무엇일까?
· 공부를 좋아하는 것과 잘하는 것은 다른 것일까?
· 질문과 공부는 어떤 관계가 있을까?
· 공부를 잘하기 위해서는 어떻게 해야 할까?
· 공부를 잘한다는 것은 어떤 의미일까?

···

석진 엄마: 네? 석진이가 오늘 학원에 안 왔다고요? 그럴 리가 없는데. 석진이한테서 아무 연락을 못 받았어요. 어머나 석진이 지금 집에 왔나 봐요. 네네, 전화를 드릴게요.

석진이 엄마는 방으로 들어가는 석진이를 다급하게 불러 세웠다. 하지만 석진이는 엄마의 질문이 들리지 않는 듯이 자기 방으로 빠르게 걸어 들어갔다. 엄마도 재빠르게 석진이를 뒤따라 들어가며 전보다 더 큰 목소리로 따져 물었다.

> 석진 엄마: 석진이 너 어떻게 된 거니? 학원은 왜 안 간 거야?
>
> 석진: 엄마 저 이제 학원 안 다닐 거예요. 애들하고 농구도 하고 태형이 처럼 연기학원에도 다녀보고 싶어요.
>
> 석진 엄마: 그게 무슨 말이니? 태형이야 재능이 있지만, 넌 아니잖 아. 지난번에 끝낸 얘긴데 왜 또 그러니? 그러게, 태형이 랑 가까이 지내지 말라고 했잖아.
>
> 석진: 엄마는 제가 서울대 가는 것이 행복이겠지만, 제 행복은 아니라 고요.
>
> 석진 엄마: 너 남준이 형처럼 서울대 가고 싶다고 했잖아. 그러려면 지금은 공부를 열심히 해야 하지 않겠니?
>
> 석진: 모르겠어요. 서울대에 왜 가고 싶은지 지금은 모르겠다고요.

엄마는 석진이에게 어떤 말을 해줘야 할지 머릿속이 복잡해졌다.

💡 **핵심질문** ···

· 우리가 공부하는 이유는 무엇일까?
· 공부가 하기 싫은 이유는 무엇일까?

··

수업 진행 개요

생각 열기	공부에 대한 주제로 삶 나누기

	철학 에피소드 읽기	〈인성 공부〉 철학 에피소드를 돌아가면서 소리 내어 읽기
탐구활동	질문 만들기	개인 질문 만들기 → 모둠 질문 선정 → 전체 질문 선정 전체 질문: 사회생활에서 공부보다 인성이 먼저일까?
	토론하기	**연속 질문 절차** 논리적 질문 / 왜 선생님은 사회생활에서 공부보다 인성이 먼저라고 했을까? / 비판적 사고 ↓ 가치부여적 질문 / 인성과 공부 중에서 어떤 것이 더 중요한가? / 비판적 사고 배려적 사고 ↓ 가설적 질문 / 공부와 인성은 어떤 관계일까? / 비판적 사고 창의적 사고 ↓ 논리적 질문 / 공부를 하는 이유는 무엇일까? / 비판적 사고 ↓ 상상적 질문 철학적 질문 / 공부는 끝이 있을까? / 다차원적 사고
	토론 평가하기	- 오늘 토론에 잘 경청하고 열심히 참여했나요? - 기억에 남는 인상적인 부분이나 의미 있었던 부분이 있나요? - 토론에 진전이 있었다고 생각하나요? - 오늘 토론을 통해 생각이 성장했나요?
	심화 표현 활동	오늘 토론을 통해 깨달은 공부의 의미를 다른 대상에 빗대어 표현해보기 주제: 공부란 OO이다.

교사 지금부터 '삶 나누기'를 할 거예요. 쉽게 설명하면 근황 토
크 같은 것인데요. 최근에 자신에게 있었던 이야기를 솔직
하게 말하는 것이에요. 오늘의 주제는 공부이니 공부와 관
련된 여러분의 삶을 나눠주면 좋을 것 같아요.

성욱 저는 수학을 좋아하는데요. 어려운 문제를 엄청 많은 시간
을 들여서 딱 풀었을 때 즐거웠던 것 같아요.

교사 그렇네요. 다른 친구들은 공부와 관련된 어떤 경험이 있나
요? 수민이는 어때요?

수민 저는 게임을 좋아해요. 닌텐도 스위치 같은 게임을 좋아하
는데요. 공부를 3시간 하면 게임을 할 수 있거든요. 그래서
공부를 열심히 하고 딱 게임을 했을 때 그 기분이 엄청 즐겁
고요. 게임이 재미있어서 제가 좋아하기도 해요.

연수 선생님께서 음악 시간에 칼림바를 다 나눠주셔서 배우고 있어

요. 그렇게 잘하는 편은 아니지만, 노력하고 있어요.

준석 저는 우쿠렐레를 좋아하고 요즘 치고 있어요. 예전에 엄마가 배우시길래 재밌을 것 같아서 돌봄교실 같은 데서 해봤는데 계속 치고 있어요. 처음엔 좀 어려워서 안 하려 했다가 애들이 하길래 따라하다 보니 점점 좋아졌어요.

교사 꾸준히 노력해 어려운 단계를 지나 좋아하는 단계로 갔군요.

생각 열기 활동에 대한 해설 및 성찰

'삶 나누기'는 최근 자신의 삶에서 다른 사람에게 드러낼 만한 경험을 탐색하고 이를 편안한 분위기에서 솔직하게 말하는 것이다. 평소에 학생들은 자신의 삶에 대하여 별다른 성찰 없이 살아간다. 자기 삶의 어떤 경험을 다른 사람과 나누어야 한다는 과제를 제시받았을 때, 학생들은 흘러가던 자신의 삶을 잠시 멈추고 성찰하기 시작한다. 학생들은 반성적 사고를 통해 자신의 삶에 의미를 부여하게 되는 것이다. 짧은 시간이었지만 학생들은 평소에 막연하게 생각하던 공부에 대한 인식을 멈추고 자신의 삶 속에서 구체적으로 어떤 공부를 하고 있었는지 고민하고 있다. 학생들은 처음에는 학교에서 배우는 지식의 습득 수준에서 공부의 의미를 형성하고 있었다. 하지만 다른 친구들과 삶을 공유하는 과정을 통해 공부의 범위가 점차적으로 확대되고 자신의 삶과 가까워지고 있었다. 학생들의 발언에 담겨 있는 공부의 의미를 탐색하는 가운데 공자가 논어에서 언급하였던 것처럼 아는 것, 좋아하는 것, 즐기는 것 등으로 공부를 구별해볼 수도 있었을 것이다. 그리고 이러한 활동을 통해 배움에는 수준이 있는지를 탐구한다면 좋은 철학적 탐구가 될 수 있으리라 생각한다.

교사 이제부터 우리는 한 명씩 돌아가며 철학 에피소드를 함께 읽어볼 거예요. 지목된 사람은 각자 읽고 싶은 만큼 읽고 나서, 다음에 읽을 친구를 지목하면 되는 거예요. 그럼 선생님부터 읽어보겠습니다.

[아이들이 돌아가면서 소리 내어 교재를 읽는다]

교사 혹시 소설을 읽으면서 어려웠던 단어나 문장, 이해가 안 되는 내용이 있으면 질문해볼까요? 어려운 단어가 없었다면 선생님이 질문할게요. 이야기에서 몇 가지 중요한 사건들이 있었던 것 같아요. 이야기를 읽고 나서 어떤 단어가 떠올랐나요?

성욱 인성이요.

유진 손소독제 사건에서 지민이가 아무도 하지 않는 일을 하니까 봉사 정신.

연수 공부요. 지민이가 엄마와 대화할 때 공부 고민을 좀 하는 것 같았어요.

교사 지민이는 공부와 관련해서 어떤 고민을 하고 있었나요?

연수 공부를 잘하는 것과 좋아하는 것의 기준에 대해서 이야기 했던 것 같아요.

교사 그렇네요. 여러분이 말했던 것들이 소설에서 중점적으로 다뤄지고 있었던 것 같아요. 더 이상 질문이 없으면 지금부터 10분 정도 시간을 줄 거예요. 각자 노트에 철학 에피소드를 읽고 생각나는 궁금한 점을 질문으로 만들어보는 거예요. 그리고 그 밑에는 자신이 그 질문을 하게 된 이유를 적어보는 겁니다. 자, 시작해볼까요?

교사 여러분 각자 질문을 다 만들고 나면 모둠 토론을 진행할 거예요. 모둠원끼리 각자 만든 질문들을 공유하고 난 후에 가장 탐구하고 싶은 질문을 선택하면 됩니다. 만약 필요하다면 질문을 합치거나, 새로운 질문을 만들어도 좋습니다. 그런데 질문 옆에는 질문을 만든 사람의 이름도 꼭 적어주세요.

·학생들이 만든 질문들

질문 1	인성이 나쁘지만 공부를 잘해 좋은 대학에 가면 그 사람은 진정한 행복을 찾은 것일까?	질문자
		호중, 윤수
질문 이유	제 질문은 인생에서 인성과 공부 중에 무엇이 더 중요할까이고 윤수 친구의 질문은 진정한 행복은 좋은 대학에 가는 것일까인데, 저희 둘이 다 좋은 질문을 만든 것 같아서 질문을 합쳐서 인성이 나쁘지만 공부를 잘해 좋은 대학에 가면 그 사람은 진정한 행복을 찾은 것일까를 만들었습니다.	

질문 2	공부를 싫어해도 잘할 수 있을까? 있다면 그 방법은?	질문자
		현수, 지수, 유진
질문 이유	우리 팀에서는 팀원이 3명이어서 의견이 3개가 나왔는데 유진이 질문은 공부가 싫어도 잘할 수 있는 방법이 무엇일까였고 제 질문도 그것과 비슷해서 공부가 싫어도 잘할 수 있을까와 그 방법을 주제로 했고요. 우리가 '공부를 싫어하면 좀 못할 수 있다'라고 생각할 수도 있는데 이런 것들을 좀 잘 극복해서 공부를 잘하는 방법을 함께 얘기 나누고 싶어서 질문을 만들어 보았습니다.	

질문 3	사회생활에서 공부보다 인성이 먼저일까?	질문자
		우영
질문 이유	많은 의견들이 있었는데 그중 다수결로 하나를 골라서 적은 게 이 의견이었습니다.	

질문 4	석진이가 학원을 끊고 싶어하는 이유는?	질문자
		지수, 성욱
질문 이유	제 질문은 석진이가 학원을 끊고 싶어 하는 이유였고, 성욱이는 지민이가 왜 자신이 손소독제를 흘리지 않았는데 치웠을까였는데 성욱이와 지민이의 행동에 대해서 이야기를 나누면서 질문에 대한 궁금증이 조금 해결되어 제 질문으로 했습니다.	

질문 5	공부를 잘하는 기준은 무엇이고 공부를 잘하는 것과 좋아하는 것에는 어떠한 차이가 있을까?	질문자
		준수, 민지
질문 이유	저는 제가 만든 질문이 공부를 잘하는 것과 좋아하는 것은 어떤 차이가 있을까였고, 민지 학생이 생각한 질문은 공부를 잘하는 기준이 뭔지 궁금하다였는데, 두 개를 합쳐서 질문을 새로 만들어보았습니다.	

교사 각 모둠에서 나온 질문들이에요(209~210쪽 참조). 이 질문들 중에 혹시 이해가 안 되는 질문이 있나요?

교사 질문이 없다면 전체 토론질문의 순서를 정할 거예요. 각자 자신이 토론하고 싶은 질문에 손을 드는 거예요. 2가지 질문을 선택하면 됩니다.

전체 토론질문 | "사회생활에서 공부보다 인성이 먼저일까?"

교재 읽기 및 질문 만들기에 대한 해설 및 성찰

철학적 탐구공동체에서 일반적으로 학생들은 교재를 읽고 질문을 만드는 활동을 한다. 교재에 담긴 여러 가지 사고를 따라가면서 발생하는 인지적 불균형을 해소하기 위해 질문을 하는 것이다. 그런데 이러한 질문이 교사의 의도와는 전혀 다른 방향으로 흘러간다면 어떻게 해야 할까? 또는 질문의 수준을 높이려면 어떻게 해야 할까?

필자는 이러한 문제에 대한 대안으로 교재에 대한 이해 단계를 새롭게 설정하였다. 교재에 대한 이해는 질문을 만들기 전에 이루어지게 된다. 이 단계가 지나치게 길어지면 학생들은 교재에서 느낀 열정과 호기심을 상실하게 된다. 그래서 교재에서 인상적으로 느껴지는 단어와 그 이유를 듣는 정도로 간단하게 교재의 내용을 정리해보았다. 학생들은 인성과 공부의 관계, 공부를 잘하는 것의 기준 등 교사가 사전에 생각해두었던 여러 가지 철학적 질문들을 발견하였다. 그리고 발표를 통해 이러한 부분이 있음을 공유하였다. 이 과정에서 학생들은 자연스럽게 교사가 설정해둔 문제의식에 직면하게 된다. 교사가 특정한 문제의식을 제시하기보다는 여러 가지 문제들을 함께 확인하는 과정에서 교사가 의도했던 질문들이 조명될 수 있는 것이다.

그리고 학생들이 교재에 담겨 있는 의미를 보다 다양한 관점에서 파악하고 이해할 수 있으므로 이를 통해 질문의 수준이 좀 더 나아질 수 있다. 다만 이러한 과정이 지나치게 되면 탐구가 형식적으로 변할 수도 있기에 운영하는 과정에서 세심한 주의가 필요하다.

위에서 학생들이 모둠 질문으로 뽑은 질문 중에서 한 가지를 선택하여 철학적 의미를 살펴보자.

공부를 잘하는 것과 즐기는 것에는 어떤 차이가 있을까?

→ 이 질문의 핵심은 공부에 단계가 있는가에 대한 것이다. 잘하는 것과 즐기는 것에는 어떤 관계가 있을까? 잘하기 때문에 즐거운 것일까? 즐기기 때문에 잘하게 되는 것일까? 공부를 즐기기 위해서는 어떻게 해야 하며, 잘하기 위해서는 어떻게 해야 하는 것일까? 이에 대해 공자는 '아는 사람은 그것을 좋아하는 사람만 못하고, 좋아하는 사람은 즐기는 사람만 못하다'라고 이야기하였다. 이는 배움의 경지를 세 단계로 나누어 설명한 것이다. 우리는 이러한 경지를 어떻게 받아들여야 할까?

사회생활에서 공부보다
인성이 먼저일까?

수업 프로토콜	수업 진행 및 분석
교사: 함께 읽은 철학 에피소드에서 선생님이 사회생활에서 인성이 공부보다 먼저라고 하셨죠. 여러분들은 그 생각에 동의할 수 있나요?	‣ 질문에 대한 일차적인 자신의 생각을 편안하게 표현할 수 있는 분위기 조성 ‣ **질문 유형: 논리적 질문**
호중: 자기보다 나이가 많거나 높은 지위를 가진 분들에게는 공부를 잘한다고 잘난 척하는 것보다는 예의 바르게 행동하는 것이 공동체 생활에서 더 알맞다고 생각해요. 유진: 제 생각에도 사회생활에서 인성이 중요한 것 같아요. 똑똑한 사람이 돼서 CEO가 되거나 성공을 한 사람이라도 갑질로 논란이 되면 나락으로 떨어질 수 있기 때문이에요. **교사: 그럴 수 있겠네요. 혹시 예를 들어볼 수 있을까요?** 유진: 갑질 논란을 세상 사람들이 알게 되면 회사 매출이 떨어지고 그 사람의 품격을 아주 낮게 평가하게 되니까 힘들어질 것 같아요.	‣ 다양한 학생들이 돌아가면서 발언을 할 수 있도록 함 ‣ **주요 사고기술: 이유 찾기, 예 들기, 결과 예측하기**

수업 프로토콜	수업 진행 및 분석
지영: 인기 많은 연예인이나 스포츠 선수도 과거에 학교 폭력을 했던 사실이 밝혀져서 인기가 떨어지고 점점 사람들 관심도 사라져서 일을 못 하게 됐어요. **교사: 그런 일이 발생할 수도 있겠네요. 또 다른 의견은 없나요?** 지수: 제 생각에는 사회생활을 할 때나 이럴 때 인성이 좋으면 일을 잘 못하거나 공부를 못 해도 괜찮다면서 거의 다 좋아해주는데, 인성이 나쁘고 공부를 잘하거나 그냥 공부만 잘하면 사람들이 함께 뭔가를 같이하려고 하지 않는 것 같아요. 민지: 저는 지금까지 나온 의견들을 정리하거나 그런 의견은 아닌데 전체 질문의 의도를 확인해보는 것이 필요하다고 생각해요. 예를 들면 인성과 공부 둘 중에 무엇이 더 중요한지를 이야기해보는 것은 어떨까요?	‣ 탐구 진행과 관련된 발언 탐구를 진전시키는 발언. 성숙한 탐구공동체에서 교사는 공동체의 구성원으로서 함께 탐구에 참여함. 아이들의 주도로 탐구가 진행됨
교사: 좋은 생각이에요. 지금까지 친구들의 이야기를 들어보면 인성이 나쁘면 안 된다는 점에 대해서는 다들 동의하는 것 같아요. 이제 탐구 질문에 조금 더 집중하면 좋겠네요. 여러분은 인성과 공부 중에서 어떤 것이 더 중요하다고 생각하나요? 민지: 저는 사회생활을 할 때를 얘기하자면 어쨌거나 공부가 중요한 건 맞는 것 같아요. 그 사람이 인성이 아무리 좋아서 대인관계도 넓고 사람들과 사이도 좋아도 그 사람이 일을 못해서 직원들한테 좀 나쁜 영향을 끼치	‣ 질문 유형: 가치부여적 질문 ‣ 주요 사고기술: 비교하기, 예와 반례 들기, 결과 예측하기

수업 프로토콜	수업 진행 및 분석
면 어쩔 수 없이 그 사람을 좋아하지 않게 될 것 같아요. 영철: 저는 공부를 못해도 인성이 좋으면 친구들이 그 친구를 되게 공부를 잘하는 친구보다 더 멋지고 좋게 봐서 친구가 많아지고 대인관계도 되게 좋아질 것 같아요. 준수: 저는 공부가 더 중요하다고 생각합니다. 왜냐하면 인성이 아무리 좋더라도 공부를 못하게 된다면 회사에 합격이 못 될 수도 있고 아니면 좋은 대학에 못 들어가서 오히려 더 직장 생활에 안 좋은 영향을 줄 수도 있어서 공부가 더 중요하다고 생각합니다. 호중: 저는 인성이 더 중요하다고 생각해요. 왜냐하면 지금은 자신의 능력으로 돈을 벌고 하는 시기가 아니기 때문에 아직 저희는 그래서 지금은 더 친구 대인관계를 형성시키기 위해 인성이 더 중요한 것 같아요. 연수: 저는 공부가 좀 더 중요하다고 생각을 하는데요. 생활통지표 같은 거 있잖아요. 생활통지표에 '사교성이 좋다.' 이런 식으로 적히겠지만 나중에 회사에 이력서를 낼 때 공부를 잘했다는 이력 같은 것은 나오지만 성격이 좋은 것은 별로 나오지도 않잖아요. 그렇게 봤을 때는 공부가 좀 더 중요하고 좀 전에 영철이가 학생 때에는 인성이 좀 더 중요하지 않냐는 말을 했는데 저는 모둠 과제 같은 걸 할 때도 그 친구가 막 엄청 재미있고 잘 웃기는 친구라도 모둠 과제 안 해 오는 친구는 되게 비호감이거든요. 그래서 저는 공부가 먼저라고 생각해요.	‣ 학생들의 답변이 공통적으로 전제하는 내용을 확인하기

수업 프로토콜	수업 진행 및 분석
현수: 제가 듣기로는 요즘 회사 면접에서도 인성이 중요해서 공부를 아무리 잘한 사람이라도 그 사람이 인터넷에 올린 게시물이나 SNS를 확인하고 그 사람의 그 사람의 말이나 그런 걸 보고 평가하기도 한다고 들었어요. 그런데 미래는 이 시스템보다 좀 더 발달을 해서 회사 면접을 볼 때 그 사람이 올린 게시물이나 그 사람의 말투를 보고 평가하지 않을까라고 생각을 합니다. 준석: 저는 인성은 공부와 관계없이 기본적으로 갖춰야 하는 것이라고 생각해요. 기석: 친구들 이야기를 듣다보니 상황에 따라 조금 다른 것 같아요. 집이나 친구들 만날 때는 인성이 좀 더 중요하고 회사나 학교 같은 곳에서는 공부가 좀 더 중요한 것 같아요.	‣ 다른 친구들의 의견을 경청하고 이를 종합적으로 반영한 의견 제시 ‣ 이분법적 사고에서 벗어나 양립가능성을 검토하고 있음
교사: 공부가 중요하다는 친구가 조금 더 많고 인성이 중요하다는 친구도 있네요. 그렇다면 공부와 인성은 어떤 관계일까요? 민지: 저는 인성과 공부를 꼭 하나만 선택해야 하는 것은 아니라고 생각해요. 공부도 잘하고 인성도 좋아야 하는 것 아닐까요? 규민: 이제는 둘 다 잘해야 하는 것 같아요. 사회생활을 할 때 실력도 중요하지만, 같이 일하는 사람이 성격이 나쁘면 함께하고 싶지 않을 것 같아요.	‣ 질문 유형: 가설적 질문 ‣ 주요 사고기술: 관련짓기, 이유 찾기

수업 프로토콜	수업 진행 및 분석
성욱: 저는 인성이 조금 더 중요한 것 같아요. 공부 같은 건 회사나 학교에서만 필요하잖아요. 그런데 인성은 회사나 학교에서도 필요하지만, 일상생활에서도 필요한 것 같아요.	
교사: 맞아요. 둘 다 잘하면 참 좋을 것 같아요. 그러면 공부를 잘하면 인성이 좋아지는 건가요? 서로 어떤 영향을 주고 받을까요? 연수: 아무래도 공부를 열심히 하다 보면 인성이 좀 소홀해질 수 있지 않을까요? 영철: 친구들과 잘 어울리고 챙기다 보면 공부를 할 시간이 좀 부족할 것 같기도 해요. 민지: 그런데 친구들을 보면 성격도 좋고 공부도 잘하는 애들도 있더라고요. 오히려 공부도 못하고 성격도 나쁜 애들도 있는 것 같아요. 그런 걸 보면 공부와 인성은 좀 다른 문제인 것 같기도 해요. 유진: 사실 진짜 완벽히 갖춘 사람은 없을 거라고 생각해요. 그래도 공부를 잘하는 사람이면 그게 좀 더 쉽게 된다고 생각해요. 예를 들면 공부를 잘하는 사람인데 친구랑 약간 대인관계가 그렇게 썩 좋지 않은 사람들은 공부를 기초부터 하는 것처럼 말투부터 시작해서 행동 하나하나를 고치기 시작하면 공부와 인성 둘 다 잡을 수 있을 거라고 저는 생각하고 믿어요.	▸ 질문 유형: 가설적 질문 ▸ 주요 사고기술: 관련 짓기, 예 들기, 가설 만들기 ▸ 학생들의 대답에 긍정적으로 반응하고 격려하기 ▸ 교사가 앞서 제시한 질문의 의미를 학생들이 다르게 해석하자 질문의 의미를 보다 구체적으로 제시 ▸ 반대되는 사례를 통해 인성과 공부의 관계를 검토하고 있음

수업 프로토콜	수업 진행 및 분석
교사: 공부로 인성도 기를 수 있다는 건가요? 유진: 네. **교사: 그렇게 생각할 수도 있겠네요. 다른 친구들은 어떻게 생각해요?** 규민: 그럴 수도 있을 것 같아요. 인성 기르는 것을 성적을 올리는 것처럼 생각한다면 가능하지 않을까요?	‣ 질문 유형: 논리적 질문 ‣ 주요 사고기술: 이유 찾기, 예 들기, 가치 고려하기 ‣ 다른 친구들의 반응 유도하기(자신의 생각을 그대로 말하는 것보다 다른 친구들의 의견에 대한 자신의 생각을 말하도록 하면 학생들이 조금 더 편안하게 말할 수 있음)
교사: 그렇네요. 그렇다면 여러분들이 공부를 하는 이유는 무엇인가요? 기석: 아무래도 사회에 나가서 좋은 직장을 가지기 위해서 하는 것 아닐까요? 연수: 저도 비슷한데요. 일단 공부를 잘하면 좋은 대학까지는 갈 수 있잖아요. 그러면 좋은 회사에도 갈 확률이 높아지잖아요. 수민: 공부를 해야 실력을 쌓을 수 있을 것 같아요. **교사: 혹시 어떤 실력을 쌓을 수 있을지 예를 하나 들어줄 수 있나요?** 수민: 뭐. 학교에서 하는 공부를 하면 지식이 쌓이는 것 같아요.	‣ 질문 유형: 논리적 질문 ‣ 주요 사고기술: 이유 찾기, 예 들기, 가치 고려하기

수업 프로토콜	수업 진행 및 분석
교사: 여러분들 생각도 일리가 있는 것 같아요. 그러면 여러분들이 공부를 열심히 해서 좋은 대학에 가고 좋은 직장을 얻는다고 상상해봅시다. 그렇게 되면 여러분은 공부에서 해방될 수 있을까요? 기석: 아무래도 또 배워야 될 것이 있을 것 같아요. 예를 들면 회사에서도 새로운 걸 배워야 하니까요. 규민: 그때부터는 제가 하고 싶은 걸 배우지 않을까요? 민지: 그러고 보면 꼭 공부가 국·영·수 같은 것만 있는 것은 아닌 것 같아요. 악기 같은 걸 배울 수도 있고 새로운 분야를 배울 수도 있는 것 같아요.	› 질문 유형: 상상적 질문, 철학적 질문 › 주요 사고기술: 결과 예측하기 › 학생들의 대답에 긍정적으로 반응하고 격려하기 › 학생들이 생각하는 교과 지식 습득 중심의 '공부'에 대한 개념을 확장시키기 위한 교사의 질문
교사: 그렇네요. 공부가 우리 생각보다 많은 것들을 포함할 수도 있을 것 같아요. 오늘 수업은 여기까지 하도록 하겠습니다. 오늘 수업은 어땠나요? 기억에 남는 인상적인 부분이나 의미 있었던 부분이 있나요? 민지: 지금까지는 좋은 성적을 받기 위해서 하는 공부만 생각했었는데 다른 친구들 생각을 들으면서 제 생각이 조금 더 넓어진 것 같아요. 연수: 저도 다른 사람과 함께 잘 지내기 위해서는 인성도 중요하다는 생각을 하게 되었던 것 같아요.	› 주요 사고기술: 다양한 관점에서 보기, 비교하기

수업 프로토콜	수업 진행 및 분석
준석: 평소 공부에 대해서 깊이 생각해본 적이 없었는데 평소에 아무 생각없이 하던 공부가 이렇게 깊이 있는 것이라는 걸 알게 되었습니다.	
기석: 저도 공부 하면 그냥 국·영·수. 이 생각만 했었는데 그것만은 아닌 것 같아요. 인성 같은 것도 좀 필요한 것 같아요.	
교사: 그럼 마지막으로 여러분은 오늘 토론에 잘 경청하고 열심히 참여했나요? 그리고 토론을 통해 생각이 성장했다는 느낌이 드나요?	› 질문 유형: 미학적 질문
수민: 처음보다는 더 참여하려고 노력했던 것 같아요. 그런데 내 생각이 성장했는지는 잘 모르겠어요.	
기석: 음… 처음에 생각했던 것보다 지금은 더 많이 생각하게 된 것 같아서 뭔가 좀 성장한 것 같아요.	
유진: 저도 그래요. 인성과 공부에 대해 생각해본 적이 별로 없는데, 생각을 하게 되었으니 성장한 것 같아요.	
연수: 생각이 성장했다는 것이 어떤 의미인지 잘 모르겠어요.	
성욱: 나도 그렇긴 한데, 음… 생각이 더 많아졌다는 게 아닐까 싶어요. 일단 토론에 더 많이 참여하려고 했어요.	

수업 프로토콜	수업 진행 및 분석
교사: 다들 고마워요. 생각이 성장했다는 것이 참 많은 의미를 가진 것 같아요. 가장 중요한 것은 여러분 각자가 처음보다 더 성장하고 있다는 느낌이 아닐까 싶어요. 그리고 자신의 생각이 수정 및 발전되어간다는 것이겠죠.	
교사: 오늘 우리에게 공부와 인성이 어떤 의미인지를 여러 관점에서 살펴보았습니다. 여러분들의 생각을 정리하는 차원에서 공부에 대해 어떻게 느끼고 있는지 스스로 정리를 해봐도 좋을 것 같아요. 그래서 이번 글쓰기 과제는 '공부란 ○○이다.'와 같이 공부를 다른 것에 비유해보고 그 이유를 쓰면 좋을 것 같습니다. 이번 과제로 현재 여러분이 공부에 대해 어떤 생각을 갖고 있는지 깊이 있게 살펴보는 시간이 되었으면 합니다. 수고 많았습니다.	▸심화 표현 활동 - 비유하기를 활용한 글쓰기 제시

1 ◀ 수민이의 글

공부란 책가방이다.

왜냐하면 학교를 갈 때는 책가방이 아무리 무거워도 꼭 챙겨가야 하기 때문이다. 그것과 같이 공부는 너무 힘들고 짜증 나는 것이지만 꼭 해야 하는 것이기 때문이다.

2 ◀ 규민이의 글

공부란 마치 높은 산을 올라가는 유일한 계단이다.

왜냐하면 수준이 점점 올라가고 끝이 없기 때문이다.

그 이유는 공부는 학생 때도 해야 하고 대학생 때도 직업이 생긴 어른일 때도 해야하는, 즉 수준이 점점 올라가고 끝이 없기 때문이라고 생각한다.

3 ◀ 기석이의 글

공부란 달리기이다. 왜냐하면 달리기를 잘하려면 체력, 달리는 기초 자세부터 끝까지 결승점을 향해 달리는 자세까지 배우는 것이 우리가 공부하는 것과 비슷하기 때문이다.

학생들은 공부와 인성의 관계에 대한 철학적 탐구에 참여하였다. 이 탐구에서는 인성이 무엇인가에 대한 의미 탐구보다 공부의 의미를 파악하는 것이 중요하다고 보았다. 학생들이 '학교에서 하는 공부', '시험 기간에 하는 공부'와 같은 단순한 지식 습득의 의미로 공부를 생각한다면 공부와 인성의 관계는 다소 멀어질 수 밖에 없다. 하지만 공부의 개념이 인간의 성장과 같은 보다 포괄적인 의미로 형성된다면 인격적 성장과 공부는 서로 긍정적인 영향을 주고받는 관계가 될 수 있다.

학생들이 공부를 상급 교육기관이나 직업 세계에서의 일정한 자격을 획득하는 데 필요한 지적 인증 도구로 생각하게 된다면 자신의 목표를 달성하는 순간부터 더 이상 공부할 필요가 없어진다. 하지만 그런 공부로는 자신의 삶을 가꾸고 풍요롭게 만들 수 없다. 학생들이 공부의 개념을 한층 더 포괄적으로 확장시키고 추구할 때 비로소 공부를 통해 인지와 정서가 균형 있게 성장할 수 있는 발판이 형성될 수 있을 것이다.

실제로 학생들이 탐구를 마치고 제시한 공부의 의미를 보면 공부의 의미가 많이 확장되어 있다는 점을 알 수 있다. 공부는 지식을 쌓는 것과 더불어 자신의 성장을 위해 끊임없이 추구해야 하는 어떤 것으로 인식하고 있다. 이 과정에서 겪을 수 있는 어려움도 표현하고 있지만, 이러한 어려움은 필연적으로 발생할 수밖에 없다는 생각을 보여주고 있다. 이번에 경험한 철학적 탐구가 학생들이 앞으로 학생들이 살아가며 겪게 될 공부와 관련된 여러 문제상황을 해결하는 데 도움이 되었으면 한다.

1. 공부를 잘하면 행복하게 살 수 있을까?

2. 다음의 그림 중 한 가지를 활용하여 공부의 의미가 무엇인지 설명해보자.

공부는 _____ 이다.

왜냐하면 _____

_____

_____

_____ 때문이다.

3. 다음의 내용들을 공부라고 생각할 수 있는지 자신의 의견을 표시하고, 그 이유를 적어봅시다.

대상	○, ×, ?	이유
학교에 앉아 수업을 듣기		
학원 숙제 풀기		
게임 공략 영상 보기		
다른 사람 속이는 방법 연구		
밤새 시험 대비 문제 풀이		
마음을 다스리는 방법 알아보기		
친구들과 축구하기		
노래 잘 부르는 방법 영상 보고 연습		
도서관에서 소설책 읽기		

4. 공부를 하는 것이 중요할까?

5. 인성을 공부로 성장시킬 수 있을까?

6. 공부는 얼마나 해야 하는 것일까?

7. 내가 어른이 되었을 때 나의 아이들에게 어떻게 공부하도록 할까?

'공부' 관련 철학이론 탐색

🔍 무지의 지

소크라테스(Socrates)보다 더 현명한 사람이 없다는 델포이 신탁을 들게 된 소크라테스는 신탁의 내용이 틀렸다는 것을 증명하기 위해 아네테에서 가장 현명하고 유능한 사람들을 찾아간다. 소크라테스가 그 사람들과의 대화를 통해 알아낸 것은 그 사람들은 자신이 알고 있는 것이 제대로 된 것이 아님을 모른다는 점이었다. 소크라테스는 적어도 자신이 아무것도 모른다는 것을 알고 있기에 자신이 그들보다는 현명하다고 결론지었다. 소크라테스의 무지의 지란 어떤 것에 대하여 모르고 있다는 사실 자체를 자각한다는 뜻이다. 자신의 무지를 아는 것은 무지를 깨닫기 위한 학습을 시작할 수 있는 동기가 될 수 있기에 무척 중요하다.

🔍 위기지학(爲己之學)

논어 헌문편에 등장하는 말이다. 인간 존재는 마음과 몸의 두 요소로 구성되는데, 이 중에서 몸보다 마음이 더 근본이 된다. 그리고 마음에는 또 변하는 부분과 변하지 않는 부분이 있는데, 이 중에서 변하지 않는 부분이 더 근본이 되는 것이다. 마음의 변하지 않는 부분은 '물에 빠진 어린이를 건지고 싶어 하는 마음', '부모를 보고 싶어 하는 마음' 등이다. 이러한 마음은 사람들이 태어날 때 모두 가지고 태어나지만, 자라면서 남과의 경쟁에 힘을 쓰면서 차차 잃어버리게 되므로 사람들은 잃어버린 마음을 다시 찾아야 하는 숙제를 갖게 된다. 이 잃어버린 자기 자신의 본 마음을 찾기 위해 하는 학문이 위기지학이다.

🔍 인식론(합리론, 경험론)

인식론은 인식의 기원과 본질을 탐구하는 철학적 학문이다. 예를 들어, 앞에 사과가 있다. 사과는 실재하는가, 관념적인가. 사과를 먹고, 만지는 등의 경험으로 앞의 물체가 사과라는 것을 인식하였는가, 아니면 생득적인 이성, 지식이 앞의 물건을 사과라고 인식하였는가? 데카르트(Descartes)는 우리가 감각을 통해 얻게되는 인식을 의심하였다. 내가 보는 사과의 모습이 사과를 제대로 본 게 맞는지 의심한 것이다. 모든 것을 의심한 끝내, 내가 생각한다는 것만은 의심할 수 없는 진리라고 생각했다. 근세 철학에서의 인식론은 데카르트를 시작으로 이성에 기댄 합리론이 등장했다. 그러한 합리론의 대항마로 경험론이 떠올랐다. 프랜시스 베이컨(Francis Bacon)을 주축으로 한 경험론은 사물을 관찰하고 만지는 지각에 의존하는 것이 사물을 이해하는 적절한 방법이라고 말한다. 합리론과 경험론은 데카르트와 베이컨을 시작으로 끊임없는 논쟁을 이어왔다.

🔍 다중지능이론

가드너(Howard Gardner)는 전통적인 지능검사가 지능을 단일요인으로 파악하고 있으며 학교 교육에서 중요시되는 언어적 능력, 논리·수학적 능력만을 지나치게 강조하고 있다고 비판하고 있다. 그는 지능은 단일한 것이 아니라 별개로 구분되는 8개의 지능(언어지능, 논리수학지능, 공간지능, 신체운동지능, 음악지능, 대인관계지능, 자기이해지능, 자연탐구지능)으로 구성된다고 보았다. 각 지능은 서로 독립적이어서 어느 한 지능에 손상이 생겨도 다른 지능은 작동되며 상호작용을 한다고 보았다. 그리고 지능은 훈련이 가능하며, 개인의 잠재적 지능이 얼마나 실현될 수 있는지는 환경에 달려있다고 보았다.

'공부' 관련 참고자료들

제목	분야
1. 《공부는 왜 하는가》(스즈키 코지 저/ 양억관 역/ 일토/ 2016)	자기계발

스즈키 코지가 풀어나가는 '공부, 왜 해야 하는데?'에 관한 책이다. 저자는 "다짜고짜 윽박지르고 강요할 것이 아니라, 논리적으로 왜 공부를 해야 하는지 설득해야 한다"라고 말한다. 저자에 의하면 공부를 하는 이유는 이해력, 상상력, 표현력을 키우기 위해서이다. 이러한 능력이 왜 필요한지에 대한 체계적인 설명은 학생들이 공부를 해야 하는 이유에 대하여 함께 탐구를 진행하는 데 많은 도움이 될 것이다.

2. 《카페에서 공부하는 할머니》(심혜경 저/ 더퀘스트/ 2022)	에세이

목표는 '열심히'가 아니라 '오래오래', 하기 싫어지면 '엉덩이 힘'으로 버티기가 아니라 '잘 그만두는 법'을 선택하는, 12년차 번역가 심혜경의 공부 에세이다. 작가는 '해야 할 일, 하고 싶은 일에 따르는 모든 행위'를 공부라고 말한다. 수학과의 관계에 쌓인 앙금을 풀기 위해 『수학의 정석』을 다시 풀어보는 것도, 『어린 왕자』를 원어의 맛으로 느끼기 위해 프랑스어를 공부하는 것도, 스윙댄스나 바느질을 배우는 것도 공부다. 공부가 아닌 것은 없다. 작가의 배움의 기록을 따라가다 보면 어느새 공부가 재미있게 생각되고, 삶의 무게가 한결 가벼워진다.

3. 《괴짜 발명가 노트》(앤드류 레이 · 리사 리건 공저/ 박선영 역/ 한스미디어/ 2016)	그림책

미래의 발명가를 꿈꾸는 어린이들을 위한 기발한 안내서. 상상력과 창의력의 결과물들이 담겨 있다. 실제 특허를 받은 발명품과 여러 가지 작품들이 제시되고 있다. 책 안에는 아이들이 자신의 발명품을 개발해 보고 상상할 수 있는 충분한 공간이 주어져 있다. 이 책은 아이들이 직접 자기만의 발명품을 떠올려보면서 그것을 그림으로 표현해볼 수 있도록 도와준다. 그것은 변신하는 공룡이 될 수도 있고 집에서 키우는 강아지를 위한 '멍멍 언어 분석기'가 될 수도 있다. 책의 내용을 활용해서 학생들과 또 다른 의미의 공부를 해보기에 좋은 책이 될 수 있다.

4. 《딴 생각 중》(마리 도를레앙 글 · 그림/ 바람숲아이 역/ 한울림어린이/ 2015)   그림책

딴 생각을 하는 것은 나쁜 것일까? 마리 도를레앙의 《딴 생각 중》이라는 그림책은 딴 생각을 통해 상상의 폭을 넓혀가고 자기 세계를 만들어가며 결국 작가가 되는 이야기를 담고 있다. 딴 생각을 한다는 것은 주어진 현실에서 벗어나 자기만의 세계를 끝없이 상상하며 구체화시켜 나갈 수 있는 힘이라고 할 수 있다. 이는 불만족스러운 현실을 바꿀 수 있는 원동력이 될 수 있는 것이다. 남들이 쓸데없다고 느낄 수도 있지만 아랑곳하지 않고 끊임없이 몰입해나갈 수 있는 힘. 그것은 학생들이 폭넓은 공부를 할 수 있는 힘이 되어줄 것이다.

5. 〈세 얼간이〉(라지쿠마르 히라니 감독/ 비노드초프라필름스/ 2009)   영화

천재들만 간다는 인도의 일류 명문대 ICE, 성적과 취업만을 강요하는 학교를 발칵 뒤집어 놓은 란초는 공장처럼 무조건적 주입식 교육을 하는 수업을 탐탁치 않게 여긴다. 그는 아버지가 정해준 꿈인 공학자가 되기 위해 정작 본인이 좋아하는 일은 포기하고 공부만 하는 파파보이 파르한, 찢어지게 가난한 집에서 병든 아버지와 식구들을 책임지기 위해 무조건 대기업에 취직해야만 하는 라주와 함께 ICE에서 학교의 부조리함에 저항한다. 그의 모습을 통해 우리는 공부가 무엇인지, 교육은 어떻게 이루어져야 하는지에 대하여 깊이 생각해볼 수 있다.

외모

철학적 탐구주제 04

핵심질문

"진정한 아름다움의 기준은
어디서 찾을 수 있을까?"

문해력 × 사고력 쑥쑥! 철학토론 맛보기

교사 — 그럼 아름다움은 우리가 추구할 만한 것이라고 할 수 있을까요?

그렇다고 봐요. 내면을 잘 가꾸고 도덕적으로 살아가는 것은 필요하니까요? — **우영**

외면적 아름다움도 잘 관리할 필요는 있어요. 지저분한 외모는 남에게 안 좋은 감정을 느끼게 할 수도 있어요. — **성욱**

인간은 자연스럽게 아름다움을 추구하게 되는 게 아닐까요? — **민지**

그렇지만 어떠한 아름다움을 추구해야 하는지에 대해서는 고민이 필요해요. 자연스럽게 추구하는 아름다움은 외모에만 집중하게 될 것 같아서요. — **윤수**

수업 기획안

관련 교과	미술, 음악, 도덕	핵심개념	아름다움, 외모
차시	2차시	수업 자료	철학 에피소드(교사 작성)

• **핵심질문(교사의 의도)**

① 아름다움의 의미는 무엇일까?
② 아름다움의 기준은 무엇일까?
③ 아름다움을 추구하는 것은 개인의 욕망일까, 사회적으로 강요된 욕망일까?
④ 학교에서 외모를 규제해도 될까?
⑤ 아름다움을 추구하는 삶이 우리를 더 성장시켜줄까?

중심 사고기술	개념 정의하기, 다양한 관점에서 보기

• **수업 의도 (수업 전 기획 의도)**

이 수업의 핵심주제는 '아름다움'이다. 우리는 외모로 평가받는 시대에서 살아가고 있다 해도 과언이 아니다. 특히 청소년 시기에는 외모에 대한 관심이 많이 증가하며, 대중매체나 SNS의 영향으로 아름다운 외모에 대한 관심은 날로 커지고 있다. 따라서 외모의 아름다움에 대해 마치 객관적인 기준이 있는 것처럼 인식되기도 한다. 예를 들면, '기본적으로 날씬해야 한다.', '눈이 커야 예쁘다.', '화장은 필수다.' 등이다.

필자가 학교에서 만난 학생들도 이러한 생각들을 가지고 있는 것을 확인할 수 있는데, 쉬는 시간이나 점심 시간에 교실을 가보면 실시간으로 화장을 고치고 있는 학생들이 많다. 특히 교실 뒤 거울은 학생들에게 인기 장소인데, 입술에 틴트를 바르다 손에 남은 부분을 벽에 살짝 닦고 간 흔적들을 보면 온통 빨갛고, 진한 붉은색 계열이다. 이를 보면서 때로는 '기본적으로 입술은 빨개야 예쁜 것인가?'라는 의문이 들 때도 있다.

사람이 기본적으로 아름다움을 추구하는 것은 자연스러운 욕망일 수 있다. 화장법에 관한 유튜브 영상이 엄청 인기를 끌고 있는 것도 외모에 대한 큰 관심을 반영한다고 할 수 있다. 그런데 이러한 화장이 맹목적인 어떠한 기준이 된다면, 문제가 생길 수 있다. 기본적으로 화장(化粧)은 얼굴을 곱게 꾸민다는 뜻으로 자신의 겉모습을 보다 미화시키는 것을 의미한다. 즉 자신의 외모에 맞게, 더 곱게 꾸미는 것이 화장이어야 하는데, 종종 학생들을 보면 특정 연예인 화장법을 따라하거나 SNS의 유명 스타들의 화장법을 따라하는 경우를 볼 수 있다. 이러한 화장에는 고유한 '나'가 없다. 가끔 어른들이 학생들의 화장을 보고 촌스럽다고 느끼는 경우가 바로 여기에 해당한다. 이처럼 아름다움의 기준이 어느 특정 인물, 대상으로 여기는 것이 당연한 학생들과 함께 아름다움을 둘러싼 다양한 토론을 진행해보는 것은 큰 의미가 있다. 예를 들어 학생들과 함께 아름다움의 의미와 기준에 대한 질문을 시작으로, 이에 대해 토론하면서 우리는 진정한 아름다움을 추구하고 있는 것인지에 대해 성찰해볼 수 있다.

또한 '아름다움을 추구하는 것은 개인의 욕망일까, 사회적으로 강요된 욕망일까?'라는 질문을 다뤄볼 수도 있다. 화장을 열심히 하는 것이 순수하게 자신의 개인적 욕망인 것인지, 아니면 '화장하고 외모를 잘 꾸미는 사람은 자기관리를 잘한다.'라는 사회적 인식으로 나도 모르게 강요된 욕망인 것인지 생각해봄으로써 아름다움을 추구하는 자신을 돌아볼 수 있다.

이와 함께 '아름다운 외모를 추구하는 삶이 우리를 더 성장시켜줄까?'라는 질문으로 학생들이 생각을 확장하도록 유도할 수도 있다. 이러한 질문과 토론을 통해 학생들은 아름다운 외모를 추구하고 있는 우리의 삶을 돌아보며, 그것이 스스로의 삶을 더욱 성장시켜주는지 고민해볼 수 있다. 그 결과에 따라 아름다운 외모를 추구하는 자세, 태도, 마음가짐, 성향이 달라질 수 있다.

철학적 토론은 언제나 자신의 삶을 돌아볼 기회를 갖게 한다. 자신이 습관처럼, 당연하다고 여기는 것들에 대한 질문은 때로 우리에게 당혹감을 가져다준다. 전혀 의식하지 못했던 것들에 대한 지각을 통해 우리는 자신의 삶을 돌아볼 수 있게 되고, 새롭게 의미를 구성해나갈 수 있다. 이러한 토론은 우리의 삶이 더욱 성장할 수 있도록 돕는다. 필자는 '화장'이라는 소재를 통해 학생들이 '외모'와 '아름다움'과 관련하여 철학적 토론을 할 수 있기를 바랐다.

✎ 보현이의 화장

내일은 드디어 보현이네 학교가 꽃축제 소풍을 가는 날이다. 그날의 수업을 모두 마치고 담임 선생님이 반 학생들에게 당부의 말씀을 하셨다.

> 선생님: 자, 내일은 꽃축제 소풍날입니다. 혹시 소풍이라고 외모를 너무 꾸미고 오는 건 아니겠죠? 소풍도 학교의 교육활동이니 화장을 진하게 하고 오거나, 짧은 치마를 입거나 그러지 말고! 활동하기 편하고 학생답게 단~정한 복장으로 오도록 하세요. 내일 보니까 여러 학교 학생들이 많이 오는 것 같아요. 지나가는 사람들이 보고 저 학교 학생들 왜 저래? 이러면 곤란하겠죠? 그럼 내일 봅시다~.

💡 핵심질문

- 학교에서 외모를 규제하는 것은 나쁜 것일까?
- '학생답게'라는 기준은 뭘까?
- 학생은 항상 단정해야 할까?

담임 선생님의 말씀에 몇몇 학생들은 마지못해 "네…"라고 대답은 하였지만, 솔직히 마음속으로는 약간 불만이었다. 친구들과 집으로 가는 길에 보현이 친구 영희가 담임 선생님의 말씀을 떠올리며 투덜거렸다.

> 영희: 내일 기다렸던 소풍날인데 선생님은 단정하게만 하라고 하고, 너무하신 거 아냐? 다른 학교 학생들도 오는데 예쁘게 보이면 좋잖아. 더구나 꽃 축제라 배경도 완전 예쁠 텐데, 예쁜 옷 입고, 예쁘게 화장하고 사진 찍으면 제대로 인생샷도 남길 수 있는 기회라구!

보현이도 영희의 말에 공감했다.

> 보현: 맞아, 모처럼 소풍날인데, 선생님은 너무 단정한 것만 얘기하시긴 했어…

마리는 그저 즐거운 목소리로 말했다.

> 마리: 뭘 그렇게 고민해, 자유 시간에 잠깐 화장하고 돌아다니면서 사진 찍고, 다시 모일 때 좀 지우면 되지, 어때! 요즘 유행하는 A연예인 스타일 화장품 완전 대박이던데 보러 갈래?

마리의 말에 영희가 기다렸다는 듯이 말했다.

> 영희: 그래! 가자가자!! A연예인 스타일 나도 알아, 00드라마에 나
> 오고 나서 완전 난리잖아!! 야, 근데 A 어쩜 그렇게 예쁘냐…
> 얼굴도 작고 눈도 크고 날씬하기까지!!!! 화장도 너무 예쁘지
> 않아? 입술 색깔이 약간 빨간 것도 포인트야!!! 우리 같은 외
> 모는… 화장이라도 잘하고 다니자…

신이 난 목소리로 마리가 친구들에게 제안했다.

> 마리: 요즘 그 스타일 화장법 유튜브에서도 완전 인기야~~ 낼 우리
> 그 컨셉으로 화장해볼래? 보현아! 너도 소풍날인데, 내일은
> 예쁘게 하고 함께 사진 찍자!!
> 보현: 으응… 그래, 알겠어.

잔뜩 들떠 있는 마리의 말에 보현이도 생각할 겨를 없이 일단 대
답했다. 보현이는 평소에 엄마가 학생들은 피부관리를 위해서라
도 화장을 하면 안 된다고 하셔서 학교에서는 화장을 하지 않았
다. 그렇지만 내일은 소풍날이고, 모처럼 친구들이랑 함께 예쁘게
사진도 찍고 싶었다. 그날, 보현이와 친구들은 화장품 가게에 들
러 A연예인 화장품 세트를 함께 구입했다. 집에 돌아오는 길에 보

현이는 내심 설레며 생각했다.

> 보현: 그래, 평소에도 친구들은 예쁘게 하고 다니는데, 내일 나 혼자만 사진에 이상하게 나오면 안 되지, 나도 예쁘게 나오고 싶어!

핵심질문 ⋯⋯⋯⋯⋯⋯⋯⋯⋯⋯⋯⋯⋯⋯⋯⋯⋯⋯⋯⋯⋯⋯⋯⋯⋯⋯⋯⋯⋯

· 아름다운(예쁜) 외모의 기준은 무엇일까?
· 아름다움을 추구하는 것은 개인의 욕망일까, 사회적으로 강요된 욕망일까?

⋯⋯⋯⋯⋯⋯⋯⋯⋯⋯⋯⋯⋯⋯⋯⋯⋯⋯⋯⋯⋯⋯⋯⋯⋯⋯⋯⋯⋯⋯⋯⋯⋯⋯⋯⋯

그날 밤에 보현이는 친구들에게 소개받은 유튜브를 보며 화장하는 법을 열심히 따라하고 있었다. 그런 보현이를 본 엄마가 한마디 던졌다.

> 엄마: 아니, 밤에 유튜브 보고 뭐 하는 거야? 초등학교 6학년 밖에 안 된 애가 무슨 화장을 그렇게 하고 있어? 어라, 입술도 빨갛게 칠했네.
>
> 보현: 낼 소풍이라서 친구들이랑 화장하기로 했어. 어때 엄마, 좀 예뻐보이지 않아??

약간은 신이 난 보현이에게 어머니는 시큰둥한 표정으로 대답했다.

엄마: 학생 때는 썬크림만 바르면 충분하다고 엄마가 늘 그랬지,
　　　너 그러다 피부 다~ 망가진다.

보현이는 약간 실망하며 말했다.

보현: 내일은 좀 특별한 날이라구. 친구들은 학교에서도 조금씩 화
　　　장하고 다니는데, 나는 평소에는 엄마가 화장하지 말래서 안
　　　하고 다니잖아. 내일은 사진도 찍는데 좀 할게~~ 그리고 이
　　　건 요즘 유행하는 화장법이야, A연예인 알지? 얼굴도 작고
　　　눈도 크고, 화장도 얼마나 예쁜데, 사실 나처럼 평범한 외모
　　　는 화장이라도 잘해야 그나마 자신감이 생긴다고.

보현이의 말에 엄마가 대답했다.

엄마: 누구나 예뻐지고 싶은 마음이 있겠지~ 그런데 눈 크고 얼굴
　　　작고, 화장을 한다고 꼭 예쁜 것은 아니야. 나는 우리 보현이
　　　웃을 때 너무 예쁜걸, 그리고 우리 보현이는 얼마나 착하니,
　　　평소에 엄마 말도 잘 듣고, 마음이 착한 사람이 진짜 예쁜 사
　　　람이지!! 그런 게 진정한 아름다움이 아닐까?
보현: 진정한 아름다움? 마음도 외모가 예뻐야 그 사람을 봐줄 거
　　　아냐, 엄마. 마음만 예쁘다고 누가 알아줘?? 요즘에는 외모

를 꾸미는 것도 능력이야. 엄마는 요즘 스타일을 몰라서 그
래. 사실은 나도 매일 꾸미고 다니고 싶단 말이야. 아, 몰라!
내일은 좀 특별하니까 꽃 배경으로 예쁘게 사진 찍을 거야!
그리고 프사에도 남길 거라고!

보현이는 엄마의 말이 신경 쓰이면서도 자신의 마음을 몰라주는
엄마가 답답했다.

핵심질문

- 아름다움의 의미는 무엇일까?
- 아름다운 외모를 추구하는 삶이 우리를 더 성장시켜줄까?

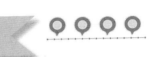
생각 열기	- '아름다운 외모' 하면 떠오르는 사람 이야기하기 - '외모' 하면 떠오르는 경험 이야기하기

<table>
<tr>
<td rowspan="5">탐구활동</td>
<td>철학
에피소드
읽기</td>
<td colspan="2">〈보현이의 화장〉 철학 에피소드를 돌아가면서 소리 내어 읽기</td>
</tr>
<tr>
<td>질문 만들기</td>
<td colspan="2">개인 질문 만들기 → 모둠 질문 선정 → 전체 질문 선정
전체 질문: 진정한 아름다움의 기준은 어디서 찾을 수 있을까?</td>
</tr>
<tr>
<td>토론하기</td>
<td colspan="2">연속 질문 절차</td>
</tr>
</table>

연속 질문 절차

논리적 질문	진정한 아름다움의 기준은 어디서 찾을 수 있을까?	비판적 사고
논리적 질문	아름다움의 기준은 무엇일까?	비판적 사고
가설적 질문 논리적 질문 자기수정적 질문	내면적 아름다움과 도덕적 아름다움은 구분되는가?	비판적 사고 창의적 사고
가치부여적 질문	아름다움을 우리가 추구할 만한 것이라 할 수 있는가?	배려적 사고
상상적 질문 철학적 질문	아름다움을 추구하는 삶이 우리에게 성장을 가져다 줄 수 있을까?	창의적 사고

토론 평가하기	- 활동을 통해 배운 점은 무엇인가? - 활동을 하면서 느낀 점은 무엇인가? - 활동 중에서 인상적인 점은 무엇인가?

심화 표현 활동	다음 질문을 주제로 자신의 생각을 글로 표현해보기 주제: 아름다움을 추구하는 삶이 우리에게 성장을 가져다줄 수 있을까?

생각 열기

'아름다운 외모'하면
떠오르는 사람,
'외모'하면 떠오르는
경험 이야기하기

교재 읽기 및 질문 만들기   토론 진행   심화 표현 활동

교사 자, 우리 수업 전 과제 했던 것 한번 떠올려볼까요? 선생님
이 '아름다운 외모'하면 떠오르는 사람이 누구인지, 왜 그
사람을 떠올렸는지를 적어보라고 했습니다. 여러분의 과
제를 취합해 보았어요. 같이 한번 볼까요?

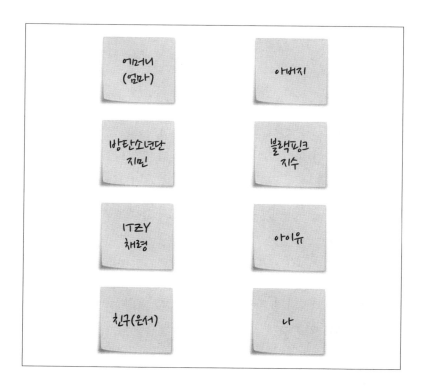

사진을 보니까 우리가 많이 보고, 알고 있는 사람들이 있죠? 글로도 보면, 아주 친숙한 존재인 엄마, 아빠, 나, 친구, 이러한 내용들이 있어요. 왜 이렇게 생각했는지 공유를 해주면 좋을 것 같아요. 여기에 쓰지 않은 친구도 자신의 생각을 발표할 수 있어요. 혹시 먼저 발표할 친구 있을까요?

지수 저희 어머니가 예쁜 이유는, 외면적 아름다움도 있지만, 내면적 아름다움도 있어요. 저희 어머니는 좋은 책이나 시를 읽고 공유해주시고, 유튜브의 좋은 글귀나 명언을 들으면서, 공유해주세요. 독서를 좋아하시고, 되게 열정적이서서 예뻐 보이세요.

민수 저는 아름다움이라는 단어를 생각했을 때 얼굴이 예쁘다는 그런 외면적 아름다움이랑 마음씨가 예쁜 내면적 아름다움이 생각나는데, 제 친구 중에 되게 예쁜 친구가 있어요. 은서라는 친구예요. 내면적 아름다움은 엄마를 뽑고 싶어요.

기석 저는 어머니와 아버지를 했는데요. 아버지는 마음이 따뜻하셔서 제가 실수했어도 늘 격려해주시고, 어머니는 늘 많은 공부를 가르쳐주시고, 밥도 잘 해주셔서 아름답다고 생각했어요.

교사 비슷한 내용으로 가족과 친구를 얘기했는데, 사진을 올려
준 친구들의 이야기도 궁금해요. 4개의 사진이 올라와 있
는데요. 아~! 왜 이 사람을 꼽았는지 어느 정도 예상할 수
있겠지만, 구체적으로 이야기를 들어보고 싶어요~ 누가
얘기해볼까요?

지영 저는 채령을 뽑았어요. 제가 채령을 뽑은 이유는 그룹 내
에서 딱히 처음부터 눈에 띄는 사람은 아니지만, 보면 볼
수록 끌리고 매력도 있고, 성격도 좋고, 생긴 거나 행동하
는 것이 예쁘다는 것보다 아름다운 것에 더 잘 어울리는
것 같아서 뽑았어요.

수민 저는 BTS 지민을 선택했는데, 이유는 제가 누나에게 들은
것이 맞는지 조사를 하면서 알게 된 사실인데요. 방탄소
년단 지민이 겉으로도 잘생겼잖아요. 그런데 1억씩이나
기부를 했다고 해서 아름다운 사람으로 선택했어요.

교사 외모로 잘생긴 데다가, 기부까지 해서 더 아름답게 느껴졌
군요?

수민 네.

교사 여러분의 개인적인 경험이 궁금해요~ 외모! 하면 떠오르는 나의 경험을 이야기해볼까요? 벌써 여러 가지 생각이 떠오르는 것 같은데 한번 공유해볼까요?

민수 제가 그냥 어떻게 하다가 들은 건데, 예를 들어서 가까이에 있었던 분이 걔 진짜 예쁘게 생겼다고 하셨어요. 그런데 듣다 보니까 예쁘게 생겼다라는 기준이 뭘까?? 라고 의문이 들었어요. 그때 조금이라도 고민해보는 시간이 있었는데, 그래서 외모!? 하면 그때 의문이 들었던 게 생각이 나는 것 같아요.

교사 아, 네 너무 고맙습니다. 지수도 얘기해볼까요?

지수 부회장이 되게 예쁘게 생겼어요. 그런데 친구들이 예쁘면 그 친구랑 친해지고 싶어 해요. 얼굴이 예쁘면 꼭 친구가 많을까요?

우영 저는 친구가 많거든요. 그런데 한 친구가 있었어요. 그 친구가 전에는 애들에게 나쁘게도 대하고 그랬는데, 요즘 들어서는 예전과 다르게 굉장히 착해졌거든요. 친구의 변한 모습을 보고 어떻게 나쁜 버릇을 고칠 수 있었을까? 라는 생각이 들었어요.

교사 그 친구가 잘생긴 친구였나 봐요?

우영 그다지…

교사 외모하면 떠오르는 나의 경험에 대한 건데… 다시 얘기해 봐 줄 수 있나요?

우영 걔가 잘 생긴 것도 아닌데 어떻게 지금 친구가 많아졌을까? 라는 생각이 듭니다.

교사 그렇군요. 얘기해주어 고맙습니다. 한 친구의 생각을 더 듣고 싶은데, 누구 없을까요?

준수 제 친구 중에 배우가 꿈인 친구가 있는데 잘생겼어요. 남자인 제가 봐도 잘생겼어요. 잘생겼지만 친구들이 말랐다고 놀리거든요. 근데, 아무리 외모가 멋있어도 놀림을 받는 것이 좀 그렇기도 하네요.

- '아름다운 외모'하면 떠오르는 사람 이야기하기
- '외모'하면 떠오르는 경험 이야기하기

수업에 앞서 사전과제로 '아름다운 외모' 하면 떠오르는 사람을 사진과 함께 제시하도록 하였다. 생각 열기는 이 과제를 함께 나눔으로써 자연스럽게 외모와 아름다움에 대해 생각할 수 있도록 구성하였다. 학생들은 외적인 기준으로 외모를 평가하는 것뿐만 아니라 내적인 기준으로도 외모가 아름답다고 평가하기도 하였다. 이와 같이 다양한 생각을 공유함으로써 자연스럽게 아름다움을 판단하는 기준에 대한 생각을 열 수 있었다.

이러한 생각과 함께 '외모' 하면 떠오르는 경험에 대해 함께 나누는 시간을 가졌다. 학생들은 주변에서 외모를 평가하는 이야기를 듣고 '예쁘게 생겼다는 기준이 뭘까?' 의문이 들었던 경험, '예쁘면 친구가 많을까?'라는 궁금증을 공유하였다. 그리고 잘 생겼지만, 마른 체형으로 놀림을 받는 친구 이야기를 공유하기도 하였다. 이처럼 자신의 경험을 바탕으로 떠올렸던 질문은 학생의 삶과 밀접한 관련이 있으며, 탐구를 지속하는 데 매력적인 자극제라 할 수 있다. 이런 의미에서 '생각 열기' 순서는 철학 소설을 바로 들어가기 전에 해볼 만한 필수적인 코스이다.

생각 열기 · · · · **교재 읽기 및 질문 만들기** · · · · · 토론 진행 · · · · · 심화 표현 활동
〈보현이의 화장〉

교사 방금까지 여러분들이 사전과제 했던 것, 외모에 대한 여러 가지 경험을 바탕으로 이 소설을 읽어보면 어떠한 질문이 떠오를지 기대가 되는데요. 한번 같이 읽어보겠습니다. 늘 읽은 방식대로 읽고 싶은 만큼 읽고 다음 친구를 지목하는데요. 선생님이 먼저 읽고 친구를 지목하도록 하겠습니다.

[아이들이 돌아가면서 소리 내어 교재를 읽는다]

교사 네, 여기까지 소설을 읽어보았습니다. 지금부터 10분정도 시간을 드릴 거예요. 개인 질문을 먼저 만들고 난 다음에, 모둠별로 질문을 만들어 볼 거예요. 그리고 질문을 만들 때는 왜 그렇게 질문을 만들었는지를 생각해 두어야 모둠별 질문 만들 때 도움이 될 거예요. '왜 이 질문을 생각했을까?'라는 것도 함께 생각해보세요.

[질문 만들기 시간을 가진 후]

교사 친구들이 모두 다 만든 것 같네요. 그럼 모둠 토론을 진행

해봅시다. 10분 정도 시간을 드릴게요. 모둠 토론을 하면서 질문을 정할 때 한 가지 약속을 할게요. 모든 친구들이 자신이 만든 질문과 왜 그렇게 이 질문을 만들었는지에 대해 이야기를 나누어주세요. 친구들과 충분히 이야기하면 질문들이 서로 합쳐지고, 뜻이 명확한 모둠 질문을 만들 수 있을 거예요. 그럼 모둠 토론을 시작하겠습니다.

[모둠 토론 진행]

교사 다 된 건가요? 그럼 질문을 공유하도록 할게요. 우리 모둠에서 왜 이 질문을 선정했는지 배경도 함께 말씀해주세요.

교사 3번 모둠 질문의 경우 '보현이 어머니께서 보현이가 화장을 하는 것을 좋아하시지 않는 까닭이 꼭 건강 문제일까?'라는 질문과 '화장을 하면 정말 예쁠까?'라는 질문이 하나의 문장에 담길 수 있는지 한번 같이 생각해보면 좋을 것 같아요. 다른 친구들은 어떻게 생각하세요?

민수 제가 생각하기에는 보현이 어머니가 화장을 하는 것보다는 보현이한테 너는 웃을 때 너무 예쁘다고 하셨잖아요. '보현이 어머니가 보현이가 화장하는 것이 예쁘지 않다고 생각하시고, 보현이가 화장하는 것을 좋아하지 않으시는

• 학생들이 만든 질문들

질문 1	아름다움의 기준은 뭘까?	모둠명	1
		질문자	민수
질문 이유	항상 누군가가 옆에서 "쟤 예쁘게 생겼다." 했을 때 아름다움의 기준은 무엇일까? 라는 궁금증을 가지고 있었다. 소설을 읽으면서 진정한 외면적 아름다움과 내면적 아름다움의 기준은 무엇일까?라는 질문에 대해 답을 찾고 싶어서		

질문 2	사람의 진정한 아름다움은 어디에서 찾을 수 있을까?	모둠명	2
		질문자	지수
질문 이유	보통 사람들은 외모가 예쁘다고 칭찬을 하고, 어떤 사람들은 마음이 예쁘다고 칭찬을 하고, 또 어떤 사람들은 깔끔하게 옷을 입고 다닌다 이렇게 칭찬하는데, 진정한 아름다움은 외모, 마음, 성격 중에 어디서 찾을 수 있을까 궁금해서		

질문 3	보현이 어머니가 보현이가 화장을 하는 것을 좋아하시지 않는 까닭이 건강문제 때문이라면 화장을 하지 않는 것이 맞는데 왜 보현이는 화장을 하려는 것일까? 화장을 하면 정말 아름다워 보이는 것일까?	모둠명	3
		질문자	연수, 호중
질문 이유	질문을 합침(보현이 어머니가 보현이가 화장을 하는 것을 좋아하시지 않는 까닭이 꼭 건강문제일까? + 화장을 하면 정말 예쁠까?)		

질문 4	진정한 아름다움이란 무엇일까?	모둠명	4
		질문자	지영
질문 이유	어떤 사람은 내면적 아름다움이 정말 예쁜 아름다움이라고 생각하고, 또 다른 사람은 외면적 아름다움이 진정한 아름다움이라 생각하기도 하는 등 다른 사람이 생각하는 진정한 아름다움이 무엇인지 궁금해서 질문을 만들어보았습니다.		

까닭은 무엇일까?'로 저는 정리하면 좋겠습니다.

교사 민수의 이야기를 하윤이가 한 번 더 정리를 해볼까요?

윤수 그냥 2개 따로 하는 게 어떨까요?

교사 윤수의 생각을 문장으로 표현해줄 수 있을까요?

윤수 보현이 어머니가 보현이가 화장을 하는 것을 좋아하시지 않는 까닭이 건강문제일까?'와 '화장을 하면 정말 예쁠까?'를 분리시키는 거예요.

교사 윤수의 두 문장을 나누자고 했는데, 조금 전 민수가 얘기했던 거랑 3번 모둠이 의도했던 거랑 같은 뜻인가요?

학생들 네.

교사 그러면 3번 모둠의 질문을 2개로 나누도록 하겠습니다. 질문들이 다 나왔는데, 질문에 대해 궁금한 것이 있나요?

학생들 없어요.

교사 그러면 여러분, 이 질문 중에서 우리가 오늘 토론을 할 대표 질문을 선정할 거예요. 그런데 나와 있는 질문들을 보면, 비슷한 것도 있고 구분되는 것도 있는 것 같아요. 그래서 우리가 전체 질문을 선정하기 전에 조금 합쳐볼 만한 질문이 있을 수도 있는데, 여러분 생각을 자유롭게 얘기해주세요.

연수 2번, 4번 모둠의 질문을 합쳐서 '진정한 아름다움은 사람의 어떤 면에서 알아볼 수 있는 것일까?' 이 정도로 정리하면 좋을 것 같아요.

교사 좋은 제안이 들어 왔습니다. 여기에 다른 친구들도 의견을 보태어주세요. 새로운 의견도 좋습니다.

민수 저는 1번, 4번 모둠의 질문도 비슷하다고 생각합니다. 왜냐하면 아름다움의 기준과 진정한 아름다움이랑 서로 비교해봤을 때 진정한 아름다움이 약간 아름다움의 기준이라고 저는 생각이 들어서, 두 개의 질문이 비슷한 것 같아요. 혹시 '진정한 아름다움이란 무엇이고, 아름다움의 기준은 무엇일까?' 이렇게 정리해도 될 것 같고, 아니면 '진정한 아름다움의 기준은 무엇일까?' 이 정도로 정리해도 될 것 같아요.

교사 네, 2개의 제안을 해주었어요. 다른 친구들 의견 더 있나요?

지영 저는 1, 2, 4번 모둠의 질문이 결국 아름다움의 기준이 뭔지 궁금해하는 것 같아서, 세 개의 질문을 모두 합치면 어떨까 생각이 들어요.

지수 저도 지영이의 의견과 같이 세 질문을 합치면 좋을 것 같다는 생각을 하고요. '진정한 아름다움의 기준은 어디서 찾을 수 있을까?'라고 하면 어떨까 생각이 듭니다.

지영 저도 지수의 의견에 동의합니다.

교사 네 지금까지 질문을 합치는 것에 대해 3가지 의견이 나왔는데, 2, 4번 모둠의 질문을 합치자, 1, 4번 모둠의 질문을 합치자, 1, 2, 4번 모둠의 질문을 합치자입니다. 이 중 어떻게 질문을 합치면 좋을지 의견을 말해주세요.

학생들 3번째요.

교사 지금까지의 의견들을 정리해볼게요. 세 질문 중 먼저 토론을 하고 싶은 2개의 질문에 손을 들어주시면 됩니다.

최종적으로 정리된 질문들

질문 1. 보현이 어머니가 보현이가 화장하는 것을 좋아하지 않는 까닭이 꼭
건강문제일까?

질문 2. 화장을 하면 정말 아름다워 보일까?

질문 3. 진정한 아름다움의 기준은 어디서 찾을 수 있을까?

교사 오늘 토론질문은 다음 두 가지로 선정되었네요. 그럼 첫 번
째 질문부터 토론을 시작해볼까요?

토론질문 1 | "진정한 아름다움의 기준은 어디서 찾을 수 있을까?"

토론질문 2 | "보현이 어머니가 보현이가 화장하는 것을 좋아하지
않는 까닭이 꼭 건강 문제일까?"

교재 읽기 및 질문 만들기에 대한 해설 및 성찰

교재를 읽으면서 학생들은 소설 속 장면의 주인공들의 상황을 통해 자신의 경험, 생각과 만나게 된다. 이때 각자 해당 장면에서 공감을 하기도 하며, 불일치를 느끼기도 하면서 질문(탐구문제)을 형성하게 된다.

모둠 토론을 통해 학생들은 개인이 만든 질문을 발표하면서 각자의 문제의식을 공유하였다. 비록 작은 단위의 공동체지만 처음으로 다양한 생각들이 만나는 순간이다. 같은 소설을 읽더라도 서로 다른 생각을 하고, 질문을 만들 수 있다는 것을 자각하는 경험은 자기의 생각만이 전부가 아니라는 겸허함을 배울 수 있는 좋은 기회가 된다. 또한 학생들은 친구들과 함께 토론하기에 좋은 모둠의 대표 질문을 선정하기 위하여 토론을 하였다. 비록 모둠의 분위기나 수준에 따라 단순히 질문을 합치거나, 리드하는 학생의 질문으로 선정하는 등 간단한 형태로 합의하는 경우도 있었으나 대부분 학생들은 각자의 질문을 비교하고, 대조하면서 새로운 질문으로 통합시키기도 하는 등 합당한 질문을 만들기 위해 노력하는 모습이었다.

모둠 대표 질문이 형성되면, 반 전체 학생들에게 자기 모둠의 질문을 발표하고, 전체 토론질문을 형성하는 시간을 가진다. 특히 이번 파트에서는 두 가지 이유로 전체 토론질문을 선정하기까지의 시간을 많이 할애한 편이다. 첫째는 한 모둠이 대표 질문을 형성할 때 2가지의 질문을 물리적으로 단순하게 합쳐놓은 형태로 발표를 해서 그 질문에 대한 타당성을 검토하는 시간을 가지기 위함이었고, 둘째는 비슷한 내용의 질문들인 경우 학생들이 질문을 합쳐볼 수 있도록 기회를 주기 위해서였다.

물론 학생들이 이러한 문제의식을 바탕으로 주도적으로 해나갈 수 있지만, 습관화되지 않은 학생들에게는 어느 정도 교사가 안내해줄 필요가 있다고 생각한다. 학생들은 토론을 위한 질문을 선정하는 과정에서 질문을 검토하고, 질문에 대한 의미를 생각하면서 토론할 때보다 타당한 질문이 무엇인지 터득할 수 있다.

철학적 탐구공동체 수업에서는 학생들이 흥미를 느끼는 질문들은 모두 탐구하는 것이 원칙이지만 시간 관계상 어려운 일이다. 대체로 한 시간이 하나의 탐구 주제를 다루게 되는데 간혹 첫 번째 탐구 질문이 빨리 해결되는 경우가 있다. 그러면 자연스럽게 두 번째 선호 질문으로 탐구를 진행하면 된다. 이를 위해 두 가지의 질문을 선정했지만, 이번에는 시간이 부족해 두 번째 질문은 다룰 수 없었다.

진정한 아름다움의 기준은
어디서 찾을 수 있을까?

수업 프로토콜	수업 진행 및 분석
교사: 토론을 하기 전에 우리가 늘 강조했지만, 토론이라는 것이 어떤 찬성과 반대로 의견 대립을 하는 것이 아니라 함께 이야기를 나누고 내 생각을 만들어 나가는 활동이라고 생각을 하면 좋을 것 같아요. 자신의 생각을 솔직하게 표현하기, 친구들의 생각 경청하기를 통해 진정한 아름다움의 기준은 어디서 찾을 수 있을지에 대한 생각을 만들어 나가면 좋을 것 같습니다. 질문에 대한 생각, 의견을 말해줄래요? 민수: 선생님, 진정한 아름다움의 기준이 뭔지부터 좀… 어디서 찾을 수 있는지 알려면 진정한 아름다움의 기준이 뭔지 알아야 할 것 같아요. **교사:** 너무 좋은 얘기를 해주었어요. 그러니까 질문이 진정한 아름다움의 기준을 어디서 찾을 수 있을까라고 했는데, 찾기 이전에 '진정한 아름다움의 기준이 무엇일까'에 합의를 하고 넘어가자는 뜻인 거죠. 민수: 네, 그래야 조금 더 이해가 잘 될 것 같아요.	‣ 자신의 경험이나 생각, 감정을 편안하게 표현할 수 있는 교실 분위기 조성 ‣ 질문 유형: 논리적 질문 ‣ 주요 사고기술: 기준 제시하기, 숨은 전제 찾기 ‣ 교사는 학생들의 의견을 존중하기

수업 프로토콜	수업 진행 및 분석
교사: 좋습니다. 진정한 아름다움의 기준이 무엇일까에 대해 먼저 이야기해볼까요?	› 질문 유형: 논리적 질문
호중: 사전과제를 할 때는 아름다움에는 두 가지 특징이 있다고 생각을 했었는데, 지금 생각해 보니까 세 가지인 것 같아요. 한 개는 외면적 한 개는 내면적 한 개는 도덕적 아름다움 이렇게 세 가지가 있는 것 같아요.	› 주요 사고기술: 개념 정의하기, 이유찾기, 예 들기, 다양한 관점에서 보기
민수: 진정한 아름다움은 도덕적 아름다움 같아요. 사회생활에서도 예의가 발라야 다른 사람들과도 대화를 잘 할 수 있어요.	› 교사는 학생들의 답변에 대한 평가 및 비판 금지
지수: 진정한 아름다움은 자기의 일상 속에 있는 자기가 하는 행실이고, 도덕적 아름다움과 이어진다고 생각해요. 이유는 모르는 사람을 만나거나 유명 인사들을 만났을 때는 가식적으로 착해 보이려고 하지만, 일상생활에서는 나쁘게 하는 사람일 수도 있잖아요. 일치성이 중요하다고 생각해요.	› 다양한 학생들이 돌아가면서 발언을 할 수 있도록 함 › 언행일치를 강조하고 있음. 외면적으로 보이는 행동과 내면의 심성이 같아야 함을 학생이 찾아냄
연수: 저는 진정한 아름다움은 자기관리일 수 있다고 생각해요. 보통 친구들이 도덕적 아름다움이나 내면적 아름다움에 대해 이야기를 많이 하는 것 같은데요, 그런 거는 아름다움이라고 치기보다는 그 사람의 가치나, 인성적 평가인 것 같고, 아름다움으로 얘기하려면 태생적으로 얼마나 예쁜가보다는 자기관리를 얼마나 하는가, 자신을 얼마나 아름답게 돌볼 줄 아는가와 관련이 있는 것 같아요. 예를 들자면 유재석처럼 자기관리를 열심히 해서 자기 나이보다 동안으로 보이거나 인기를 유지하는 것도 자기관리인 것 같아요.	› 연수는 내면적 아름다움과 자기관리를 다르게 보고 있음. 그러나 자기관리(성실)는 내면적 아름다움의 한 예로 볼 수 있음

수업 프로토콜	수업 진행 및 분석
교사: 유진이가 방금 나온 말들을 종합해서 다시 말해줄래요? 유진: 진정한 아름다움은 자기관리도 열심히 하고, 또 도덕적으로 아름다우면 곧 내면적으로 아름다운 거고 그게 젤 좋을 것 같아요. 내면적으로 하면 인성적으로 좋으니까 내면적 아름다움도 중요한 것 같아요. 교사: 진정한 아름다움은 자기관리를 열심히 하고…? 어떻게 정리하면 좋을까요? 유진: 열심히 한다는 그런 뜻보다는… 완벽한 사람은 없는 거잖아요. 당연히 외면적으로도 아름답고 도덕적으로도 아름답고 그 모든 게 다 갖춰져 있는 거는 완벽한 사람인 거니까 그렇게 노력하는 것 자체만으로도 아름답다고 얘기할 수 있을 것 같아요.	‣ 유진이는 내면적 아름다움과 도덕적 아름다움을 같은 범주로 보고 있음 ‣ 발언이 적은 학생들에게 다른 친구들의 말을 다시 정리해보게 함으로써 토론에 참여하도록 유도 ‣ 질문 유형: 논리적 질문 ‣ 주요 사고기술: 다르게 표현하기
교사: 우리 예시를 들어서 앞에 나온 아름다움의 기준들을 살펴볼까요? 외면적 아름다움, 내면적 아름다움, 도덕적 아름다움이 나왔는데 각각의 예시를 한번 생각해보고 같이 이야기를 나눠볼게요. <외면적 아름다움> 기석: 태어날 때부터 외모가 예뻤거나 아니면 사람이 화장을 해서 예뻐 보이게 하는 것. 민지: 매일매일 세수를 하고 양치하는 것. 민수: 자기관리를 통해 건강하고 아름다운 몸 상태를 유지하는 것.	‣ 질문 유형: 경험적 질문, 논리적 질문 ‣ 주요 사고기술: 예 들기

수업 프로토콜	수업 진행 및 분석
<내면적 아름다움> 민수: 친구가 속상해하는 일이 있을 때 옆에서 위로해주는 것. 지수: 친구가 상장을 받았을 때 질투하지 않고 같이 기뻐해주는 것. 연수: 있는 그대로의 자신을 사랑한 채 자신을 발전시키기. 성욱: 마음씨가 곱거나 잘 배려해주는 사람. **<도덕적 아름다움>** 성욱: 힘든 사람이나 친구가 있을 때 도와주는 것. 호중: 나보다 연세가 많으신 분들께 존댓말 쓰고 예의 바르게 인사하는 것. 유진: 사람을 도울 때 자신의 이익보단 그 사람의 행복과 마음 속 평화를 위해 진심으로 돕는 것. 윤수: 길가에 무거운 짐을 들고 힘들 때 가시는 분을 만났을 때 도와주는 것. 지수: 불우이웃이나 할머니 할아버지를 도와드리는 것.	‣ 예 들기 　- 학생들이 제시한 각각 아름다움의 기준에 대한 예를 찾게 함 　- 자신의 경험 속에서 예를 찾는 과정에서 추상적 의미를 구체적인 삶을 통해 찾게 됨 ‣ 학생들이 외면적 아름다움에 자기관리라는 성실(내면적 아름다움)을 예로 들었고, 내면적 아름다움과 도덕적 아름다움을 구분하지 않고 예로 들고 있음. 하지만 교사는 이를 명확하게 구분하여 잘못 예를 들었다고 하지 않고 아이들이 다시 구분해보도록 질문으로 유도함(이어지는 교사의 질문 참고)

수업 프로토콜	수업 진행 및 분석
교사: 나온 의견을 살펴보면, 내면적 아름다움에서 친구들의 마음을 공감해주고 진심으로 이해해주는 것이 나왔는데, 도덕적 아름다움에서도 나이가 많으신 분들을 이해하고 예의바르게 하는 것이 나왔어요. 구분이 되는 내용인가요? 궁금하네요. **지수:** 저는 개인적으로는 구분이 된다고 생각해요. 내면적 아름다움 경우에는 일단 마음씨가 고와야 할 수 있는 그런 생활적인 부분에서 이야기한다면, 도덕적 아름다움에서는 비슷한 것 같지만 도덕적으로 행동했을 때 붙여진다고 생각해요. 즉 내면적 아름다움은 그 마음씨를 가지고 있는 것만으로도 아름답다고 할 수 있고, 도덕적 아름다움은 그에 따른 실천을 하는 경우라고 생각해서 구분이 된다고 생각해요.	▸ 질문 유형: 가설적 질문, 논리적 질문, 자기수정적 질문 ▸ 주요 사고기술: 공통점과 차이점 찾기, 비교하기, 숨은 전제 찾기 ▸ 숨은 전제찾기 - 학생들이 제시한 내면적 아름다움과 도덕적 아름다움의 예가 겹치는 것을 통해 각각 어떤 전제가 숨어있는지 찾을 수 있도록 유도함
교사: 그럼 여기에서 여러분에게 질문을 해볼게요. 우리는 앞에서 내면적 아름다움의 예로 친구를 배려하고 이해하는 모습을 들었어요. 이것은 행동으로 드러나는 것인데 행동이라는 측면에서는 도덕적 아름다움과 연결되는 것이 아닐까요? **지영:** 그래도 내면적 아름다움과 도덕적 아름다움은 구분되는 것 같아요. **교사: 왜 그렇게 생각하나요?** **지영:** 왜냐하면, 내면적이랑 도덕적이라는 단어가 서로 분리되어 있는 것 보면 다르다는 말 같아요.	▸ 질문 유형: 가설적 질문, 논리적 질문 ▸ 주요 사고기술: 비교하기, 추리하기, 가설 세우기, 이유 찾기 ▸ 비교하기 - 내면적 아름다움과 도덕적 아름다움을 비교하여, 차이점을 구분할 수 있도록 기회를 제공

수업 프로토콜	수업 진행 및 분석
교사: 그럼 아름다움은 우리가 추구할 만한 것이라고 할 수 있을까요? 우영: 그렇다고 봐요. 내면을 잘 가꾸고 도덕적으로 살아가는 것은 필요하니까요. 성욱: 외면적 아름다움도 잘 관리할 필요는 있어요. 지저분한 외모는 남에게 안 좋은 감정을 느끼게 할 수도 있어요. 민지: 인간은 자연스럽게 아름다움을 추구하게 되는 게 아닐까요? 윤수: 그렇지만 어떠한 아름다움을 추구해야 하는지에 대해서는 고민이 필요해요. 생각 없이 추구하는 아름다움은 외모에만 집중하게 될 것 같아서요. **교사: 그렇네요. 아름다움을 추구하는 데 있어서도 깊은 고민이 필요할 것 같아요.**	› 질문 유형: 가치부여적 질문
교사: 네, 좋습니다. 그럼 오늘의 토론을 마무리해볼까요? 오늘의 활동을 통해 떠오른 생각, 깨달은 점, 느낀 점 등 소감을 나누는 시간을 갖도록 할게요. 호중: '진정한 아름다움이라는 게 정말 많구나'라고 생각을 다시 하게 되었어요. 지수: 저는 진정한 아름다움은 그냥 내면적 아름다움이라고 단순하게 생각했었는데, 도덕적 아름다움과 외면적 아름다움에서도 얘기할 수 있다는 것을 알게 되었어요.	› 질문 유형: 미학적 질문

수업 프로토콜	수업 진행 및 분석
민수: 항상 진정한 아름다움의 기준은 뭘까? 라고 궁금했는데 그 의문에 대한 답을 좀 찾은 것 같아 기분이 좋아요. 연수: 평소에 크게 생각해보지 않았던 주제라 조금 어려웠긴 하지만, 외면적 아름다움이랑 내면적 아름다움만 있는 줄 알았는데 도덕적 아름다움에 대해서도 알게 되어 신기했어요. 기석: 저는 아름다움이라는 진짜 의미는 없지만, 각각 사람들이 생각하는 방식에 따라서 아름다움이 변할 수 있다는 것을 알았어요. **교사: 어떤 고정된 의미는 없지만 바라보는 관점에 따라서 또 달라질 수 있다. 새로운 얘기를 해주었네요. 좋습니다.** 민지: 아름다움의 종류가 다양하고, 각각에 대해 다시 한번 생각하게 되어 좋았습니다. 성욱: 저는 아름다움 하면 일단 외적인 것부터 생각했는데, 이제는 뭐 내면적인 것과 도덕적인 것도 생각하게 된 것 같아요.	▸ 주요 사고기술: 이유 찾기, 비교하기, 다양한 관점에서 보기 ▸ 학생들의 대답에 긍정적으로 반응하고 격려하기
교사: 그렇네요. 오늘 너무 수고 많으셨어요. 우리가 함께 아름다움의 여러 기준과 예시들도 알아봤는데요, 이와 관련해서 오늘의 글쓰기 주제는 다음과 같습니다. 여러분의 생각이 궁금해지네요. **'아름다움을 추구하는 삶이 우리에게 성장을 가져다줄 수 있을까?'**	▸ 심화 표현 활동 　- 글쓰기 제시 ▸ 질문 유형: 상상적 질문, 철학적 질문

표현 1 　글쓰기

아름다움을 추구한다면 스스로 노력하게 될 것이므로 우리에게 성장을 가져다줄 수 있으리라 생각한다. 그렇지만 어떻게 아름다움을 추구하느냐에 따라 달라질 것 같다. 만약 아름다운 연예인의 외모를 하나의 기준으로 삼고, 그 연예인과 나를 끊임없이 비교하면서 맹목적으로 그 기준을 따라한다고 상상해보자. 화장법을 따라하거나 닮은 꼴로 성형을 하거나 했을 때 그 순간의 만족은 있겠지만, 어떠한 기준이 외부에 있게 되므로 그 틈은 생기기 마련이다. 결국 자신에게 만족하고 사랑하기보다는 그 괴리감에 계속 힘들어할지도 모른다는 생각이 든다. 과연 행복할까? 성장은 행복과 연결되어야 한다고 생각한다. 그러므로 이 경우는 성장을 가져다주지 않을 거라고 생각한다.

그러나 같은 외면적인 아름다움이라도 자기 자신의 외모를 인정하고, 사랑하는 마음에서 나를 더 가꾸는 마음으로 화장을 하는 경우라면 내 마음에 더 행복감을 줄 수 있다고 생각한다. 이러한 행복감을 바탕으로 하는 아름다움 추구라면 성장을 가져다줄 것이다. 기본적으로 자기를 사랑하는 마음이 토대가 되어 있으므로, 자기 자신을 더욱 돌아보게 되고, 외모뿐만 아니라 내면적인 부분, 도덕적인 부분도 자연스럽게 추구하게 되지 않을까?

진정한 아름다움은 외면적, 내면적, 도덕적으로 조화로운 아름다움인 것 같다. 따라서 자기 자신을 사랑하는 마음에서 추구하는 아름다움은 결국 우리의 삶에 성장을 가져다줄 것이라고 생각한다.

표현 2 시로 표현

아름다움은 각자의 마음에 있다.
따라서 누구도 하나의 아름다움으로 말할 수 없다.
사람들마다 아름답다고 생각하는 사람이 다양하듯이
아름다움의 기준도 다양하다.
어떠한 아름다움을 추구하고 사느냐가
바로 그 사람의 성장의 방향을 결정한다.

표현 3 시로 표현

남들이 외면하는 존재인 유기견, 유기묘
이들을 아끼고 돌보는 마음이 진정한 아름다움
함께 행복한 세상을 만드는 삶이 우리를 성장하게 한다.

크리스마스 씰로 세상 빛내기

예쁜 크리스마스 씰을 사는 너의 마음이 예쁘다.

결핵 퇴치를 위한 모금에 참여하는 너는,

우리 사회의 성장을 이끌어낸다.

곡 정보		I'm Not Cool
	노래	현아
	앨범	I'm Not Cool
	작곡	유건형, SPACE ONE
	작사	싸이(PSY), 현아, 던(DAWN)
	편곡	유건형, SPACE ONE, 슬라임영(Slyme Young)

현아의 〈I'm Not Cool〉 노래가사처럼 다른 사람의 기준이 아닌 자신의 기준으로 자신을 사랑하고, 아끼고, 예뻐하는 마음으로 자기를 가꾸는 아름다움이야말로, 진정한 성장을 가져다줄 수 있다.

이 활동은 '아름다움'에 대해 토론을 할 경우 아름다움을 추구하는 삶이 성장을 가져다줄 수 있을지에 대해 생각하도록 미리 준비된 것이다. 토론을 통해 자신이 생각한 아름다움을 추구하는 삶이 각자 삶에 성장을 가져다줄 수 있을지 고민할 기회를 주기 위함이었다. 그러면서 자신은 어떠한 아름다움을 추구할 것인지 그 생각을 엿보고 싶기도 했다. 학생들의 표현 결과는 흥미로웠다. 글로 쓴 학생도 있고, 시로 표현한 학생도 있고, 노래 가사에 빗대 자신의 생각을 담아낸 것도 있었다. 이처럼 표현 활동은 학생들의 표현을 최대한 도울 수 있도록 자유롭게 열어두는 것이 좋다.

첫 번째 글쓰기의 경우 아름다움을 추구하는 삶이 우리에게 성장을 가져다주려면, 자기 자신을 사랑하는 것에서부터 시작하는 것이라고 하였다. 자기를 사랑하는 마음으로 자신을 돌아보며 외모뿐만 아니라 내면적, 도덕적인 부분도 자연스럽게 추구하게 된다는 것과 진정한 아름다움은 외면적, 내면적, 도덕적으로 조화로운 아름다움인 것 같다라는 구절을 통해 토론에서 다루었던 3가지의 아름다움(외면적, 내면적, 도덕적)이 조화롭게 모두 어우러져야 한다는 학생의 생각을 알 수 있다. 다시 말해, 자신을 사랑하는 마음을 통해 조화로운 아름다움을 추구하게 되고, 그것은 삶의 성장을 가져다준다는 것이다.

두 번째의 시는 아름다움의 기준이 다르기 때문에 어떠한 아름다움을 추구하느냐에 따라 성장의 방향을 결정한다는 내용이 담겨 있다. 토론에서 윤수가 언급한 것처럼 어떠한 아름다움을 추구해야 하는지에 대해서는 고민이 필요하다는 의미와 이어지는 부분이라 할 수 있다.

세 번째의 시는 도덕적 아름다움에 대한 시이다. 외면받는 존재인 유기견, 유기묘들을 아끼고 돌보는 마음이 진정한 아름다움이며, 함께 행복한 세상으로 만드는 삶이 성장하는 삶이라고 표현한다.

네 번째의 시를 쓴 학생은 아름다움을 추구하는 삶을 생각할 때 자신이 구입했던 크리스마스 씰을 떠올린 것으로 보인다. 누군가를 위해 기부하는 아름다움은 도덕적 아름다움이라 할 수 있다. 이러한 도덕적 아름다움을 추구하는 삶이 우리 사회의 성장을 이끌어 낸다고 표현한 것은, 이 학생이 성장을 생각할 때 공동체의 성장을 생각하고 있음을 알 수 있다. 세 번째 시로 표현한 학생과 비슷한 부분이 엿보인다.

다섯 번째 노랫말에 빗대 표현한 학생은 외면적 아름다움에 대해 다루는 듯하지만, 내면적 아름다움도 동시에 다루고 있다. 각자 자기를 예뻐하는 마음을 표현한 노랫말을 통해 첫 번째 학생과 비슷하게 남의 기준에 자기를 평가하는 것이 아니라 자기 자신을 사랑하는 것이 중요하다고 표현한다. 그 마음을 통해 자기를 가꾸면 진정한 성장을 할 수 있다고 표현하고 있다.

이처럼 하나의 질문에서 다양한 생각들이 펼쳐진 표현 활동은 학생들에게 토론 내용을 다시 한번 깊게 생각할 수 있는 시간을 제공한다. 시간이 허락한다면, 이 표현을 토대로 심화 토론 활동도 진행된다면 더할 나위없는 성찰의 시간을 가질 것이다. 비록 여기서는 심화 표현 활동 후 따로 시간을 내어 추가적으로 토론하지는 못했지만, 시간적 여유를 가지고, 학생들의 표현을 토대로 추가 토론을 진행해보길 권한다.

철학적 탐구 연습문제

1. 학생은 화장을 하면 안 될까요?

2. 학생답다의 기준은 무엇일까요?

3. 학교에서 외모를 규제하는 것이 타당할까요?

4. 다음 주장에 대한 자신의 생각과 그 이유를 적어봅시다.

> 눈 크고 얼굴 작고, 화장을 한다고 꼭 예쁜 것은 아니야. 너는 웃는 모습이 너무
> 예쁜걸. 그리고 마음이 착한 사람이 진짜 예쁜 사람이지!!

생각과 그 이유:

5. 아름다움의 의미는 무엇일까요?

6. 내가 추구하는 아름다움에 대해 생각해보세요. 그리고 순위를 매겨봅시다.

1순위	
2순위	
3순위	

위 활동을 하면서 어떤 생각이 들었나요?

7. 아름다움을 추구하는 것은 개인적 욕망일까요, 사회적으로 강요된 욕망일까요?

8. 아름다움을 추구하는 것이 중요할까요?

9. 내 삶을 성장시키기 위한 아름다움은 어떤 것이 있을지 적어보고, 그 아름다움을 실천하는 방법도 함께 생각해봅시다.

🔍 그리스 시대의 아름다움

플라톤(Platon)은 아름다움의 원리를 균형과 조화 등의 초감각적인 존재로 인식하게 된다. 아리스토텔레스(Aristotle)는 '아름답고 좋음'을 일종의 덕(aretē)으로 이해한다. 덕이란 인간의 기능이나 능력의 탁월함이나 뛰어남을 발휘하게 하는 것으로, 이것은 선천적인 것이 아닌 후천적으로 배우고 습관과 훈련을 통해 획득하게 되는 것이다.

또한 고대 그리스인들은 아름다움을 '즐거운 것'으로 이해한다. 인간은 본성적으로 아름다운 것을 즐거워하여, 아름다운 것을 바라보며 즐거움을 느끼고 욕망하게 되므로, 아름다움은 예술의 궁극적인 대상이 된다.

간단히 종합하면 그리스 전통 속에서 아름다움은 좋은 것이고, 즐거운 것이며, 또한 사랑을 대상으로 하여 그것을 이끌어낸다. 이러한 아름다움의 원리는 균형과 조화에 있으며, 또한 이것은 일종의 덕으로 이해될 수 있기에 후천적인 훈련과 교육을 필요로 한다. 따라서 아름다움은 사랑을 대상으로 하는 좋고 즐거운 것이며 동시에 일종의 덕이므로, 도덕적인 선과 결부된 개념으로 작용한다.

🔍 바움가르텐의 미학

바움가르텐(Alexander Gottlieb Baumgarten)은 미의 문제를 '감성적 인식'과 관련시켜 진지하게 연구한 최초의 철학자이다. 바움가르텐의 미학을 계기로, 미를 사유의 대상에서 감각의 대상으로 옮겨놓은 관점의 전환이 일어난다. 즉 감정, 감각을 사유에 비견할 만한 지위로 끌어올리는 관점의 전환이며, 미가 순수한 이성적 관념으로부터 현실적 실존으로 내려앉는 전환이기도 한다. 여기에는 감성과 감정을 결코 사유의 부속 능력인 것으로 간주하지 않는 근대적 주관성이 자리하고 있다. 아름다움은 더 이상 이성의 하위 능력이 아니라, 독립적인 인식의 영역으로 인정받게 된다. 바움가르텐은 미학을 하나의 독립 학문으로 만든 장본인이다. 철학이 이성의 학문이라면, 미학은 감성의 학문이라고 할 수 있다.

🔍 듀이의 심미적 경험

듀이(John Dewey)는 일상적인 경험이 곧 예술이 될 수 있다고 보았다. 그동안 서양에서 아름다움과 예술은 어떤 특별한 재능에서 비롯되는 것이라고 보았다. 그래서 진정한 아름다움이나 예술을 접하기 위해서는 박물관이나 미술관에 가야 한다고 생각했던 것이다. 하지만 듀이는 이러한 생각에 반대하며 우리의 일상적인 경험의 순간순간이 예술이자 아름다움이라고 보았다. 그래서 듀이는 굳이 외부에서 아름다움을 찾지 말고 자신의 경험과 삶이 아름다룰 수 있도록 노력해야 한다고 주장한다. 이에 따르면 아름다움은 각자가 자신의 삶의 맥락 속에서 구성하고 느끼는 것이라고 볼 수 있다.

포스트모더니즘 미학

포스트모더니즘은 하나의 거대 기준, 기획을 비판한다. 이 세상을 하나의 이론으로 설명할 수 있다는 희망을 버리는 것이다. 아름다움 역시 마찬가지이다. 아름다움의 기준은 다양하며, 어느 하나의 기준이 절대적일 수 없다. 따라서 각자가 주장하는 아름다움만이 있을 뿐이다. 포스트모더니즘은 양립 불가능한 다양한 기준이 함께 공존하면서, 서로의 저마다 다른 기준을 인정하는 것이다. 그러나 이런 주장에 따르면 추한 것, 혐오스러운 것, 비도덕적인 것 심지어 범죄까지도 다양한 기준을 인정하는 차원에서 아름다움으로 인정해야 하는가라는 논쟁이 뒤따른다. 그리고 이러한 논쟁은 오늘날까지도 지속되고 있다.

제목	분야
1. 〈아름다운 눈으로〉, 《운명처럼 다가온 그대》(남낙현 저 / 마음세상 / 2014)	문학(시)

이 시를 보면, 아름다운 눈으로 세상을 보면 모든 것들이 다 아름다워 보인다는 시인의 마음을 읽을 수 있다. 또한 그 아름다움의 중심에 자신이 서 있다는 구절을 통해 아름다움의 기준이란 절대적인 것이 아니라는 것을 짐작해볼 수 있다.

2. 모나리자(레오나르도 다 빈치)	그림

모나리자의 그림을 보고 아름답다고 생각하는 사람이 있는 반면에, 그렇지 않은 사람도 있을 것이다. 이 그림을 보고 학생들과 모나리자의 아름다움에 대해 함께 이야기해보는 것은 다양한 관점으로 바라보는 아름다움에 대한 의견을 엿볼 수 있는 좋은 기회가 될 수 있다.

3. 《사람은 왜 꾸미는 걸까?》(정해영 글 · 그림/ 논장/ 2016)	그림책

이 그림책을 통해 매일 아침 거울을 보며 꾸미는 이유는 뭘까? 아름다움의 기준은 시대에 따라 어떻게 달라졌을까? 외모 지상주의와 초등학생 화장은 어떤 관계가 있을까? 자존감과 자신감은 어디에서 올까? 등 여러 질문을 던질 수 있다. 이 그림책은 '꾸미는 행위'에 대해 근원적이고 철학적인 질문을 던지며 미에 대한 바른 가치관을 갖게 하는 인문교양서라 할 수 있다. 유행과 모방, 대중문화의 홍수 속에서 자기중심을 잃지 않게 하는, 자신감과 자존감, 나아가 행복한 삶에 대해 진지하게 고민해보면서 꾸밈에 대한 바른 가치관을 키워볼 수 있다.

4. 《내 보물 1호는 화장품》(김경선 저 / 안경희 그림/ 팜파스/ 2013)	그림책

이성과 외모에 호기심이 왕성한 사춘기 아이들에게 화장하는 것을 올바르게 이해하고, 나이에 맞게 예뻐지는 법을 알려준다. 작가는 여름이를 통해서 어른들은 왜 어릴 때 화장하는 것을 반대하는지, 아이답게 예뻐지는 것은 무엇인지 알려주고 있다. 아이들 사이에 오가는 대화는 또래 친구들에게 공감을 얻을 수 있고, 자녀를 둔 부모에게는 그동안 몰랐던 아이들의 시선을 엿볼 수 있다.

5. 〈슈렉〉(앤드류 애덤슨 · 비키 젠슨 감독/ 드림웍스/ 2001) 애니메이션

이 애니메이션은 '외형만으로 누군가를 판단하면 안 된다'라는 교훈을 전해주고 있다. 슈렉은 원래부터 혼자 지내기를 좋아한 것이 아니라 모두가 그를 무시무시한 괴물로 단정짓고 피했기 때문에, 이로 인한 상처로 외부와 담을 쌓은 것이다. 슈렉은 동키라는 소중한 친구를 만나고 피오나 공주와의 사랑에 성공하는 과정에서 외모에 대한 편견을 물리치고 성장하게 된다.

또한 피오나 공주와의 결혼식 장면에서도 '아름다움'에 대한 새로운 시각을 느낄 수 있다. 슈렉과의 진정한 키스를 한 피오나 공주의 저주가 풀리게 되는데, 모두가 예상한 것과는 달리 오거(ogre, 괴물)의 모습으로 정착하게 된다. 자신이 왜 아름다운 모습으로 바뀌지 않느냐고 당황해하며 묻는 피오나 공주에게 슈렉은 "당신은 지금도 아름다워."라고 대답한다. 우리가 일반적으로 생각하는 미인의 모습이 아니더라도 지금 그대로의 피오나의 모습을 아름답다고 하는 슈렉을 통해 아름다움의 기준은 정해져 있지 않다라는 것을 느낄 수 있다.

6. 〈미녀는 괴로워〉(김용화 감독/ 리얼라이즈픽쳐스 · KM컬쳐/ 2006) 영화

천상의 목소리로 가수를 꿈꾸지만 미녀 가수 '아미'의 립싱크에 대신 노래를 불러주는 '얼굴없는가수'인 한나가 자신의 음악성을 인정해준 유일한 사람인 한상준을 짝사랑하게 된다. 그러나 그가 자신의 외모를 싫어할 것 같다는 생각에 성형수술을 감행하고, 뛰어난 미모를 가진 '제니'로 그의 앞에 나타난다. 그러나 아름다운 외모만이 전부가 아니라는 것을 알게 되는데… 이 영화는 내면과 외면의 아름다움을 함께 생각해볼 수 있게 한다.

철학적 탐구주제 05

자아

핵심질문

"내가 내 삶을 바꿀 수 있다면
어떻게 바꿀 것인가?"

문해력×사고력 쑥쑥! 철학토론 맛보기

교사 — 지금 여러분은 자신의 삶을 바꿀 수 없다고 생각하시나요?

저는 자신의 삶을 변화시킬 수 있다고 생각해요. 지금이라도 자신의 성격을 바꾸면 삶도 변화될 수 있지 않을까요? — **성욱**

하지만 성격을 바꾸는 게 쉬운 일은 아니라고 생각해요. 오래된 습관도 바꾸어야 하니깐. 조금은 변화가 가능하겠지만 완전 전체를 다 바꿀 수는 없다고 생각해요. — **수민**

저는 변화시킬 수 있다고 생각해요. 저희는 아직 어리기도 하고 목표나 꿈을 향해 노력하면 지금보다 더 좋게 삶이 바뀔 것 같아서요. — **영철**

저도 변화시킬 수 없다고 생각해요. 어려서 바꾸는 것도 힘들지 않을까요? — **우영**

수업 기획안

관련 교과	도덕, 실과, 진로, 국어	핵심개념	자아, 존재, 진로, 꿈, 취향, 삶
차시	2차시	수업 자료	철학 에피소드(교사 작성)

• 핵심질문(교사의 의도)

① 좋은 삶이란?
② 나의 삶을 변화시킬 수 있을까?
③ 자아는 발견해야 하는 것일까? 만들어가야 하는 것일까?
④ 나답게 산다는 것의 의미는?
⑤ 나를 제대로 알기 위해서는 어떻게 해야 할까?
⑥ 남이 생각하는 '나'와 내가 생각하는 '나' 중에 더 중요한 것은?

중심 사고기술	결과 예측하기, 가치 고려하기

• 수업 의도 (수업 전 기획 의도)

이 수업의 핵심주제는 '자아'이다. 자아는 생각, 감정 등을 포함하는 행위의 주체로서 '나 자신'을 의미한다. 자아에 대해 생각한다는 것은 매우 중요하다. 나에 대해 잘 알아야 내 삶에 대해서도 더 잘 이해할 수 있기 때문이다. 궁극적으로 자아에 대해 안다는 것은 내가 어떻게 살아야 할지에 대한 논의로 확장될 수 있다. 그래서 아이들과의 수업할 텍스트를 쓸 때, 자아의 의미에 대한 논쟁적인 지점을 다루려고 노력했다. 그것은 자아는 변화하는 것인지, 아니면 변화하지 않는 것인지에 관련된다. 자아가 고정된 그 무엇이 아니라면, 그것은 각자가 구성하고 창조해나가야 할 대상이 되기 때문이다. 결국 자아를 어떻게 인식하느냐에 따라 삶의 방식까지도 달라지게 된다. 삶을 변화시켜나간다는 것은 삶에 대한 자기 주체성을 의미한다. 자기 삶의 주인으로서 삶의 변화를 주도할 수 있어야 한다는 것이다. 하지만 실제로 우리 삶은 그렇지 않다. 여러 내적·외적인 요인으로 인해 내가 원하지 않는 방향으로 삶이 흘러가기도 한다. 그래서 고대 스토아 철학자들은 삶에서 변화될 수 있는 것과 없는 것을 명확히 구분 지어야 한다고 주장했다. 그리고 변화시킬 수 있는 부분에 집중해야 한다는 것이다.

중요한 문제는 '어떠한 방향으로 삶을 변화시켜나가야 할 것인가?'이다. 삶을 변화시킬 수 있다고 했을 때, 그 방향성은 매우 중요한 지점이 된다. 그것은 곧 '좋은 삶'의 의미와 관련된다. 우리 모두는 좋은 삶을 살고 싶어 한다. 좋은 삶은 윤리학의 매우 오래된 질문이다. 학생들은 이 토론을 통해 윤리학의 가장 대표적이고 오래된 질문과 만나게 되는 것이다.

✏️ 명진이의 가디건

어느 날 평소 검소하기로 유명했던 명진이가 명품 가디건을 입고 학교에 등교했다. 그 가디건은 한 벌에 수십만 원이나 해서, 연예인들이나 종종 입고 나오는 브랜드였다. 명진이가 반으로 들어오자, 아이들이 몰려들었다.

> 친구 1: 그거 진짜야? 짝퉁 아니고?
>
> 친구 2: 얼마 주고 샀어? 멋지다!
>
> 친구 3: 그 브랜드는 할인도 안 하잖아.
>
> 친구 4: 완전히 다른 사람이 된 것 같아.

명진이는 속으로는 아이들의 반응에 으쓱했지만, 겉으로는 아무렇지도 않다는 듯 말했다.

> 명진: 그냥, 가을에 딱히 입을 게 없어서.

그런데 이 장면을 명진이의 가장 친한 친구인 규진이는 멀리서 쳐다보고만 있었다. 1교시가 끝나고 규진이가 명진이에게 말했다.

규진: 너, 정말 그 옷 어떻게 된 거야? 진짜 산 거야?

명진이가 말했다.

명진: 당연히 샀지. 그동안 저축해둔 돈을 다 썼어.

그러자 규진이가 이해되지 않는 듯 말했다.

규진: 왜 갑자기? 너 옷에 별로 관심 없었잖아.
명진: 나라고 언제까지 꾸질꾸질하게 다닐 필요는 없잖아. 아이들
　　　도 내가 다른 사람 같다고 하는 거 못 들었어? 나도 이런 옷
　　　을 입으니까 자신감이 생기는 것 같단 말이야.

💡 핵심질문

- 옷이 변하면 자아도 변할까?
- 겉모습이 내면을 결정할 수 있을까?
- 타인이 생각하는 나가 진정한 나인가?

💡 심화질문

- 물질이 정신과 내면을 결정할까?
- 주관적 자아와 객관적 자아 중 더 중요한 것은 무엇일까?

그러자 규진이는 말했다.

규진: 그래, 네 표정이 좋아 보이긴 한데, 왠지 너답지는 않아. 어색해.

이 말에 명진이는 화를 냈다.

명진: 나답다는 게 뭔데? 옷이 바뀌니 자신감도 생기고 성격도 더
    긍정적으로 바뀐 것 같아. 이제 예전처럼 소심하게 살지 않을
    거야.

사실 명진이는 얼마 전에 사귀던 여자 친구와 헤어졌다. 명진이는
속으로 자신이 외모에 너무 관심이 없어서 헤어진 것이라고 믿고
있었다. 명진이는 방과 후에 집으로 돌아오면서 규진이가 한 말을
계속 떠올리고 있었다.

명진: 첫, 도대체 나답다는 게 뭐야?

집에 도착한 명진이는 엄마를 불렀다.

명진: 엄마, 나다운 게 뭐야?
명진 엄마: 우리 명진이는 착하고, 예의 바르고, 성실하지.

그때 동생 유진이도 거들었다.

유진: 오빠는 소심하고 잘 삐지는 것도 포함해야 돼.

동생 유진이를 째려보며 명진이는 말을 이어갔다.

명진: 도대체 나답다는 게 왜 중요한 거야? 그리고 그게 나답다는
것을 어떻게 증명해? 정작 나는 나에 대해 잘 모르겠어. 나도
때로는 착하고 싶지 않아.

> 💡 핵심질문 ···

· 나답다는 것은 누가 결정하는 것일까?
· 나다움이라는 것이 있을까?
· 나다움은 고정되어 있는 것일까? 매 순간 변하는 것일까?

··

그러자 엄마는 명진이를 따뜻하게 바라보며 말했다.

명진 엄마: 맞아. 스스로에 대해 안다는 것은 엄청 어려운 일이야.
매 순간 바뀌는 것이 사람이니깐. 어떠한 틀에 얽매여
두는 것이 때로는 답답하기도 하겠지.

유진이도 거들었다.

> 유진: 맞아, 그냥 살고 싶은 대로 살면 되지. 꼭 나답게 살 필요는 없잖아. 머리 아프게 그런 걸 왜 생각해?

그때였다. 주방에서 열심히 저녁 식사를 준비하던 아빠가 대답했다.

> 명진 아빠: 그래도 자신에 대해 안다는 것은 중요한 문제이지 않을까? 내가 어떤 사람인지에 대해 알아야 자신이 정말 원하는 삶을 살 수 있으니깐 말이야.

그러자 명진이가 말했다.

> 명진: 그냥 지금 내가 원하는 대로 살면 그게 내가 원하는 삶이지 뭐.

이 말에 아빠는 잠시 하던 요리를 멈추고 거실로 나왔다.

> 명진 아빠: 과연 그럴까? 넌 지금 네가 정말 원하는 삶이 어떤 삶인지 알 것 같니? 남이 원하는 삶이 아니라 정말 너 자신이 원하는 삶 말이야.

🔆 핵심질문 ┈┈

· 남이 원하는 것과 내가 원하는 것은 구분 지을 수 있을까?
· 진정으로 자신이 원하는 것은 어떻게 알 수 있을까?

┈┈

이 말에 갑자기 명진이는 머리가 복잡해졌다. 머릿속으로 여러 생각이 맴돌기 시작했다.

명진: 가디건을 산 것은 정말 내가 원하는 선택이었을까? 솔직히 지금 생각해보면 아까운 것 같아. 이걸 왜 샀지?

생각이 복잡해지자 명진이는 대화를 중단하고 싶어졌다. 그래서 조용히 일어나서 방으로 들어갔다. 다음날, 학교 진로 수업 시간이었다. 진로선생님이 수업을 열며 말했다.

진로선생님: 오늘은 자아탐구 두 번째 시간이에요. 성격에 대해 알아볼 거예요.

그러자 명진이는 선생님께 어제 들었던 질문을 던졌다.

명진: 선생님, 정말 우리가 자신에 대해 안다는 게 가능해요? 우리는 매 순간 변하잖아요.

그 말에 수민이도 동의하며 덧붙였다.

> 수민: 그건 맞아. 하고 싶은 것도, 좋아하는 것도 맨날 바뀌긴 해.

그러자 진로선생님이 말했다.

> 진로선생님: 하지만 변하지 않는 것도 있지 않을까요? 정말 나를
> 나답게 하는 것 말이에요.

규진이가 이 말을 듣고 대답했다.

> 규진: 그러게요. 만약 나의 모든 것이 변한다면 내가 나라는 것을
> 어떻게 알 수 있을까요?

진로선생님은 매우 놀라며 말했다.

> 진로선생님: 정말 어려운 질문이구나. 솔직히 선생님은 잘 모르겠
> 어. 어쩌면 우리는 평생 나를 찾아가는 삶을 살아가고
> 있는 것일 수도 있겠다.

이에 명진이도 말했다.

명진: 찾아가는 게 아니라 그냥 지금 현재의 내가 하는 선택들이 모여서 그냥 내가 되는 게 아닐까요? 좋은 선택을 하면 좋은 사람이 되는 것이고, 계속 나쁜 선택만 하게 되면 나쁜 사람이 되는 거겠죠.

💡 **핵심질문** ....

- 지금의 나는 내 선택의 결과인가?
- 나를 결정하는 것은 내 선택일까? 사회의 구조일까?
- 내 선택은 진정으로 자율적이라고 할 수 있을까?

....

이 말에 수민이가 거들었다.

수민: 그럼 민지는 인싸가 되는 선택을 했기 때문에 인싸가 된 거고, 규진이는 아싸가 되는 선택을 했기 때문에 아싸가 된 거란 말이지.

그러자 규진이는 발끈해 버럭 소리 질렀다.

규진: 야, 나 아싸 아니거든!

그러자 선생님이 규진이를 진정시키면서 말을 이어갔다.

진로선생님: 그래, 나 자신은 스스로 만들어가는 걸 수도 있지.

하지만 민정이는 이에 반대했다.

민정: 하지만 그 선택 역시 내가 하는 거 아닐까요? 내가 없다면 그 선택은 없는 거죠. 그래서 어떠한 선택을 하기 이전에 나다움에 대해 깊이 생각해보는 시간이 필요하다고 생각해요. 그렇지 않으면 후회할 거니깐.

이 말에 명진이는 일정 부분 수긍이 되었다. 가디건을 산 자신의 선택에 대해 벌써 후회를 하고 있으니 말이다. 선생님은 수업 종이 울리자 교탁을 정리하며 말했다.

진로선생님: 오늘 정말 좋은 토론을 한 것 같아요. 선생님이 준비해 온 것보다 훨씬 좋은 수업이었어요. 고마워요. 그런 의미에서 오늘 마지막으로 시 한 편을 소개할까 합니다. 김광규 시인의 〈나〉[1]라는 시입니다.

[시 전문은 생략]

1. 김광규, 《우리를 적시는 마지막 꿈》, 〈나〉, 문학과지성사, 2002.

수업 진행 개요

생각 열기	《중요한 사실》 그림책을 함께 읽고 나에 대한 중요한 사실을 말해보기

<table>
<tbody>
<tr>
<td rowspan="6">탐구 활동</td>
<td>철학 에피소드 읽기</td>
<td colspan="2">〈명진이의 가디건〉 철학 에피소드를 돌아가면서 소리 내어 읽기</td>
</tr>
<tr>
<td>질문 만들기</td>
<td colspan="2">개인 질문 만들기 → 모둠 질문 선정 → 전체 질문 선정
전체 질문: 내가 내 삶을 바꿀 수 있다면 어떻게 바꿀 것인가?</td>
</tr>
<tr>
<td rowspan="2">토론하기</td>
<td colspan="2" style="text-align:center">연속 질문 절차</td>
</tr>
<tr>
<td colspan="2">

경험적 질문 상상적 질문	각자 자신의 삶을 바꿀 수 있다면 어떤 삶으로 바꾸고 싶나요?	창의적 사고 비판적 사고
가치부여적 질문 정서적 질문	내 삶을 마음대로 바꿀 수 있다면 좋을까?	배려적 사고
논리적 질문	변화시킬 수 있는 것과 변화시킬 수 없는 것은 무엇일까?	비판적 사고
미학적 질문 가치부여적 질문	어떠한 방향으로 내 삶을 변화시켜나가야 하는가?	다차원적 사고
경험적 질문 실천적 질문	어떻게 내 삶을 변화시켜나갈 것인가?	비판적 사고 배려적 사고

</td>
</tr>
<tr>
<td>토론 평가하기</td>
<td colspan="2" style="text-align:center">- 친구들의 발언을 잘 경청했는가?
- 탐구공동체 토론에 잘 참여했는가?
- 토론에 진전이 있었는가?</td>
</tr>
<tr>
<td>심화 표현 활동</td>
<td colspan="2" style="text-align:center">다음 질문을 주제로 자신의 생각을 글로 표현해보기
주제: 삶에서 나는 무엇을 앞으로 변화시켜나갈 것인가?
그리고 변화되지 않고 지켜야 할 것은 무엇일까?</td>
</tr>
</tbody>
</table>

생각 열기

그림책을 함께
읽고 나에 대한
중요한 사실을
말해보기

교재 읽기 및 질문 만들기　　　토론 진행　　　심화 표현 활동

교사 지금부터 그림책 한 권을 같이 읽어보고 간단한 활동을 해 볼 거예요. (그림책 《중요한 사실》[2]을 보여주며) 이 그림 책 제목을 민수가 한번 읽어볼까요?

민수 중요한 사실이요.

교사 그럼 중요한 사실이란 게 뭘까요?

연수 음, 잃어버리면 안 되는 거.

준석 제일 중요한 거요.

윤수 변하지 않는 거요.

교사 왜 변하지 않는 게 중요한 사실이라고 생각한 거죠?

---

2. 마거릿 와이즈 브라운, 《중요한 사실》(최재숙 옮김), 보림, 2005.

윤수 변하는 거보다는 변하지 않는 게 더 중요한 거라고 생각해요. 보석처럼요.

지수 변하지 않고 오래 가는 것이 더 가치 있는 거 같아요.

교사 좋아요. 그럼 친구들이 돌아가면서 이 그림책을 한 페이지씩 읽을 건데요. 먼저 읽은 사람은 다음에 읽을 사람들의 이름을 지목해주는 거예요. 알겠죠?

아이들이 돌아가면서 책을 읽는다.

교사 그럼 지금부터 5분 정도 시간을 줄게요. 각자 이 그림책의 내용처럼 자신에 대한 중요한 사실을 노트에 적어보는 거예요. 그러고 나서 돌아가면서 발표해봅시다. 다 적었으면 영철이부터 한 번 읽어볼까요?

영철 나에 관한 중요한 사실은 친구들이 많다는 거야. 나는 축구를 좋아하고 검도도 좋아하고 친구들과 축구하고… 여기까지만 적었어요.

교사 그래도 핵심은 적었네요. 중요한 사실은 친구들이 많다는 거야…

지영 나에 관한 중요한 사실은 당황하면 머리를 넘긴다는 것이
야. 하지만 그것보다 더 중요한 사실이 있어. 나는 나야.

연수 나에 관한 중요한 사실은 나는 물을 하루에 많이 마신다는
것이야. 나는 하루에 물을 2리터 이상을 마시는 것 같은데
화장실을 많이 가지는 않아. 하지만 나에 관한 중요한 사실
은 물을 많이 마신다는 거야.

유진 나에 관한 중요한 사실은 나는 나라는 거야. 내가 낯을 많이
가리든 손톱을 물어뜯든 나에 관한 중요한 사실은 나는 나
자신이라는 것이야.

교사 다들 한 편의 시를 짓는 것 같네요.

기석 나에 관한 중요한 사실은 나는 나만의 색깔이 있다는 거야.
내가 야구를 좋아하고 교정기를 끼기도 하지만, 나에 관한
중요한 사실은 나만의 색깔이 있다는 거야.

호중 나에 관한 중요한 사실은 친구를 잘 사귀는 것이야. 그리고

축구도 잘하고, 탁구도 잘하지만, 나에 대한 중요한 사실은 친구를 잘 사귄다는 것이야.

우영 나에 관한 중요한 사실은 나는 나라는 거야. 그림을 못 그리고, 글쓰기를 못 쓰더라도 누가 뭐래도 나는 나야.

생각 열기 활동에 대한 해설 및 성찰

《중요한 사실》 그림책을 통한 생각 열기 활동의 목적은 학생들이 스스로 자신의 다양한 특징들을 찾아보고 그중에서 가장 본질적인 특성이 무엇인지를 생각해보게 하기 위해서이다. 짧은 시간이지만 학생들은 자신이 가지는 수많은 취향, 성격, 특성 중에서 가장 중요한 것이 무엇인지를 고민하고 있다. 외부적인 시선으로 보면, 별 차이가 없어 보이지만, 스스로에게는 중요한 차이를 가지고 있을 것이다. 특히 '나는 나라는 거야', '나만의 색깔이 있다는 거야'와 같은 답변은 자신의 고유성을 찾아가고자 하는 수준 높은 사고를 보여주고 있다. 이 활동을 통해 학생들은 자신의 모습을 토대로 자아라는 주제에 대해 빠져들어갈 수 있다.

위 수업에서는 시간 관계상 더 깊이 있는 질문으로 나아가지는 않았지만, 각자가 말한 내용이 왜 다른 특성들보다 더 중요한 사실이라고 생각했는지 물을 수도 있다. 그리고 중요한 사실과 그렇지 않은 사실 간의 차이와 기준에 대한 논의로 이어간다면 이 자체로도 훌륭한 철학적 토론 수업이 가능하다.

교사 이제 앞에서 그림책을 읽었던 방식대로 함께 철학 에피소드를 읽어볼 거예요. 각자 읽고 싶은 만큼 읽고, 다음에 읽을 친구를 지목해주는 겁니다. 저부터 읽어보겠습니다.

　　　　[아이들이 돌아가면서 소리 내어 교재를 읽는다]

교사 혹시 소설을 읽으면서 어려웠던 단어나 문장, 이해가 안 되는 내용이 있으면 질문해볼까요?

현수 없어요.

교사 없으면 지금부터 10분 정도 각자 노트에 철학 에피소드를 읽고 생각한 궁금한 점을 질문으로 만들어보고, 그 밑에 질문을 하게 된 이유를 적어봅시다. 자 시작해볼까요?

교사 각자 질문을 다 만들었으면 모둠 활동을 진행할 거예요. 모둠원 친구들끼리 각자 만든 질문들을 공유하고, 모둠에서 나온 질문에서 토론하고 싶은 질문, 더 깊게 탐구해보고 싶은 질문을 고르는 거예요. 만약 개인 질문 중에 없다면 모둠원 친구들이 각자의 질문을 고려해서 새로운 질문을 만들어도 됩니다. 알겠죠? 그 옆에 질문자 이름도 적어주세요.

교사 각 모둠에서 나온 질문들이에요(293쪽 참조). 혹시 이 질문들 중에서 이해가 안 되는 질문이 있나요?

민수 나는 왜 나이고? 라는 질문이 잘 이해가 되지 않아요.

교사 그렇군요. 그럼 이에 대해 현수나 우영이 중에 한 사람이 대답해줄 수 있을까요?

현수 솔직히 이 질문을 왜 했는지 저도 잘 설명하기 힘들어요. 내가 왜 나인지…

교사 음, 그럼 다른 친구가 이해하기 쉽게 바꿔볼 수 있을까요?

윤수 나의 존재 이유를 묻는 질문인가요?

교사 그런가요?

• 학생들이 만든 질문들

질문 1	나는 왜 나이고, 내가 진심으로 좋아하는 것은?	질문자
		현수, 우영
질문 이유	자기가 진심으로 좋아하는 것이 궁금했기 때문에	

질문 2	나답게 산다는 것을 증명할 수 있는 방법에는 어떤 게 있을까?	질문자
		준석
질문 이유	나답게 산다는 것을 증명할 수 있는 방법이라는 것이 우선 저 스스로에게 궁금했고 지금 현재 나는 나답게 살 수 있는지 궁금해서	

질문 3	명진이는 여친과 헤어진 까닭을 왜 자신의 외모 때문이라고 생각했을까요?	질문자
		기석
질문 이유	원래 명진이는 외모에 신경을 쓰지 않았는데 헤어진 이후에 왜 헤어진 이유를 외모 때문이라고 생각했는지 궁금해서	

질문 4	명진이는 어떤 마음으로 가디건을 샀을까요?	질문자
		민지
질문 이유	명진이는 나중에 가디건을 산 것을 후회하는데 그 장면에서 명진이가 가디건을 산 이유가 제대로 묘사되지 않은 것 같아서	

질문 5	내가 삶을 바꿀 수 있다면 어떻게 바꿀 것인가?	질문자
		윤수
질문 이유	다른 친구들과 내 삶이 어떻게 다른지 비교하고 싶고, 이 질문에 토론하면 다른 친구들의 성격이나 좋아하는 것도 알 수 있을 것 같아서	

현수 잘 모르겠어요.

교사 그럼 이 질문은 일단 유보하고 내가 진심으로 좋아하는 것은? 이라는 질문으로 바꾸면 어떨까요?

현수 네.

교사 더 이상 질문이 없다면 전체 토론질문의 순서를 정할 거예요. 각자 자신이 토론하고 싶은 질문에 손을 드는 거예요. 2가지 질문을 선택하면 됩니다.

연수 자기 질문을 선택해도 되나요?

교사 물론이죠. … 자, 전체 토론질문은 다음 두 가지가 선정되었네요. 일단 첫 번째 질문에 대한 토론부터 시작하겠습니다.

> **토론질문 1 |** "내가 내 삶을 바꿀 수 있다면 어떻게 바꿀 것인가?"

> **토론질문 2 |** "나답게 산다는 것을 증명하는 방법은 어떤 게 있을까?"

교재 읽기 및 질문 만들기에 대한 해설 및 성찰

이 단계는 문제를 형성하는 과정이다. 듀이에게 탐구는 당혹감을 느끼고 문제를 명료화하는 과정부터 시작된다. 철학적 탐구공동체 역시 학생들 각자가 자신의 문제를 형성하는 단계를 매우 중요시한다. 교재를 읽고 느꼈던 불일치, 당혹감을 질문으로 표현하는 것이다. 이때 학생들은 질문을 한 이유까지 함께 생각하며 자신이 가지고 있던 문제의식을 드러낸다. 교사는 교재를 읽고 아이들에게 모르는 단어, 개념, 내용을 질문하게 함으로써 내용적인 질문을 해소하고, 개인 질문을 만들게 한다. 이를 통해 학생들은 정답이 없는 질문, 철학적 사유가 필요한 질문을 만들게 된다. 개개인의 질문은 모둠별로 공유하고 모둠 질문을 선정한다. 함께 대화를 나누기에 적절하고 의미 있는 질문이 무엇인지 서로 비교 분석한다. 이 과정을 통해 학생들은 각자의 질문에 대한 이해도 더욱 심화시킬 수 있다.

여기서 교사가 유의할 점은 학생들의 질문에 대해 좋고 나쁨을 평가하지 않는다는 것이다. 그보다 학생들이 만든 질문이 가진 철학적 의미의 발견이 중요하다. 위에서 학생들이 모둠 질문으로 뽑은 질문 중에 몇 가지에 대해 철학적 의미를 살펴보도록 하자.

나는 왜 나이고, 내가 진심으로 좋아하는 것은?

→ 이 질문의 핵심은 나는 왜 나인가에 대한 것이다. 이는 나를 나라고 할 수 있는 이유를 찾아가려는 것이다. 이는 다양한 심화 질문으로 확장될 수 있다. 내가 존재하는 사실은 어떻게 알 수 있는가? 나는 나라고 인식하는 주체는 누구인가? 내가 나일 수 있는 근거는 무엇인가? 내가 생각하는 내가 나가 아닐 수도 있을까? 등으로 이어질 수 있는 것이다. 수많은 학자들은 나를 나라고 할 수 있는 근거로 기억, 생각, 이성, 육체 등 다양한 대답과 사유를 내놓은 바 있다.

나답게 산다는 것을 증명할 수 있는 방법에는 어떤 게 있을까?

→ 이 질문은 나답게 산다는 것의 의미와 그것은 증명할 수 있는 방법을 묻고 있다. 나답다는 것을 어떻게 정의하느냐에 따라 다양한 방향으로 토론은 전개될 수 있다. 나답게 산다는 것, 내 삶의 주체로 산다는 것은 니체를 비롯하여 다양한 실존주의 철학자들의 핵심 물음이었다. 이에 대해 철학자들은 감정과 육체에 대한 긍정, 주체적인 사유와 판단, 사회 구조에 대한 통찰 등 다양한 사유들을 전개시켜왔다.

생각 열기   교재 읽기 및 질문 만들기   **토론 진행**   심화 표현 활동

내가 내 삶을 바꿀 수 있다면
어떻게 바꿀 것인가?

수업 프로토콜	수업 진행 및 분석
교사: 각자 자신의 삶을 바꿀 수 있다면 어떤 삶으로 바꾸고 싶나요?	‣ 질문 유형: 경험적 질문, 상상적 질문
유진: 인간이 아닌 다른 동물로 태어나보고 싶어요. 인간이 가지고 있는 생각보다 다른 동물의 생각을 한번 알아보고 싶기도 하고, 다른 동물들도 소통 방법이 있을 건데 그에 대해서 알아보고 싶기도 해서요. 수민: 저는 다른 사람의 삶을 살아서 그 사람의 생각을 알고 싶어요. 윤수: 제가 지금 여러 분야를 동시에 하고 있어서. 한 분야만 지긋하게 해보고 싶어요. 지영: 저는 후회를 많이 해서 옛날로 되돌아가고 싶어요. 준수: 뭐가 안 되어도 다시 오르는 삶을 살고 싶어요. 그리고 뭐가 안 되어도 다시 잘 되는 삶을 살고 싶어요. 호중: 아무것도 안 해도 안 심심하고 가만히 잠만 자고 싶어요.	‣ 자신의 경험이나 생각, 감정을 편안하게 표현할 수 있는 교실 분위기 조성 ‣ 다양한 학생들이 돌아가면서 발언을 할 수 있도록 함

수업 프로토콜	수업 진행 및 분석
연수: 만약 제 인생에 실패가 있었다면 과거로 돌아가서 성공으로 바꾸고 싶어요. 민지: 저는 솔직히 부자가 되고 싶어요. 일단 빌딩 한 개 큰 거 세우고 부모님께 효도도 많이 하고 그렇게 살고 싶어서요. 성욱: 저는 바다가 되고 싶어요. 바다에 사람들이 쓰레기를 많이 버리는데, 바다가 돼서 바다의 기분을 느껴보고 싶어요.	‣ 삶을 바꾼다는 것의 의미를 각자의 삶 속에서 경험해보기 (삶과 토론질문의 연결) ‣ 주요 사고기술: 이유찾기, 상상하기, 남의 입장에 서보기
교사: 각자가 자기 삶을 바꿀 수 있다면 좋을 것 같나요? 현수: 지금 다른 동물로 살고 싶긴 하지만 나 자신, 현수의 삶이 좀 더 좋을 것 같아요. **교사: 왜 그렇게 생각하죠?** 현수: 지금 이렇게 수업하고 학교를 다니는 게 행복하기 때문에. 일상적인 행복을 다른 존재가 되었을 때 이를 느낄 수 있을지 모르지 않을까요?	‣ 질문 유형: 가치부여적 질문, 정서적 질문 ‣ 현상과 사실에 대한 진술에서 가치에 대한 논의로 전환 ‣ **주요 사고기술: 결과 예측하기, 이유 찾기** ‣ 삶에 대한 긍정적인 인식이 보임 - 니체의 '자기긍정의 철학'

수업 프로토콜	수업 진행 및 분석
지영: 저도 그래요. 내 삶을 바꿀 수 있다면 다른 사람에게 영향을 주게 되고 이는 남에게 피해를 줄 수 있으니까요. **교사: 혹시 예를 들어봐 줄 수 있나요?** 지영: 음… 만약에 시험을 잘 치면 상을 받을 수 있잖아요. 그런데 내가 삶을 바꾸어 상을 받는다면 원래 상을 받았던 아이는 상을 못 받게 되니 피해를 주는 것이에요. **교사: 아~ 내 삶이 바뀌면 나와 관계된 사람들의 삶에도 영향을 준다는 것이네요.**	‣ 주요 사고기술: 결과 예측하기, 예 들기, 관계 찾기 ‣ 관계 속에서 자신의 삶을 파악하고 있음 - 공동체주의적 자아개념
호중: 인생을 바꿀 수 있다는 것 자체가 약간 선택을 가볍게 생각할 수 있는 계기가 될 것 같아요. 유진: 저도 지금 삶이 좋다고 생각해요. 나중에 가서 과거를 바꿀 수 있다면 노력을 할 필요가 없지 않을까요? 지수: 저는 좋을 것 같기도 하고 안 좋을 것 같기도 해요. 좋은 점은 내가 살아보고 싶은 것은 살아볼 수 있지만, 남에게 피해를 주기도 하고, 삶이 가벼워지기도 할 것 같아서.	‣ 주요 사고기술: 결과 예측하기, 장단점 파악하기, 다양한 관점에서 보기 ‣ 앞 친구들의 이야기를 경청하고 종합하여 자신의 의견으로 재정리 - 다른 사람들의 생각을 발판으로 삼기 ‣ 중립적, 애매모호한 관점의 수용

수업 프로토콜	수업 진행 및 분석
교사: 지금 여러분은 자신의 삶을 바꿀 수 없다고 생각하시나요? 성욱: 저는 자신의 삶을 변화시킬 수 있다고 생각해요. 지금이라도 자신의 성격을 바꾸면 삶도 변화될 수 있지 않을까요? 수민: 하지만 성격을 바꾸는 게 쉬운 일은 아니라고 생각해요. 오래된 습관도 바꾸어야 하니깐. 조금은 변화가 가능하겠지만, 완전히 전체를 다 바꿀 수는 없다고 생각해요. 영철: 저는 변화시킬 수 있다고 생각해요. 저희는 아직 어리기도 하고 목표나 꿈을 향해 노력하면 지금보다 더 좋게 삶이 바뀔 것 같아서요. 우영: 저도 변화시킬 수 없다고 생각해요. 어려서 바꾸는 것도 힘들지 않을까요?	‣ 질문 유형: 경험적 질문, 논리적 질문 ‣ 주요 사고기술: 추리하기, 이유 찾기, 숨은 전제 찾기, 결과 예측하기 ‣ 성격을 바꾸면 삶도 변화시킬 수 있다는 주장에 대해 반론을 제기 - 성격은 바꿀 수 있다는 전제를 가지고 말하고 있으나, 성격 자체를 바꾸는 것이 쉽지 않음을 지적(숨은 전제에 대한 반론 제기)
교사: 그럼 바꿀 수 있다는 것과 없는 것을 나누어 볼까요? 지영: 바꿀 수 있는 것은 이름이요. 그냥 바꾸면 돼요. 윤수: 바꿀 수 없는 것은 부모님이요. 우영: 과거에 했던 생각이나 시간도 못 바꿀 것 같아요.	‣ 질문 유형: 논리적 질문

수업 프로토콜	수업 진행 및 분석
준석: 친구 관계나 얼굴 등은 바꿀 수 있어요. 요즘 성형수술로 다 바꿀 수 있잖아요. 수민: 공부나 운동 실력도 노력으로 바꿀 수 있어요. 기석: 하지만 습관이나 마음, 유전자는 못 바꿀 것 같아요. 한번 정해지면 끝이에요. **교사: 지금까지 이야기는 이렇게 정리해볼 수 있겠네요.**	

바꿀 수 있는 것	바꿀 수 없는 것
이름, 얼굴(성형, 화장), 친구나 대인관계, 공부나 운동 실력, 음식 취향	과거, 부모님, 마음, 습관, 유전자, 키나 몸무게, 성격, 시간, 과거에 했던 생각

수업 프로토콜	수업 진행 및 분석
교사: 그럼 바꿀 수 있는 것과 바꿀 수 없는 것을 나누는 기준이 뭘까요? 민지: 현재와 과거요. 현재는 변화시킬 수 있지만, 과거의 기억은 변화시킬 수 없어요. 수민: 나에 속한 것은 변화시킬 수 없지만, 부모님같이 나에게 속하지 않는 것은 변화시킬 수 없어요. 지영: 노력으로 할 수 있는 것과 없는 것이요. 성격은 노력으로 변화시킬 수 있지만, 유전자는 불가능해요. **교사: 그렇군요. 멋진 기준들이네요. 그렇다면 습관, 성격은 노력으로 변화시킬 수 없나요?**	‣ 주요 사고기술: 분류하기, 비교하기, 공통점과 차이점 찾기 ‣ 학생들의 대답에 긍정적으로 반응하고 격려하기

수업 프로토콜	수업 진행 및 분석

연수: 변화될 수 있지만, 시간이 오래 걸려요.
 	
호중: 맞아요. 그리고 잘 변화되지 않아요.
 	
준석: 힘들어요.
 	
교사: 습관은 변화시키기 힘들고 시간이 오래 걸리지만, 변화는 가능하다는 것인가요?
 	
민수: 네. 그러면 변화 가능하다는 곳으로 옮겨야겠네요.
 	
<수정된 의견>
	▸오류 지적하기
	  - 노력을 기준으로 볼 때, 습관과 성격은 변화 가능한지, 변화 불가능한지에 대해서 다시 한번 질문을 제기
	
	▸자기수정적 사고
	  - 교사의 오류 지적에 대해 기존의 생각을 수정하여 제시

바꿀 수 있는 것	바꿀 수 없는 것
이름, 얼굴(성형, 화장), 친구나 대인관계, 공부나 운동실력, 음식취향, 습관, 성격	과거, 부모님, 마음, 유전자, 키나 몸무게, 시간, 과거에 했던 생각

수업 프로토콜	수업 진행 및 분석
교사: 자신의 삶을 어떻게 변화시켜나가는 것이 좋을까요? 각자 주어진 삶에서 바꿀 수 있는 것도 있고, 바꿀 수 없는 것도 있고, 바꾸기 힘든 것도 있어요. 그러면 우리는 각자 어떤 방향으로 삶을 변화시켜가고 싶나요? 민수: 저는 행복하게 살고 싶어요. 영철: 다른 사람들과 사이좋게 지내고 싶어요. 윤수: 남이 아닌 내가 원하는 삶을 살고 싶어요. 아직 그게 정확히 무엇인지는 모르겠지만요.	▸질문 유형: 미학적 질문, 가치부여적 질문

수업 프로토콜	수업 진행 및 분석
유진: 일단 저는 제 삶에서 바꾸기 힘든 부분을 바꾸기 위해 노력할 것 같아요. 그러다 보면 언젠가 좋은 사람이 될 수 있겠죠. 우영: 저는 제 꿈을 이루기 위해 노력할 거예요. 지금 야구부 활동을 하고 있는데, 언젠가 야구선수가 되고 싶어요. **교사: 멋지네요. 각자가 바라는 좋은 삶에 대한 그림이 그려지는 것 같아요.**	‣ 주요 사고기술: 가치 고려하기 ‣ 자기 삶의 궁극적인 목적에 대해 사고해보기 [참고] 아리스토텔레스의 「니코마코스 윤리학」 - 삶의 궁극적 목적: 행복
교사: 그렇다면 각자가 바라는 삶의 방향으로 나아가기 위해서는 구체적으로 어떻게 해야 할까요? 성욱: 사소한 것 하나하나보다는 하나의 큰 틀을 잡고 나를 변화시켜가는 것이 좋을 것 같아요. **교사: 이에 대한 예를 말해줄 수 있나요?** 성욱: 친구와 나의 이기적인 생각 때문에 트러블이 생겼다고 하면, 내가 배려할 수 있는 방향으로 틀을 잡아놓고 나를 변화시켜가는 것이 좋다고 생각해요. **교사: 다른 친구는 어떻게 생각하나요?** 호중: 나에 대해 잘 알아야겠죠. 내가 진짜 바라는 게 무엇인지를 알아야 후회가 없으니까요.	‣ 질문 유형: 경험적 질문, 실천적 질문

수업 프로토콜	수업 진행 및 분석
민수: 노력할 수 있는 의지도 필요해요. 호중이처럼 나에 대해 잘 알더라도 실천을 하지 못하면 안 되니까요. 민지: 혹시 남에게 피해를 주지는 않는지도 봐야겠네요.	‣ 주요 사고기술: 대안 찾기, 예 들기, 이유 찾기
교사: 다른 사람에게 해를 끼치지 않는 범위 내에서 나를 변화시켜갈 수 있다면 내 삶이 좀 더 행복해질 수 있을까요?	‣ 목적-수단 연결 짓기 - 해를 끼치지 않는다는 대안이 앞서 제시한 삶의 방향성과 연결될 수 있는지를 질문함
영철: 그런데 정확히 해를 끼치지 않는 범위의 기준이 있을까요? 수민: 다른 사람이 불편해하지 않으면 되지 않을까요? 윤수: 화장, 성형처럼 한 번에 많이 바꾸는 것은 좋지 않을 것 같아요. 조금씩, 천천히. 호중: 자신의 삶을 변화시키려는 이유를 잊으면 안 돼요. 다른 쪽으로 새나가면서 다른 사람에게도 영향을 끼칠 수 있어요.	‣ 주요 사고기술: 질문 만들기, 분류하기 - 피해를 주면 안 된다는 의견에 질문을 제기하여 수정 보완 [참고] 립맨의 눈덩이 효과 - 학생들의 질문과 반론, 보충을 거치는 동안 아이디어가 좀 더 정교화되고 확장된다는 의미

수업 프로토콜	수업 진행 및 분석

교사: 지금까지 삶을 어떻게 변화시켜가야 하는가에 대해서 남에게 피해를 주면 안 된다. 큰 틀을 잡고 변화를 시켜가야 한다. 변화시키려는 이유를 잊으면 안 된다. 이렇게 3가지 이야기를 했어요. 그 밖에 또 있을까요?
 	
지영: 너무 어려운 목표를 잡아서 쉽게 포기하지 말고 변화시킬 수 있는 것부터 꾸준히 해야 해요.
 	
교사: 변화시키기 힘든 마음, 성격, 습관 같은 것은 어떻게 변화시켜나갈 수 있을까요?
 	
우영: 아직까지 그런 경험이 없긴 한데 그런 상황이 오면 바꾸어야 할 이유에 대해 먼저 생각해볼 것 같아요.
 	
성욱: 저는 습관 중에 양말을 빨래할 때 뒤집어서 내놓는 습관이 있는데 아직까지 고쳐지지는 않았지만, 꼭 한번 의식하고 생각해볼게요. 까먹을 수도 있지만요.
	‣ 주요 사고기술: 대안 찾기, 관계 찾기
	
	‣ 연결짓기 질문
	  - 앞서 토론에서 변화시키기 어려운 것으로 습관에 대해 말한 부분을 대안찾기와 연결지음
	
	‣ 학생은 습관을 변화시킬 수 있는 대안에 대해 고민함에 있어 자신의 경험, 습관을 토대로 대안 제시
	  - 추상과 구체, 토론과 삶의 연결

교사: 네, 오늘 토론은 여기까지 해야 할 것 같아요. 오늘 토론에 대한 간단한 평가를 해봤으면 좋겠네요. 각자 친구들의 이야기를 잘 경청했나요? 엄지손가락으로 표시해보고 이야기를 해봅시다. <table><tr><td>엄지손가락을 올린 모습</td><td>엄지손가락을 가로로 눕힌 모습</td><td>엄지손가락을 아래로 내린 모습</td></tr><tr><td>👍</td><td>👈</td><td>👎</td></tr><tr><td>잘했다</td><td>보통이다</td><td>못했다</td></tr></table>	‣ 질문 유형: 미학적 질문

수업 프로토콜	수업 진행 및 분석
유진: 저는 중간에 다른 생각을 해서 잘 듣지 못한 부분도 있어요. 호중: 저는 대체로 잘 들었어요. 지영: 저도요. **교사: 두 번째 질문입니다. 여러분들은 오늘 탐구 공동체 토론에 잘 참여했나요?** 연수: 네. 기석: 저는 발언을 생각만큼 잘 못했어요. **교사: 발언을 못 했어도 계속 토론 주제에 대해 함께 고민하지는 않았나요?** 기석: 네, 생각은 했어요. 그런데 발표 기회를 못 잡았어요. **교사: 그럼 토론에 열심히 참여한 거죠. 꼭 발언만이 참여한 것이 아니라 다른 친구의 이야기를 잘 경청하고 계속 토론 주제에 같이 생각하는 것이 중요한 것이니까요.** **교사: 자, 마지막 질문입니다. 오늘 이 토론은 진전이 되었다고 생각하나요?** 민지: 잘 모르겠어요. 성욱: 마지막쯤에는 토론이 너무 어려워져서 잘 따라가지는 못했어요.	▸ 주요 사고기술: 비교하기, 이유 찾기, 다양한 관점에서 보기

수업 프로토콜	수업 진행 및 분석
연수: 그래도 처음보다 다양한 생각들이 나왔으니 토론이 진전된 것 아닌가요? 호중: 그래도 결론이 없잖아. 지수: 처음에는 생각하지 못했던 것도 이제는 생각할 수 있게 되었으니까 토론은 진전되었다고 생각해요. 교사: 맞아요. 토론이 진전되었는지는 각자의 판단에 맡길게요. 분명한 것은 각자의 생각에 성장이 있고, 풍부해졌다면 토론도 분명 진전이 있었다고 볼 수 있지 않을까 생각해요.	
교사: 오늘 정말 잘 참여해줘서 고마웠습니다. 수고하셨어요. 토론 내용과 관련해서 오늘의 글쓰기 주제는 다음과 같습니다. '삶에서 나는 무엇을 앞으로 변화시켜나갈 것인가? 그리고 변화되지 않고 지켜야 할 것은 무엇일까?'	▸ 심화 표현 활동 - 글쓰기 제시

생각 열기

교재 읽기 및 질문 만들기

토론 진행

심화 표현 활동

삶에서 나는
무엇을 앞으로
변화시켜나갈
것인가? 그리고
변화되지 않고
지켜야 할 것은
무엇일까?

표현 1 ◀ 글쓰기

삶을 살아가면서 변화시켜야 하는 것은 먼저 공부하는 습관이다. 나는 공부를 할 때 공부 계획표를 잘 세우지 않는다. 그래서 공부를 할 때 그 다음 시간에는 무엇을 하고, 그 과목에 대한 무슨 공부를 해야 할지 까먹는다. 그래서 나는 이제부터 공부를 하기 전에 먼저 계획표를 짜고 할 것이다.

둘째, 공부하는 태도이다. 나는 공부를 하다가 자주 일어난다. 일어나게 될 때면 항상 집중력과 기억력이 흐트러져서 다시 자리에 앉았을 때 무엇을 하고 있었는지 까먹거나 아니면 집중이 잘되지 않는다. 그래서 이 일어나는 습관을 고치고, 집중해서 공부하는 태도를 고쳐야겠다.

셋째, 나는 내가 하고 싶은 것을 해야 하는 것보다 먼저 하려고 한다. 예를 들어 게임을 하고 싶어서 공부를 그 다음 시간으로 미루거나 아니면 가족들이랑 캠핑을 간다고 하면 숙제는 캠핑을 갔다 와서 하려고 하는 것처럼 말이다. 그래서 나는 우선 해야 하는 것을 최대한 집중을 해서 하려고 노력을 해야겠다.

넷째, 나는 공부 타이머를 해놓고 그 시간이 끝나면 하던 공부를 마저 하지 않고 바로 쉰다. 그래서 어머니께서 그 공부 하고 있는 것은 다 하라고 하신다. 왜냐하면 그 공부를 다 끝내지도 않고 바로 쉬게 된다면 하던 공부 내용을 까먹게 되고, 그 공부를 어디까지 했는지 잊어버릴 수도 있기 때문이다. 그러니 타이머 소리가 들려도 하던 공부는 마저 끝내 놓고 쉬어야겠다.

다섯째, 나는 내가 원하는 것을 어머니, 아버지께 부탁드린다. 물을 먹고 싶을 때 어머니께 갖다 달라고 부탁하든지 아니면 선풍기를 아버지께 부탁하든지 하는 것처럼 말이다. 그러니 내가 원하는 것은 내가 스스로 직접 들고 오거나 아니면 내가 스스로 그것을 해내야겠다.

표현 2 ◀ 글쓰기

내가 지키고 싶은 것은 첫째, 나는 평생 동안 나의 자신감을 지키고 싶다. 왜냐하면 자신감이 많을수록 사람들과 대화도 잘할 수 있고 내가 발표를 할 때도 자신감을 갖고 발표를 해야 더 잘할 수 있기 때문이다.

그리고 또 나는 가족과의 사랑을 지키고 싶다. 가족과의 사랑은 그래도 다른 무엇보다도 소중하고 귀하고 좋기 때문이다. 내가 죽기 전까지도 나는 가족과의 사랑을 꼭 지킬 것이다.

마지막으로 사람을 소중히 여기는 마음이다. 나는 다른 사람을 소중히 여겨 상대방을 배려하려고 노력하고, 친절한 말을 쓰려고 노력한다. 나뿐만 아니라 모두가 배려하고 소중히 여기면 좋을 거 같아서 내가 먼저 노력한다.

심화 표현 활동에 대한 해설 및 성찰

심화 표현 활동은 학생들이 토론과정에서 고민하고, 재구성했던 의미들을 다양한 형태로 표현해보는 과정이다. 저마다 삶의 맥락이 다른 만큼 아이들의 표현하는 내용 역시 매우 다채롭다. 그래서 특정한 주제를 강요하거나, 문법을 중요하게 보지 않는다. 그 대신에 각자가 무엇을 표현하고자 했는지 그 생각이나 느낌을 중요하게 생각한다.

사례에 소개한 학생의 경우 그동안 자신의 삶을 되돌아보면서 구체적으로 어떤 점을 변화시켜가야 하는지 그리고 어떤 점을 지키고 싶은지를 썼다. 반면 어떤 학생은 삶의 변화에 대한 불안감을 표현하기도 했고, 또는 내가 지켜야 할 것이 무엇인지에 대해 근원적인 고민을 쓴 학생도 있었다.

초등학교 저학년의 경우에는 그림이나 간단한 시 형태의 표현 활동이 적절하다. 고학년으로 올라갈수록 장문의 글쓰기를 비롯하여 연극, 프로젝트 등으로 표현 활동은 변화될 수 있다. 중요한 것은 토론과정에서의 느낌, 생각, 감정 등이 자연스럽게 표현 활동으로 이어질 수 있도록 도와주는 것이다.

1. 옷을 바꾸면 나 자신의 내면도 변화될 수 있을까요?

2. 다음 주장에 대한 반론을 생각해봅시다.

> 명품 가디건을 산 명진이는 행동은 타인을 의식해서 한 행동일 뿐이야. 정말 자신이 원했던 선택일 수는 없어. 평소 명진이는 검소한 친구였거든. 명진이다운 행동은 아니었어.

반론:

3. 다음의 빈 칸에 적절한 말을 생각해봅시다.

	축구공 답다는 것은?
	연필답다는 것은?
	명진이답다는 것은?

4. 지금 현재 나답다고 생각하는 것들에 대해 생각해보세요. 그리고 나다움의 순위를 매겨봅시다. 활동을 통해서 어떤 생각이 들었나요?

1순위	
2순위	
3순위	

5. 나답게 사는 것이 중요할까요?

6. 나 자신에 대해 잘 알면 더 좋은 삶을 살 수 있을까요?

7. 나 자신의 모습 중에 시간이 지나도 변화하지 않는 모습도 있을 까요?

8. 내 삶 중에 내가 선택할 수 있는 것과 선택할 수 없는 것을 나누 어봅시다.

9. 나답게 산다는 것의 의미는 무엇일까요?

'자아' 관련 철학이론 탐색

❓ 아리스토텔레스의 '행복'

아리스토텔레스(Aristotle)에 의하면, 이 세상은 어떠한 목적을 향해 움직인다. 이를 흔히 목적론적 세계관이라 부른다. 인간의 삶도 마찬가지이다. 그렇다면 삶의 궁극적인 목적은 무엇일까? 궁극적인 목적이 되기 위해서는 다른 어떤 것의 수단이 되어서는 곤란하다. 그 자체로 완전해야 하고, 자족적이어야 한다. 아리스토텔레스는 이를 행복이라고 부른다. 이때 행복은 단순한 쾌락이 아니다. 이는 인간의 탁월함(덕)에 따르는 활동으로 성취된다. 인간의 탁월함이란 이성에 따르는 삶이며, 도덕적인 삶이다. 따라서 인간의 행복은 철저히 이성적이며 도덕적인 성격을 가지는 것이다.

❓ 본질과 실존

사르트르(Jean Paul Sartre)는 '실존은 본질에 앞선다'라는 유명한 말을 남겼다. 본질은 우리의 존재 이전에 주어지는 목적이나 특성을 의미한다. 생각해보면 대부분의 물건은 탄생 이전에 이미 그 목적이 정해진다. 연필은 쓰기 위해서 만들어졌으며, 의자는 편하게 앉기 위해 만들어졌다. 하지만 인간은 그렇지 않다. 인간은 존재 이후에 삶의 목적을 고민한다. 실존은 매 순간의 선택을 통해 자신을 형성해가는 인간만의 존재 방식이다. 다르게 말하면 자유와 선택을 강요당하는 것이다. 이 때문에 실존주의에서는 무한한 자유 앞에서의 불안을 인간의 근원적인 감정으로 보았다.

🔎 구조주의 vs 실존주의

구조주의는 인간을 둘러싼 삶의 조건들에 관심을 가진다. 구조주의에 의하면 어떤 사물의 의미는 그 자체로 정해지는 것이 아니라 전체 체계 안에서 다른 사물들 간의 관계 속에서 규정된다. 인간의 자아 역시 마찬가지이다. 본질적인 자아를 강조하기보다는 보이지 않는 다양한 구조, 체계 안에서 자아가 규정되어진다고 볼 수 있다.

반면 실존주의에서는 인간의 주체성을 강조한다. 실존주의에 의하면 인간은 스스로 자신의 존재를 규정하고 결단한다. 자신이 선택한 바가 곧 자신의 자아가 되는 것이다. 그래서 불변하는 삶의 목적이나 본질은 존재하지 않는다. 삶의 목적이나 방향 역시 결국 최종적으로는 자기 자신이 결정할 수밖에 없는 것이다.

🔎 미드의 자아이론

문화인류학자인 미드(Margaret Mead)는 인간이 자신의 자아를 정립해나가는 과정에서 타인의 존재가 꼭 필요하다고 보았다. 이를 달리 표현하면 '거울자아'[3]라고 한다. 미드는 인간에서는 '주체로서의

자아'와 '객체로서의 자아'가 있다고 보았다. '주체로서의 자아'는
자신이 생각하는 나의 모습이며, '객체로서의 자아'는 타인이 바라
보는 나의 모습이다. 온전한 자아는 이 둘이 적절하게 균형과 조화
를 이루어야 된다고 보는 것이다. 그런 의미에서 보면 자아를 정립
하기 위해서는 타인과의 활발한 교류와 소통이 필수적이라는 것을
알 수 있다.

---

3. 거울 자아(Looking glass self)란 자아라는 건 처음부터 사회적이라는 의미의 개념으로 미국
   의 사회학자인 찰스 쿨리(Charles H. Cooley)가 제시하였다. 쉽게 말해 타인이 나의 행동을
   긍정적으로 인정하면 자아상도 긍정적으로 받아들이고, 타인이 부정적으로 평가하면 자아상
   도 부정적으로 받아들이게 된다는 뜻이다.

'자아' 관련 참고자료들

제목	분야
1. 《연금술사》(파울로 코엘료 저/ 최정수 역/ 문학동네/ 2001)	문학

책 읽기를 좋아하는 양치기 산티아고는 어느 날 꿈을 꾼다. 한 소년이 자신을 피라미드로 데려가는 꿈이다. 산티아고는 이 꿈을 실현하기 위해 긴 순례길을 떠난다. 그 과정에서 도둑과 마주치고, 늙은 왕과 집시 여인을 만나기도 한다. 그리고 어떤 여인을 만나 사랑을 하고, 사막에서 죽음의 위기에 처하기도 한다. 수많은 유혹과 고난에도 불구하고 산티아고는 자신의 꿈을 위해 떠난다. 그리고 자신의 '자아'에 대한 깊은 성찰에 다다르게 된다.

2. 《데미안》(헤르만 헤세 저/ 전영애 역/ 민음사/ 2000)	문학

상류층에서 자란 싱클레어는 어릴 적 불량한 친구를 사귀게 되고, 협박을 당한다. 이때 데미안이라는 친구가 나타나 싱클레어를 구해준다. 데미안은 싱클레어가 가지고 있던 기존의 관념들이 항상 옳지는 않다는 것을 보여준다. 그러면서 서서히 데미안의 세계관과 세상에 매료되어간다. 하지만 데미안과 헤어진 후 사춘기 시절을 거치면서 싱클레어는 선과 악에 대해 갈등하고, 방탕한 생활에 접어든다. 싱클레어는 점점 더 데미안을 그리워하게 된다. 이후 두 친구는 함께 세계대전에 참전하게 되고, 싱클레어는 부상을 당하게 된다. 이때 데미안이 다가와서 이렇게 말한다.
"싱클레어, 너는 언젠가는 다시 나를 찾게 될 거야. 하지만 네가 부른다고 그전처럼 너한테 갈 수는 없어. 그때는 너 자신의 목소리에 귀를 기울여봐, 네 마음속에 내가 있다는 것을 알게 될 테니."

3. 《이게 정말 나일까》(요시타케 신스케 글 · 그림/ 김소연 역/ 주니어김영사/ 2015)	그림책

어느 날 지후는 '가짜 나'를 만들어 하기 싫은 일들을 대신 해주는 '도우미 로봇'을 산다. 그런데 문제가 발생한다. 로봇이 가짜 나임을 들키지 않으려면 어떻게 하는지 묻는 것이다. 나라는 존재를 설명해야 하는 것이다. 키, 몸무게부터 좋아하는 것, 싫어하는 것, 성격, 특성 등을 설명하지만, 그 모든 것들은 시시각각 변한다고 말한다. 그럼 '진짜 나'의 모습은 무엇일까? 이에 대해 다양한 생각과 질문을 던지게 하는 그림책이다.

4. 《진짜 곰》(송희진 글·그림/ 뜨인돌어린이/ 2011)

그림책

어느 날 서커스에서 공연하는 곰에게 한 아이가 소리친다. "저건 진짜 곰이 아니야!"
이 한마디로 서커스에서 공연을 하던 곰은 심각한 고민에 휩싸인다. 진짜 곰이라는 게 뭘까? 진짜 곰을 찾기 위해 곰은 길을 떠난다. 곰 인형도 만나고, 길거리에서 곰 탈을 쓴 인간도 만난다. 그 과정에서 진짜 곰의 의미를 고민한다. 진정한 자신을 찾기 위해 고민하던 곰은 겨울이 되자 서서히 졸음을 이기지 못하고 산으로 들어간다. 이 그림책은 곰다움을 넘어 자신다움에 대한 탐구를 보여주고 있다.

5. 〈소울〉(피트 닥터 감독/ 픽사애니메이션스튜디오/ 2020)

애니메이션

주인공 조는 자신이 원하던 뮤지션의 꿈을 드디어 이루려는 순간 죽음을 맞이하고 만다. 억울했던 그는 다시 이 세상에 돌아오기 위해 고군분투한다. 이때 세상에 태어나기 싫어하는 영혼 'No. 22'를 만나게 된다. No. 22는 삶의 이유를 찾지 못해 굳이 태어날 필요가 없다고 생각했던 것이다. 이 둘은 전혀 다른 목적과 생각을 가지고 함께 모험을 떠난다. 하지만 그 모험의 여정에서 삶의 의미, 삶을 대하는 태도에 대해 많은 교훈을 얻게 된다. 삶의 목표와 성공만을 강요하는 이 시대에 많은 질문을 던져주는 애니메이션이다.

부록

교실 속 철학토론을 위한 추가 자료들

01 교과별로 다뤄볼 만한 철학적 탐구주제 목록

- 교과별 철학적 탐구주제(초등편) 320
- 교과별 철학적 탐구주제(중등편) 324
- 교과별 철학적 탐구주제(고등편) 327

02 철학 에피소드

- 누구에게 투표하지? 331
- 로봇도 인간일까? 335
- 코로나보다 더 무서운 것은? 340

교과별 철학적 탐구주제(초등편)

교과	교과 주제	철학적 탐구주제
국어	듣기와 말하기	• 말로 내 감정을 표현할 수 있을까? [2국01-03] • 사람들은 왜 다른 사람에게 자신의 생각을 표현하려고 할까? [4국01-01] • 더 나은 의견을 판단하는 기준은 무엇인가? [4국01-02] • 말로 생각을 전달하는 것과 글로 생각을 전달하는 것의 차이점은 무엇일까? [6국01-01]
	읽기	• 다른 사람의 마음을 어떻게 알 수 있을까? [2국02-04] • 내가 경험하지 않은 것을 실제처럼 느낄 수 있을까? [2국02-04] • 사실과 의견을 구별하는 기준은 무엇일까? [4국02-04] • 적절한 표현을 판단하는 기준은 무엇일까? [6국02-04]
	쓰기	• 인상 깊은 일이라는 것은 무엇인가? [2국03-04] • 모든 사람이 자신의 의견을 표현할 수 없다면 어떻게 될까? [4국03-03] • 글을 읽고 실제로 체험한 일인지 구별할 수 있을까? [6국03-05]
	문법	• 낱자 하나가 바뀌면 낱말의 의미가 달라지는 이유는 무엇일까? [2국04-04] • 반대되는 말이라는 것은 무엇인가? [4국04-02] • 관용 표현은 어떻게 만들어질까? [6국04-04]
	문학	• 시나 노래, 이야기는 내 삶에 어떤 의미가 있을까? [2국05-05] • 어떤 이야기가 작품이 될 수 있을까? [4국05-04] • 문학 작품을 읽는 것이 바람직한 삶을 사는데 도움이 될까? [6국05-06]
도덕	자신과의 관계	• 최선을 다한다는 것은 어떻게 알 수 있을까? [4도01-03] • 감정을 내 마음대로 바꿀 수 있을까? [6도01-01] • 거짓말을 하지 않고 정직하게만 산다면 잘 살 수 있을까? [6도01-03]
	타인과의 관계	• 나에게 가족이 필요한 이유는 무엇일까? [4도02-01] • 친구가 꼭 필요할까? [4도02-02] • 사이버 공간의 '나'와 현실의 나는 다를 수 있을까? [6도02-01] • 모든 갈등을 평화적으로 해결할 수 있을까? [6도02-02]
	사회 · 공동체와의 관계	• 공익을 위해 나의 손해를 감수할 수 있을까? [4도03-1] • 다른 문화를 공정하게 대하려면 어떻게 해야할까? [4도03-02] • 통일을 꼭 해야 할까? [4도03-03] • 모든 사람의 인권을 존중해야 할까? [6도03-01] • 공정한 경쟁은 어떤 것일까? [6도03-02] • 지구촌 문제들을 해결하는데 나의 실천이 도움이 될까? [6도03-04]
	자연 · 초월과의 관계	• 인간 생명이 다른 생명체보다 가치있을까? [4도04-01] • 참된 아름다움이란 무엇일까? [4도04-02] • 올바르게 사는 것은 나에게 도움이 될까? [6도04-02]

교과	교과 주제	철학적 탐구주제
사회	정치	• 우리 지역의 문제와 해결 방법은 무엇인가? [4사03-06] • 청소년들은 주권이 있을까? [6사05-05] • 다수결은 민주적인 문제해결 방법일까? [6사05-03] • 북한과 어떻게 지내야 할까? [6사08-02]
	법	• 헌법에서 규정하는 기본권과 의무가 지켜지지 않는 경우가 있을까? [6사02-04] • 의무를 지키지 않으면 권리를 주장할 수 없을까? [6사02-04] • 내 삶의 문제를 해결하는데 법은 어떤 도움을 줄까? [6사02-05]
	경제	• 경제활동에서 더 나은 선택의 기준은 무엇일까? [4사04-03] • 가계와 기업의 합리적인 선택의 기준은 무엇일까? [6사06-01] • 경쟁을 제한해야 할까? [6사06-02] • 국가가 특정한 사업이나 자원을 무기화하는 이유는 무엇일까? [6사06-06]
	사회 · 문화	• 우리와 다른 문화를 차별하는 이유는 무엇일까? [4사04-06] • 내가 노력한다고 지구촌의 환경 문제가 해결될까? [6사08-05] • 나는 세계시민일까? [6사08-06]
	장소와 지역	• 사람마다 장소에 대한 기억과 느낌이 다른 이유는 무엇일까? [4사01-01] • 기후는 우리의 생활을 변화시킬 수 있을까? [6사07-03] • 이웃나라들(중국, 일본, 러시아 등)을 다른 말로 표현한다면? [6사07-06]
	자연 환경과 인간 생활	• 자연환경의 변화는 받아들여야 할까? 극복해야 할까? [4사02-01]
	인문 환경과 인간 생활	• 촌락과 도시를 구별하는 이유는 무엇일까? [4사04-01] • 교통과 통신이 발달에 따른 생활 모습의 변화는 좋은 것인가? [4사01-05], [4사01-06]
	지속 가능한 세계	• 지구촌의 다양한 갈등을 해결해야 하는 이유는 무엇일까? [6사08-03] • 지구촌의 평화는 어떤 상태일까? [6사08-04]
	역사 일반	• 나에게 고장이란 무엇인가? [4사01-04] • 지역을 대표하는 인물의 기준은 무엇인가? [4사03-04]
	정치 · 문화사	• 사람들의 생활 방식을 변하게 만드는 원인은 무엇일까 [4사02-04] • 나라가 만들어지기 위해서 필요한 것은 무엇일까? [6사03-01] • 문화유산을 선정하는 기준은 무엇일까? [6사03-02] • 나라를 지키기 위해 자신을 희생하는 이유는 무엇일까? [6사03-06], [6사04-04] • 사회는 꼭 변해야만할까? [6사04-01] • 사람들이 자유를 추구하는 이유는 무엇일까? [6사05-01] • 시민들의 모든 정치 참여 활동이 사회 발전에 도움이 될까? [6사05-02] • 어떤 지역이 영토가 되기위한 조건은 무엇일까? [6사08-01]
	사회 · 경제사	• 내가 생각하는 좋은 가족의 조건은 무엇일까? [4사02-05] • 다른 사람의 인권을 무시하는 사람의 인권도 지켜줘야 할까? [6사02-02] • 경제가 성장하는 것은 나에게 좋은 것일까? [6사06-04]

교과	교과 주제	철학적 탐구주제
수학	수와 연산	• 수가 뭘까? [2수01-01] • 수는 우리 삶과 어떤 관계가 있을까? [2수01-10] • 규칙(계산 방법 등)없이 계산할 수 있을까? [4수01-07]
	도형	• 보이지 않는 것을 어떻게 표현할 수 있을까? [6수02-05] • 보이지 않는 것을 어떻게 상상할 수 있을까? [6수02-11]
	측정	• 시간이란 무엇일까? [2수03-04]
	규칙성	• 규칙은 어떻게 만들어야 할까? [2수04-01] • 우리 삶을 수나 식으로 나타낼 수 있을까? [4수04-01]
	자료와 가능성	• 기준없이 살 수 있을까? [2수05-01] • 평균을 통해 우리가 알 수 있는 것은 무엇인가? [6수05-01] • 실제 우리 삶에서 어떤 사건이 일어날 가능성을 수로 표현할 수 있을까? [6수05-07]
과학	전기와 자기	• 보이지 않지만 존재할 수 있을까? [4과02-01]
	열과 에너지	• 온도계의 온도가 정확하다는 것을 어떻게 믿을 수 있을까? [6과01-01]
	파동 물질의 구조	• 우리는 세상을 정확하게 볼 수 있을까? [6과11-02]
	물질의 성질	• 세상은 무엇으로 이루어져 있을까? [4과01-01]
	생물의 구조와 에너지	• 에너지를 효율적으로 사용한다는 것은 어떤 의미일까? [6과17-02]
	생명의 연속성	• 동물처럼 인간도 특정한 기준으로 분류할 수 있을까? [4과03-01] • 생명이 살아가는 이유는 무엇일까? [4과10-02] • 씨앗은 살아있는 것일까? [4과13-01]
	환경과 생태계	• 사람들은 왜 생태계를 보전해야 한다고 말하면서 생태계를 파괴하는 것일까? [6과06-03]
	고체 지구	• 경험하지 않은 일을 알 수 있을까? [4과06-03]
	우주	• 사람들은 왜 자연에 의미를 부여할까? [6과02-02]
음악	표현	• 리듬과 노랫말은 어떤 관련이 있는가? [4음01-03] • 자연의 소리나 주변 환경의 소리도 음악이 될 수 있는가? [4음01-05] • 노랫말 없는 음악으로 상황을 표현할 수 있을까? [6음01-05]
	감상	• 다양한 문화권의 음악에 대하여 우열을 가릴 수 있을까? [6음02-02]
	생활화	• 음악은 내 삶에 어떤 영향을 줄 수 있을까? [4음03-01] • 오늘날 국악의 범위는 확대되어야 할까? [4음03-03]

교과	교과 주제	철학적 탐구주제
미술	체험	• 미술은 나의 삶을 풍요롭게 해줄 수 있는가? [4미01-04] • 시각적 이미지를 통해 다른 사람과 소통할 수 있을까? [6미01-04]
	표현	• 표현 의도에 적합한 조형 요소의 판단 기준은 무엇인가? [4미02-05] • 사람들은 왜 자신의 아이디어를 다른 사람에게 표현하고 싶어하는가? [공통]
	감상	• 미술 작품을 객관적으로 평가할 수 있을까? [4미03-03] • 미술 작품을 감상한다는 것은 어떤 의미인가? [6미03-04]
체육	건강	• 건강한 생활습관이란 무엇일까? [4체01-01] • 여가 활동을 통해 신체적, 정신적, 정서적으로 건강해질 수 있을까? [4체01-04]
	도전	• 기록을 향상시켜야 하는 이유는 무엇일까? [4체02-02] • 도전정신을 기르기 위해서는 어떻게 해야할까? [공통]
	경쟁	• 스포츠에서 경쟁과 즐거움은 어떤 관계인가? [4체03-01] • 타인을 이해하고 배려하는 능력은 운동을 잘하는 것과 어떤 관련이 있을까? [공통]
	표현	• 움직임 언어로 의미를 표현하는 이유는 무엇일까? [4체04-01] • 신체 표현의 미적 가치를 판단하는 기준은 무엇일까? [공통]
실과	인간 발달과 가족	• 건강하게 발달한다는 것은 어떤 의미인가? [6실01-01] • 성적 발달에 따른 올바른 자기 관리 방법은 무엇일까? [6실01-02] • 건강한 가정생활은 어떤 것일까? [6실01-04]
	가정 생활과 안전	• 때와 장소, 상황에 맞는 옷차림의 판단 기준은 무엇인가? [6실02-03] • 좋은 음식의 기준은 무엇인가? [6실02-04]
	자원 관리와 자립	• 시간을 잘 관리하기 위해서는 어떻게 해야 할까? [6실03-02] • 욕구를 억제하고 필요에 따르는 소비가 합리적인 소비생활인가? [6실03-03]
	기술 시스템	• 자원으로 활용되지 않는 동식물은 가치가 없는 것인가? [6실04-02], [6실04-03]
	기술 활용	• 일을 하지 않아도 되는 것은 좋은일이라고 할 수 있을까? [6실05-01] • 기술 발전은 인간 삶의 질을 더 높여줄 수 있을까? [6실05-03]

교과별 철학적 탐구주제(중등편)

교과	교과 주제	철학적 탐구주제(성취기준)
국어	듣기와 말하기	• 우리는 듣기와 말하기를 통해 모든 의미를 공유할 수 있을까? [9국01-01] • 토론에서 타당한 근거가 갖추어야 할 조건에는 무엇이 있는가? [9국01-05] • 언어폭력도 폭력이라고 할 수 있는가? 그리고 이를 개선하기 위한 대안은 무엇인가? [9국01-12]
	읽기	• 읽기가 문제해결의 과정이라는 것은 어떤 의미인가? [9국02-01] • 글을 읽는다는 것의 의미는 무엇인가? [9국02-09] • 읽기의 가치와 중요성은 무엇인가? [9국02-10]
	쓰기	• 생각이나 느낌을 있는 그대로 글로 표현할 수 있는가? [9국03-07] • 글을 쓸 때 지켜야 할 윤리가 무엇인가? [9국03-07]
	문법	• 언어의 본질이 무엇인가? [9국04-01] • 한글은 어떠한 원리로 창제되었을까? [9국04-08] • 통일 시대의 국어 모습은 어떻게 변화될까? [9국04-09]
	문학	• 문학을 통해 우리는 어떠한 소통을 할 수 있는가? [9국05-01] • 문학에서 비유와 상징이 중요한 이유는 무엇인가? [9국05-02] • 가치있는 경험이라는 것이 무엇인가? [9국05-09]
사회	정치	• 민주주의의 가장 중요한 의미는 무엇인가? [9사(일사)03-02] • 선거는 항상 최선의 결과를 보장할 수 있을까? [9사(일사)04-02] • 현대사회에서 시민은 누구를 의미하는가? [9사(일사)03-01]
	법	• 법의 궁극적인 목적은 무엇인가? [9사(일사)05-01] • 공정한 재판이란 무엇일까? [9사(일사)05-03] • 어디까지가 인권일까? [9사(일사)06-01] • 국가의 리더가 갖추어야 할 것은 무엇인가? [9사(일사)07-02]
	경제	• 경제활동에서 합리적 선택의 의미는 무엇인가? [9사(일사)08-01] • 자유 시장경제의 한계와 대안은 무엇일까? [9사(일사)08-02] • 현대사회에서 기업가가 지켜야 할 윤리는 무엇일까? 그것은 노동자의 윤리와 다른가? [9사(일사)08-02]
	사회 문화	• 사회화가 된다는 것은 무엇을 의미하는가? [9사(일사)01-01] • 청소년기가 우리 삶에서 가지는 가치는 무엇일까? [9사(일사)01-01] • 모든 문화를 있는 그대로 존중해야 하는가? [9사(일사)02-02] • 우리 삶에서 시장은 어떤 의미를 지니는가? [9사(일사)09-01]

교과	교과 주제	철학적 탐구주제
역사	문명의 발생과 동아시아 국가의 성립	• 역사를 배우는 이유는 무엇일까? [9역01-01] • 문명의 의미는 무엇인가? [9역01-03] • 고조선이 우리나라의 기원으로써 가지는 의미는 무엇인가? [9역01-05] • 도구의 변화가 인간의 삶에 어떤 영향을 주었는가? [9역01-06]
	남북국 시대와 동아시아의 발전	• 우리 역사에서 종교는 어떤 의미를 가지는가? [9역03-03] • 고구려가 삼국통일을 했다면 어떻게 되었을까? [9역03-02]
	제국주의 침략과 근대 개혁 운동	• 19세기에 제국주의는 도덕적 비판의 대상이 될 수 있을까? [9역07-01] • 독도는 우리에게 어떤 의미가 있을까? [9역07-05]
수학	공통	• 수로 이 세상을 설명할 수 있을까? [교과 목표] • 수학을 배우면 우리 삶이 더 나아질까? [교과 목표] • 사람에게 수학이 필요한 이유는 무엇일까? [교과 목표]
	수와 연산	• 소인수분해를 알아야 하는 이유는 무엇일까? [9수01-01] • 양수와 음수, 정수와 유리수는 어떠한 관계에 있을까? [9수01-03] • 실생활에서 무리수를 어떻게 적용되는가? [9수01-08]
	함수	• 함수는 어떤 의미를 가지고 있는가? [9수03-04] • 비례란 무엇인가? [9수03-03]
	기하	• 도형이란 무엇인가? [9수04-01] • 이 세상의 모든 것은 도형으로 이루어져 있는가? [공통] • 도형의 성질을 알아야 하는 이유는 무엇인가? [9수04-05]
	확률과 통계	• 확률이 미래를 예측하는데 도움을 줄까? [단원 목표] • 확률과 민주시민과 어떤 관계가 있을까? [단원 목표] • 통계가 우리 삶에 미치는 영향은? [공통]
과학	공통	• 과학적으로 문제를 해결한다는 것의 의미는 무엇인가? [교과 목표] • 과학이 즐거울 수 있을까? [교과 목표] • 과학을 통해 민주주의가 성숙해질 수 있을까? [교과 목표]
	여러 가지 힘	• 힘이란 무엇일까? [단원 목표] • 힘이 없어도 운동이 가능할까? [9과02-03]
	생물의 다양성	• 생물이 다양하다는 것의 의미와 가치는? [9과03-01] • 생물의 다양성을 왜 보전해야 할까? [9과03-03] • 모든 생물이 똑같으면 어떤 세상이 될까? [9과-03-03]
	빛과 파동	• 우리는 어떻게 세상을 인식하는가? [9과06-01] • 우리가 보는 세상은 정확할까? [9과06-01] • 파동의 의미를 다르게 표현해본다면? [9과06-04]
	과학과 나의 미래	• 과학은 우리 삶을 더 행복하게 해 줄까? [9과07-01] • 과학으로 인해 직업세계는 어떻게 변화할까? [9과07-02] • 꼭 직업이 아니더라도 과학이 내 미래의 삶에 영향을 줄까? [9과07-02]

교과	교과 주제	철학적 탐구주제
기술가정	인간발달과 가족	• 자아를 존중한다는 것의 의미는 무엇인가? [9기가01-01] • 가족의 가장 중요한 본질은 무엇인가? [9기가01-05] • 건강한 성이란 무엇인가? [9기가01-03]
	가정생활과 안전	• 우리 삶에서 옷이 가지는 의미는 무엇인가? [9기가02-04] • 건강함의 기준은 무엇인가? [9기가02-07] • 청소년은 성적 의사결정권이 있는가? [9기가02-08]
	자원관리와 자립	• 합리적인 소비의 기준은 무엇인가? [9기가03-04] • 저출산-고령화 사회에서 나는 어떻게 살아야 할까? [9기가03-06] • 진로를 설계할 때 나에게 가장 중요한 가치는 무엇일까? [9기가03-09]
	기술 시스템	• 생명을 기술의 대상으로 바라봐도 될까? [9기가04-09] • 통신기술이 발달하면 사람들 사이의 관계도 더 좋아질까? [9기가04-18]
체육	공통	• '신체활동'을 통해 세상을 이해한다는 것의 의미는 무엇인가? [교과 성격] • 우리는 지금 신체활동을 향유하고 있을까? [교과 성격] • 신체활동이 아름다울 수 있을까? [교과 성격]
	건강	• 우리 삶에서 몸은 어떤 의미를 가지는가? [9체01-01] • 여가를 향유한다는 것의 의미는 무엇인가? [9체01-07]
	도전	• 스포츠는 우리 삶을 어떤 의미를 가지는가? [9체02-01] • 누구나 스포츠를 해야 할까? [공통] • 도전하는 삶은 무엇을 의미하는가? [공통]
	경쟁	• 스포츠에서 경쟁이 가지는 의미는 무엇인가? [공통] • 경쟁의 부정적인 측면은 없는가? [공통]
	표현	• 표현한다는 것이 중요한 이유는 무엇인가? [공통] • 심미적으로 표현하다는 것의 기준은 무엇인가? [9체04-02]

교과별 철학적 탐구주제(고등편)

교과	단원명	철학적 탐구주제
국어	듣기·말하기	• 쟁점별 찬반 양측에서의 주장을 지지해주는 근거 자료를 어떻게 신뢰할 수 있는가? [10국01-03] • 협상에서 서로 만족할 만한 대안을 어떻게 찾을 수 있을까? [10국01-04]
	읽기	• 독서의 목적이 무엇인가? [10국02-03] • 창의적으로 독서한다는 것은 무엇을 의미할까? [10국02-03]
	쓰기	• 내 삶의 경험을 글로 표현할 수 있을까? [10국03-01] • 글쓰기의 가치는 무엇인가? [10국03-01] • 좋은 글이라는 것을 어떻게 판단할 수 있는가? [10국03-05]
	문법	• 국어의 역사를 이해해야 하는 이유는 무엇인가? [10국04-01] • 한글 맞춤법을 준수하지 않는다면 어떤 상황이 일어날까? [10국04-05]
	문학	• 문학작품을 어떻게 해석해야 할까? [10국05-04] • 문학작품의 사회·문화적 가치는 무엇인가? [10국05-04] • 문학작품이 내 삶에 미치는 영향은 무엇일까? [10국05-05]
생활과 윤리	현대의 삶과 실천윤리	• 윤리적 삶이란 무엇인가? [12생윤01-03] • 내 삶을 도덕적으로 탐구하는 목적이 무엇인가? [12생윤01-03]
	생명과 윤리	• 산다는 것은 무엇인가? [12생윤02-01] • 죽음이란 무엇인가? [12생윤02-01] • 생명 복제는 생명의 존엄성에 위배되는가? [12생윤02-02] • 동물의 권리도 보호받아야 하는가? [12생윤02-02] • 성소수자의 사랑도 인정해야 하는가? [12생윤02-03] • 가족의 의미는 무엇인가? [12생윤02-03]
	사회와 윤리	• 직업을 꼭 가져야 할까? [12생윤03-01] • 특정 대상 우대 정책은 공정한가? [12생윤03-02] • 청렴의 의미는 무엇인가? [12생윤03-03]
	과학과 윤리	• 과학 기술은 우리 삶에 어떤 영향을 미치는가? [12생윤04-01] • 정보와 매체에도 윤리가 적용되어야 할까? [12생윤04-02]
	문화와 윤리	• 미적인 것은 모두 윤리적일까? [12생윤05-01] • 소비에도 윤리가 필요한가? [12생윤05-02] • 종교란 무엇인가? [12생윤05-03]
	평화와 공존의 윤리	• 통일의 필요성은 무엇일까? [12생윤06-02] • 국가 간 빈부격차를 해결해야 하는 이유는 무엇일까? [12생윤06-03]

교과	교과 주제	철학적 탐구주제
한국사	우리 역사의 형성과 고조선의 성립	• 역사를 학습하는 이유는 무엇일까? [10한사01-01] • 역사를 얼마만큼 신뢰할 수 있는가? [10한사01-01]
통합사회	인간, 사회, 환경과 행복	• 행복의 기준은 무엇인가? [10통사01-02] • 행복한 삶을 실현하기 위한 조건은 무엇인가? [10통사01-03] • 자연환경과 인간의 삶은 어떻게 연결되는가? [10통사02-01] • 생활공간의 의미는 무엇인가? [10통사03-01]
	인간과 공동체	• 법을 선택적으로 지켜도 될까? [10통사04-02] • 법을 준수하는 경우를 내가 판단해도 될까? [10통사04-02] • 시민불복종이 정당화 되는 조건은 무엇인가? [10통사04-02] • 사회적 소수자를 포함한 모든 인권을 어떻게 보장할수 있을까? [10통사04-03] • 국제 무역이 우리 삶에 미치는 영향은 무엇인가? [10통사05-03] • 정의로운 사회를 위해 필요한 것은 무엇일까? [10통사06-02]
	사회 변화과 공존	• 전통문화는 보존되어야 하는가? [10통사07-02] • 문화 상대주의는 필요한가? [10통사07-03] • 다문화 사회에서 우리는 어떻게 살아갈 것인가? [10통사07-04] • 국제 사회의 갈등을 해결하기 위한 합당한 방법은 무엇일까? [10통사08-03] • 지속가능한 발전이 우리 삶에 어떤 의미를 지니는가? [10통사09-02] • 미래지구촌에서 우리 미래 삶의방향은 어떻게 설정해야 할까? [10통사09-03]
수학	문자와 식	• 복소수의 의미와 가치는 무엇일까? [10수학01-05] • 방정식을 배워야 하는 이유는 무엇일까? [10수학01-08]
	기하	• 우리 세상은 기하로 이루어져 있을까? [10수학02] • 평행한 두 직선은 영원히 만나지 않을까? [10수학02-04]
	수와 연산	• 집합은 내 삶과 어떤 관계가 있을까? [10수학03-01] • 명제가 필요한 경우는 언제일까? [10수학03-04] • 충분조건과 필요조건을 배워야 하는 이유는 무엇일까? [10수학03-06]
	함수	• 함수와 역함수는 어떤 차이가 있을까? [10수학04-03] • 유리함수와 무리함수는 어떤 가치를 지닐까? [10수학04-04/05] • 함수는 우리 삶에 어떤 의미가 있는가? [공통]
	확률과 통계	• 확률과 통계가 우리 삶에 어떤 의미가 있는가? [공통] • 합의 법칙과 곱의 법칙이 적용되는 상황은 어떻게 다른가? [10수학05-01] • 순열과 조합은 어떤 경우에 필요한가? [10수학05-02/03]

교과	교과 주제	철학적 탐구주제
통합과학	물질과 규칙성	• 우주의 구성 원소를 어떻게 인식할 수 있을까? [10통과01-01] • 우리의 고향은 별인가? [10통과01-02] • 원소들이 결합하는 이유와 그 의미는 무엇일까? [10통과01-04] • 신소재는 계속 만들어져야 하는가? [10통과02-03]
	시스템과 상호작용	• 관성 현상과 유사한 우리 삶의 모습은 어떤 것이 있을까? [10통과03-02] • 시스템을 유지하기 위해 필요한 것은 무엇일까? [10통과04-01]
	변화와 다양성	• 산화와 환원 반응이 우리 삶에 미친 영향은 무엇인가? [10통과06-01] • 산과 염기의 반응을 왜 배워야 할까? [10통과06-04] • 모든 동물은 진화하는가? [10통과07-02] • 생물다양성을 보전해야 할까? [10통과07-03]
	환경과 에너지	• 생태계를 보전해야 하는 이유는 무엇인가? [10통과08-01] • 기후 변화로 인한 지구 미래는 어떤 모습일까? [10통과08-03] • 열에너지 이용 효율을 100%로 달성할 수 있을까? [10통과08-04]
음악	표현	• 소리와 음악의 차이는 무엇인가? [12음01-03] • 내 경험을 음악으로 표현할 수 있을까? [12음01-03]
	감상	• 감상을 한다는 것은 무엇을 의미할까? [12음02-01] • 작가의 의도를 감상을 통해 파악할 수 있을까? [12음02-03]
	생활화	• 음악의 사회적 가치는 무엇일까? [12음03-01] • 국악을 계승해야 할까? [12음03-03]
미술	체험	• 시각문화의 가치는 무엇일까? [12미01-02] • 미술을 통한 사회 참여가 가능할까? [12미01-03]
	표현	• 내 삶의 경험을 미술 작품으로 표현할 수 있을까? [12미02-01] • 표현이 창의적이라고 할 수 있는 기준은 무엇일까? [12미02-02]
	감상	• 미술 작품의 가치를 판단하는 기준은 무엇인가? [12미03-03]

교과	교과 주제	철학적 탐구주제
기술 · 가정	인간 발달과 가족	• 사랑이란 무엇일까? [12기가01-01] • 행복한 결혼의 조건은 무엇일까? [12기가01-02] • 책임 있는 부모의 기준은 무엇일까? [12기가01-03]
	가정 생활과 안전	• 건강한 식생활의 기준은 무엇인가? [12기가02-01] • 한복을 입어야 하는 이유는 무엇인가? [12기가02-02]
	자원관리와 자립	• 복지서비스는 어디까지 제공되어야할까? [12기가03-01] • 노년기의 삶의 가치는 무엇일까? [12기가03-05]
	기술 시스템	• 생명 기술의 발달이 인류의 식량 자원을 확보할 수 있을까? [12기가04-04] • 첨단 기술 발달이 우리 삶에 미치는 영향은 무엇일까? [12기가04-07]
	기술 활용	• 지적재산권을 인정해야 하는 이유는 무엇일까? [12기가05-04] • 적정기술로 삶의 질을 높일 수 있을까? [12기가05-08]
체육	건강	• 건강한 삶이란 무엇일까? [12체육01-01] • 여가 활동이 삶에 미치는 영향은 무엇인가? [12체육01-03]
	도전	• 도전 스포츠란 무엇일까? [12체육02-01] • 내 삶에서 도전 스포츠는 어떤 의미가 있을까? [12체육02-04]
	경쟁	• 경쟁 스포츠의 가치는 무엇일까? [12체육03-01] • 스포츠맨십은 운동에 어떤 영향을 미치는가? [12체육03-04] • 페어플레이의 조건은 무엇일까? [12체육03-04]
	표현	• 창작이란 무엇일까? [12체육04-02] • 신체 표현이 예술이 될 수 있을까? [12체육04-04]
	안전	• 안전한 삶을 위해서는 무엇이 필요할까? [공통]

주제	선거, 민주주의, 정치	관련 교과	사회, 도덕, 창체
주요 질문 ① 누구나 투표를 해야 하는 이유는 무엇일까? ② 다수결은 항상 최선의 결과를 보장해줄까? ③ 민주주의 사회에서 참여는 어떤 의미일까? ④ 좋은 정치인을 판단하는 기준은 무엇일까?			

누구에게 투표하지?

지훈이는 아침부터 시끄럽게 소리치는 게 듣기 싫었다. "존경하는 송정 주민 여러분! 저 송정당 김국회입니다. 저는 국회의원 선거에서 5번이나 떨어졌습니다. 불쌍하지 않으십니까! 이번에는 저를 꼭 뽑아주십시오! 작년에 최민우 후보가 부동산 투기로 무려 10억을 벌었다고 합니다. 그런 사람을 어떻게 믿을 수 있겠습니까!"

며칠 뒤면 선거라서 그런지 너무 시끄럽게 한다.

　　지훈: 진짜 시끄럽지 않냐? 뭐 때문에 저렇게까지 하는 건지 모르
　　　　　겠다.

　　혜지: 국회의원이 법도 만들고 우리나라 예산도 어디에 쓸지 정하
　　　　　잖아. 그리고 선거는 국민을 대표하는 사람들을 뽑는 중요한

일이라고!

지훈: 야! 너는 그걸 어떻게 알고 있냐?

혜지: 그거 이번 사회 시험 범위야.

지훈이가 학교를 마치고 집으로 돌아가는데 우편함에 선거 공보물이 도착해 있었다. 집으로 가져가서 아빠에게 물어보았다.

지훈: 아빠 이게 뭐예요?

지훈 아빠: 아, 이거 후보자들이 자기 공약을 설명하는 건데 어차피
그 사람이 그 사람이라 다 똑같아. 지난번에 국회의원 비
리 사건 터진 것 봤지? 국회의원, 다 나쁜 사람들이야.

지훈: 그래도 누구 하나 뽑아야 하는 거 아니에요?

지훈 아빠: 지훈아 생각해봐라. 내가 누구 뽑는다고 뭐가 달라지겠
니. 태화강에 소금 한 바가지 뿌린다고 바다 되는 것 아
니다.

지훈 엄마: 그래도 그러면 안 되죠. 투표는 꼭 해야 해요.

지훈 아빠: 그럼 당신은 누구 뽑을 건데요?

엄마는 자랑스럽게 대답하셨다.

지훈 엄마: 그야 나는 언제나 송정당이죠! 게다가 김국회씨는 한국

대학교를 나왔다구요! 한국대학교만 나온걸 봐도 김국
회씨가 얼마나 훌륭한지 알 수 있다구요.

지훈: 그런데 김국회씨 범죄경력이 있는데요? 음주운전을 했대요.

지훈 엄마: 그래? 그래도 능력이 뛰어나니까 괜찮아.

다음 날 아침 지훈이가 혜지와 함께 학교에 가면서 어제 집에서 있었던 일을 이야기해줬다. 이야기를 들은 혜지는 자기 엄마는 고헌당 박미진 후보가 같은 고향 사람에다가 여자라서 지지한다고 했다. 그런데 그 말을 들은 혜지 아빠가 '요즘에도 그런 거 챙기냐고 북구당 최민우 후보가 우리 동네 발전을 위해 얼마나 애썼는데 그 사람을 뽑아야 한다'고 하는 바람에 분위기가 험악해졌다고 한다. 때마침 북구당 최민우 후보가 지나가는 시민들에게 악수를 청하고 있었다. 지훈이는 갑자기 궁금해졌다.

지훈: 혜지야, 왜 후보자들은 아침마다 나와서 사람들에게 악수를
하는 걸까? 악수한다고 뽑아줄까?

혜지: 음… 그래도 전혀 모르는 것보다 악수 한 번 하는 게 더 유리
하다고 생각해서 그런 거 아닐까?

그 말을 들은 지훈이는 사람들이 도대체 어떤 기준으로 후보자를 선택하는지 헷갈리기 시작했다.

사회 시간이다. 사회 선생님께서는 오늘 선거의 중요성에 대해 설명해주셨다. 투표의 가치를 돈으로 환산하면 1표당 약 4,700만 원이라고 했다. 지훈이는 별거 아니라고 생각했던 투표가 그만큼의 가치가 있다는 사실에 깜짝 놀랐다. 선생님께서는 계속 설명해주셨다.

> 선생님: 선거를 통해 대표자를 선택한다는 것은 국회의원 1명을 뽑는다는 단순한 의미만을 가지는 것이 아니에요. 내가 바라는 세상, 내가 살아가는 세상을 선택하는 것입니다. 그러니 투표를 할 때에는 내가 살아가고픈 세상은 어떤 곳인지 생각해봐야겠죠? 나와 다른 생각을 가진 사람들과 대화해 나가야겠지만 가장 중요한 것은 바로 나만의 타당한 생각을 가지는 것이에요.

지훈이는 선생님의 말씀을 듣고 머릿속이 더 복잡해졌다.

주제	인공지능, 철학적 인간학	관련 교과	과학, 기술, 도덕, 사회

주요 질문
① 인공지능 기술을 발전시키는 것은 옳은 일인가?
② 인간과 인공지능의 공통점과 차이점은?
③ 인간을 인간이게 하는 것은 무엇일까?
④ 인간과 인공지능은 공존 가능할까?

로봇도 인간일까?

한 친구가 SNS를 통해 이상한 모양의 그림을 보내왔다.

    친구: 지민아! 그거 열어봐, 정말 재미있더라.

    지민: 이 모양이 재미있다고? 무슨 말이야?

    친구: 바보야. 그거 QR코드잖아. 그것도 열 줄 몰라?

지민이는 종종 친구들에게 이런 말을 듣는다. 최근에 나오는 기술
이나 기계에는 별로 관심이 없기 때문이다. 지민이는 친구에게 대
충 둘러대고 학교로 향했다. 지민이의 가장 친한 친구인 유정이가
반갑게 웃으면서 다가왔다.

유정: 지민아, 너 QR코드도 모르면 어떡하니? 아니다. 앞으로 인공
　　　지능 시대가 오면 괜찮을 거야. 인공지능이 다 알아서 해줄
　　　테니.

지민: 인공지능이 그런 것도 다 해줄까?

유정: 당연하지. 'QR코드 보여줘!'라고 하면 다 알아서 해줄걸?

그때 회장 지석이가 끼어들었다.

지석: 그런 것만 해주겠냐? 밥도 해주고, 날씨도 알려주고, 심지어 의
　　　사 역할도 대신할 수 있다던데. 공부 빼고는 다 해줄 것 같애.

이 말에 지민이는 깜짝 놀랐다.

지민: 의사까지? 그럼 공부는 왜 해? 어차피 인공지능이 다 알아서
　　　해줄 텐데.

유정: 그것도 맞아. 인공지능 로봇만 있으면 다 되겠다. 빨리 미래
　　　가 됐으면 좋겠다.

그때 담임 선생님이 들어오셔서 말씀하셨다.

선생님: 자, 여러분! 이제 곧 봄방학이고, 새 학기가 시작될 거예요.

새로 시작하는 마음으로 준비 잘하고, 공부도 열심히 하길
바라요.

지석: 선생님. 이제 곧 다가올 미래에는 인공지능이 다 알아서 해줄
텐데 공부는 왜 해요?

진수: 맞아요. 얼마 전에 본 다큐에서는 인공지능이 음악도 작곡하
고 그림도 그렸어요.

선생님: 음… 어려운 문제구나. 그럼 똑똑한 인공지능이 모든 걸 알
아서 해주면 우리는 바보나 노예가 되는 것은 아닐까? 모
두 인공지능이 시키는 대로 해야 할 테니 말이야.

그 말을 들은 지민이는 섬뜩한 기분을 느꼈다.

지민: 아마 인공지능이 대체하지 못하는 인간의 삶이라는 것도 있
을 거예요. 지금 당장 생각나지는 않지만요. 그렇지 않으면
인공지능이 그냥 뛰어난 인간이 되는 거잖아요.

지민이의 말을 들은 담임 선생님이 웃으며 말씀하셨다.

선생님: 좋은 지적이구나. 인공지능이 대체하지 못하는 인간의 삶
이라. 앞으로는 그것을 찾아가는 것이 공부를 하는 좋은
이유 중에 하나가 될 것 같은데.

그러자 평소 과학에 관심이 많던 규석이가 말을 이어갔다.

> 규석: 그렇지만 쉽지는 않을 것 같아요. 이제 기계로 인간의 몸과
> 장기도 만들 수 있어요. 사물인터넷을 통해 인간의 몸과 기
> 계는 연결되어 가고 있구요. 빅데이터 기술은 인간의 생각까
> 지 예측할 수 있다고 들었어요.

그때 1교시 시작을 알리는 종소리가 들렸다. 담임 선생님께서 말
했다.

> 선생님: 이야기가 조금 길어졌구나. 그래, 규석이 말도 맞단다. 그
> 래서 앞으로 우리가 어떤 직업을 선택해야 할지도 더 깊은
> 고민이 필요할 거야.

1교시가 시작되었지만, 지민이의 고민은 계속 이어졌다. 영화에
서처럼 인간 복제도 가능해지고, 인간과 똑같은 인공지능 로봇도
만들어진다면 우리 인간은 어떤 존재가 되어 있을까? 그리고 인공
지능이 모든 것을 다 해주는 삶은 과연 행복할까? 인공지능이 하
지 못하는 인간만의 고유한 일이라는 것이 과연 존재하긴 한 걸
까? 절로 한숨이 나왔다. 그럴수록 공부를 해야 할 이유조차 찾지
못하는 것 같았다. 그때였다.

선생님: 서지민. 7번 문제는 어떻게 풀어야 할까?

선생님의 이 말에 잠시 저 멀리 미래까지 가 있던 지민이의 의식
은 다시금 현재로 돌아올 수밖에 없었다.

철학 에피소드 3

주제	바이러스, 인권, 복지	관련 교과	가정, 도덕, 사회, 과학

주요 질문
① 공공의 이익과 개인의 자유 중에 더 중요한 것은?
② 개인의 권리는 어디까지 제한할 수 있을까?
③ 가짜뉴스가 늘어가는 이유는 무엇일까?
④ 국가의 역할은 어디까지일까?
⑤ 혐오문제의 원인은 무엇일까?

코로나보다 더 무서운 것은??

오늘도 뉴스에서는 코로나19에 대한 소식을 전하고 있다. 외출을 자제하고, 손을 자주 씻어야 한다는 내용이다. 모 요양병원에서 집단감염이 발생했다는 이야기도 나오고 있다. 중학교에 입학한 지 2주를 넘어서고 있지만, 여전히 학교는 나가지 못하고 있다. 한 번도 입지 못한 교복만이 벽에 우두커니 걸려 있다. 처음에는 학교를 나가지 않아서 좋았지만, 집에서 엄마 잔소리 듣는 횟수가 늘어나자 점점 지겨워졌다.

> 엄마: 가현아, 학교 안 간다고 지금까지 자니? 일어나서 아침 먹고 공부 좀 해. 학교에서 과제를 내주고 있다며?
>
> 가현: 알았어요. 지금 일어나요.

언니는 벌써 일어나서 옷을 입고 나가려는 중이다.

가현: 언니, 어디가?

언니: 나 학원 가려고

가현: 응? 학교는 안 가는데 학원은 수업 시작하는가봐?

언니: 어. 오늘부터 한다고 연락 왔어.

가현: 그러다 코로나 걸리면 어떡하려고 그래?

언니: 그럼 내 공부는 누가 책임지니? 올해 수능도 봐야 하는데. 그
리고 학원도 먹고 살아야지.

가현: 언니 컨디션도 안 좋다고 했잖아. 몸살인 것 같다며?

언니는 듣지도 않고 서둘러 마스크를 끼며 밖으로 나갔다. 올해
고3이 되는 언니에게는 코로나보다 수능이 더 무서운 것 같았다.
아침을 먹으려고 거실로 나가자 아빠와 엄마는 한숨을 내쉬며 이
야기하고 있었다. 아마 최근에 장사가 안 돼서 고민이 많으신 것
같았다. 아빠는 식당을 하시는데 얼마 전부터 손님이 너무 없어서
걱정이라고 말씀하신 것이 기억났다.

아빠: 이게 다 그 A종교 때문이야. 왜 이런 시국에 모여서 난리야.

엄마: 그러게요. 그나저나 장사가 안 돼서 어떡하죠?

아빠: 나도 걱정이에요. 국가에서 보조를 좀 해준다고 하니 기다려

봅시다.

엄마: 김씨네 가게에는 엊그제 코로나 확진자가 다녀가서 아예 문을 닫았다고 해요. 조심해요.

아빠: 그러게 말이에요. 확진자가 뭘 그리 많이 돌아다녔는지. 여러 사람에게 피해만 주고 있지 뭐요. 확진자들은 아예 강제 격리를 시켜야 될 텐데.

가현: 아빠 그 사람들은 자기가 확진인지 모르고 돌아다닌 거 아니에요?

아빠: 알게 뭐냐? 그러니깐 몸이 좀 안 좋으면 집에 있어야지.

그 순간 언니도 몸이 안 좋은데 학원 갔다고 말을 하려다가 속으로 삼켰다. 괜히 혼만 날 것 같았기 때문이다. 가현이는 답답한 마음에 동네 공원으로 산책을 나갔다. 최근에 보이는 사람들은 왠지 모두 화가 난 것 같다.

어제는 다른 나라에서 한 사람이 동양인이라는 이유만으로 여러 사람에게 폭행을 당했다는 기사를 보았다. 아마 동양에서 코로나가 퍼진 것이 이유일 것이다. 그럼 내 잘못도 있는 건가? 나도 동양인인데… 이런저런 생각을 하며 공원으로 가 보니, 그네를 타고 있는 유진이가 보였다. 유진이는 내 초등학교 동창이자 동네 친구이다. 같은 동네에 살다 보니 같은 중학교에 배정을 받았다. 그런데 유진이 표정이 별로 안 좋다.

가현: 유진아 무슨 일 있어?

유진: 응. 편의점에 음료수 사러 갔는데 마스크를 하지 않았다고 쫓겨났어.

가현: 요즘 분위기가 그래. 근데 마스크를 해야지. 다들 불안해하는데.

유진: 마스크가 없어. 약국에도 없다고 하더라.

가현: 어제 기찬이는 마스크를 100장이나 샀다고 하던데.

유진: 무슨 마스크를 그렇게 많이 샀다니? 그러니 사려고 해도 없지.

가현: 일단 많이 사놔야 안심이 되겠지.

유진: 그러게. 어제 우리 엄마도 마트에 가서 산더미처럼 장을 봐 오셨어. 다 먹지도 못할 거 같은데.

가현: 우리 집도 그래. 그나저나 요즘 하늘이 너무 푸르지 않니? 미세먼지도 없나 봐. 봄인데.

유진: 코로나 때문에 비행기도 멈추고, 공장도 문 닫고 하니, 자연스럽게 공기가 좋아지나 보네.

가현: 좋은 점도 있긴 하네.

유진: 근데 우리 엄마는 직장에 나가지 못하니 걱정이 이만저만이 아니야. 월급도 안 나온대.

가현: 우리 아빠도 장사가 안 되서 걱정이래. 아마 국가에서 조금 보조는 해준다던데.

유진: 그래. 난 들어가 볼게. 교회에 가봐야 해.

가현: 지금 종교 활동 하면 안 되는 거 아냐? A종교 때문에 난리였

　　잖아.

유진: 우리 엄마가 이런 때일수록 더 열심히 기도를 해야 된대.

가현: 알았어. 잘 들어가.

학교에 가고, 친구들과 놀고, 밥 먹는 일상들이 더 이상이 일상일 수 없게 되어 버린 것 같았다. 빨리 치료제가 개발되었으면 하는 바람이다. 얼마 전 인터넷에서 이미 코로나 치료제가 개발되었음에도 불구하고 대기업이 돈을 벌기 위해 아직 시중에 내놓고 있지 않다는 이야기를 보았다. 정말 그럴까? 심지어는 일부러 병을 퍼뜨렸다는 소문도 들렸다. 이제는 무엇이 진짜이고 가짜인지도 헷갈린다.

　집으로 돌아오는 골목길이 쓸쓸하게 느껴졌다. 일상을 잃어버린 삶에서 점점 더 중요한 것을 잃어버리고 있다는 느낌이 들었다. 대체 그게 뭘까? 우울한 기분으로 골목길을 나오는데 전봇대 옆에 누군가 쓰러져 있는 것이 보였다. 가까이 가보니 내 또래쯤 보이는 남자아이였다. 많이 아픈 듯이 보였다. 그런데 주위에 있는 사람들은 그냥 못 본 척 지나치는 것이 아닌가? 나는 다급히 그 아이에게 다가갔다.

김혜숙·김혜진, 《지혜로운 생각을 키우는 철학수업레시피》, 교육과학사, 2017.
한국철학적탐구공동체연구회, 《생각하는 교실, 철학하는 아이들》, 맘에드림, 2019.
매튜 립맨, 《고차적 사고력 교육》(박진환·김혜숙 옮김), 인간사랑, 2005.
한스루드바히 프리제, 《아이들은 철학자다》(이재영 옮김), 솔, 1993.

교육부, 〈2022 개정 교육과정 총론 시안〉.

Lipman, M., 2008. *A Life Teaching Thinking*. Institute for the Advancement of Philosophy for Children.

Splitter and A. M. Sharp,, 1995, *Teaching for better thinking*, Australian Council for Educational.

https://www.oecd.org/(경제협력개발기구(OECD) 홈페이지) 참고.
https://www.unesco.or.kr/(유네스코(UNESCO)한국위원회홈페이지) 참고.
https://cafe.daum.net/moral11(윤리적 탐구공동체와 도덕수업) 참고.
https://cafe.daum.net/p4ci (어린이 철학교육) 참고.

삶과 교육을 바꾸는
맘에드림 출판사 교육 도서

독자 여러분의 소중한 원고를 기다립니다

맘에드림 출판사는 독자 여러분의 소중한 원고를 기다리고
있습니다. 원고가 있으신 분은 momdreampub@naver.com으로
원고의 간단한 소개와 연락처를 보내주시면 빠른 시간에 검토해
연락을 드리겠습니다.

그림책과 함께하는 하브루타 수업

김보연·유지연·조혜선 지음 / 값 19,000원

이 책은 아이들이 모둠을 이루어서 함께 이야기하고, 질문하고, 토론하는 학습방법인 하브루타 수업을 고민하고 실천했던, 여기에 그림책까지 좋아하는 현직 교사 세 명이 함께 쓴 책이다. 이 책에는 하브루타와 그림책을 통해 아이들과 교사가 함께 즐거운 수업을 만들기 위해 소통하고 그것을 통해 성장하는 과정들을 기록이 담겨 있다.

하브루타 수업 디자인

김보연·교요나·신명 지음 / 값 16,000원

저자들은 이 책에서 하브루타를 하나의 유행이 아니라 시대의 흐름으로 보면서, 하브루타가 문화로 자리 잡아야 한다고 주장한다. 이 책은 질문과 대화가 인간의 모든 지적 활동에서 핵심적인 역할을 한다는 저자들의 믿음을 바탕으로 집필되었다. 아울러 학교생활뿐 아니라 가정에서도 하브루타를 실천하기 위한 재미있고 다양한 방법들을 제시한다.

하브루타로 교과 수업을 디자인하다

이성일 지음 / 값 14,500원

다양한 과목별 하브루타 수업사례를 담은 책. 각 교과 수업에 활용할 수 있도록 한 하브루타 맞춤 수업 안내서다. 책 속에는 실재 교실에서 하브루타를 적용한 수업사례들이 교과목 별로 실려 있다. 각 사례마다 상세한 절차와 활동지를 담아서 누구나 수업에 바로 적용하고 쉽게 따라할 수 있도록 했다.

얘들아, 하브루타로 수업하자!

이성일 지음 / 값 13,500원

최근에는 교사 위주의 강의 수업에서 학생 위주의 참여 수업으로 많은 변화가 이루어지고 있다. 이는 4차 산업혁명 시대를 살아가야 할 학생들을 위해서는 당연한 것이다. 교실에서 실제로 질문하고, 토론하는 하브루타 참여 수업의 성과를 담은 이 책은 수업을 통하여 점점 성장해가는 아이들의 모습을 보여준다.

색카드 놀이 수학
정경혜 지음 / 값 16,500원

몸짓과 색카드로 초등학교 1학년부터 6학년까지 배우는 수와
연산을 익힐 수 있도록 가르치는 방법을 다룬다. 즉, 색카드, 수
놀이, 수 맵, 몸짓 춤, 스토리텔링, 놀이가 결합되어 아이들이 다양한
감각을 통해 몸으로 수학의 개념과 원리를 터득하게 하는 것이다.
놀이처럼 수학을 익히면서 개념과 원리를 터득해나갈 수 있다.

전학년 교육과정을 다시 디자인하는 두근두근 미술수업
이상걸 지음 / 값 21,000원

이 책은 창의적인 미술 활동을 매개로 아이들의 학습동기와 자발적
참여를 북돋는 지속가능한 프로젝트 수업을 제안한다. 특히 미술은
창의성과 유연성 등을 자극하는 한편, 다양한 생각들을 자유롭게
주고받으며 협동할 수 있는 기회의 장도 마련해준다. 책 속에서
미술이 역동적인 배움의 마중물로서 활약하는 재미있는 수업
아이디어들을 발견할 수 있을 것이다.

영어 수업 놀이
가인숙 지음 / 값 21,000원

이 책은 놀이를 매개로 쉽고 재미있게 영어를 가르치는 저자의
풍부한 노하우를 담고 있다. 특히 어떻게 하면 놀이를 가르쳐야 할
핵심내용과 잘 연결시킬지에 초점을 맞춰 수업 놀이를 이야기한다.
수업 계획과 실천에 관한 전체적인 디자인은 물론 파닉스, 말하기,
듣기, 쓰기, 문법 등에 관한 다양한 놀이 활동들을 소개한다.

놀이로 다시 디자인하는 블렌디드 러닝
송영범·손경화 지음 / 값 17,000원

이 책은 단순히 온라인과 오프라인의 결합 측면에서 블렌디드
러닝을 소개하는 데 머물지 않고, 어떻게 하면 배움의 효과를
극대화하는 수업 디자인으로 발전시킬 수 있는지에 좀 더 초점을
맞춘다. 이를 위해 프로젝트학습, 게임학습, 놀이수업 등과
블렌디드 러닝을 융합한 한층 진화된 수업 아이디어들을 실제
수업사례와 함께 제공한다.